子どもの未来をつくる人 のための

デジタル・シティズンシップ・ガイドブック for スクール

The Digital Citizenship Handbook for School Leaders:
Fostering Positive Interactions Online
Mike Ribble, Marty Park

著 | マイク・リブル & マーティ・パーク
訳 | 日本デジタル・シティズンシップ教育研究会／豊福晋平

JDiCE

デジタル・シティズンシップを基盤とした 学びの体系をどう形成するか

国際大学GLOCOM 主幹研究員・准教授
日本デジタル・シティズンシップ教育研究会 共同代表理事　豊福 晋平

　世界的に拡がりをみせるデジタル・シティズンシップ教育を知る上で、大雑把に背景の異なる米国、欧州、UNESCOの3極で比較・理解するとさまざまな気づきが得られます。

　そのひとつ、米国でのデジタル・シティズンシップの由来を知る上で欠かせないのが、本書の第一著者であるマイク・リブル氏です。

　彼がISTE（International Society for Technology in Education：国際教育技術協会）のもとで出版したDigital Citizenship in Schools: Nine Elements All Students Should Knowはこの領域のバイブルのようなもので、2007年に初版、2011年に第二版、2015年には第三版と着実に版を重ねています。この本ではデジタル・シティズンシップの9つの領域とあわせ、学校への導入プランが紹介されました。

　ちなみに、ISTEは教育分野のテクノロジー活用を通じたイノベーションを目標とする米国の有力な非営利団体で、特に、ISTE Standards（基準）は学校でテクノロジーを効果的に活用するための包括的ロードマップを示すものとして20年以上の歴史があり、強い影響力を持ちますが、2007年版の児童生徒向け基準にデジタル・シティズンシップが加えられたことが、全米の教員に広く知られるようになった理由のひとつと言われています。

　さて本書は、リブル氏のデジタル・シティズンシップ教育解説書の第二弾であり、共著のマーティ・パーク氏とともに2019年に出版されたもので、2023年現在の最新刊にあたります。英文の表題The Digital Citizenship Handbook for School Leaders: Fostering Positive Interactions Onlineが示すとおり、そのフォーカスは教室実践そのもののミクロな捉えから、カリキュラム立案者・管理職・教育委員会の指導主事が主たる読者となることを念頭に、やや俯瞰的で中長期的視点の構成が強調されているところに特徴があります。

　これは、メインのテーマでもあるデジタル・シティズンシップの用語が、デジタル・テクノロジーの特性とシティズンシップ（市民権）で構成されているとおり、社会

との接点や現実生活の課題解決と不可分であり、単なる教育技法や単発の授業実践に留めておけない拡がりと継続的な教育的関与が必要とされるものだ、という確固たる認識に立脚するものです。我が国ではGIGAスクール構想によって学校の情報環境が一変した今だからこそ、こうしたアプローチのノウハウが必要とされているように見えます。

　例えば、本文中でクリステン・マットソンの言葉として登場する「コンプライアンスのための授業」はまさにその対極にあるもので、著者はこれを批判しているのですが、我が国でも似たような話をいまだにあちこちで聞くのです。

　すなわち、学校側や教員側にはまったく積極的動機づけがないのだけれど、与えられたカリキュラムをどうしても消化する必要があったり、児童生徒の問題行動を鎮める必要があったりするので、普段の学校生活とは全くつながらないような内容を、教員も中身を知らないまま、体育館で全校児童生徒を体育座りさせ、招聘された外部講師が30分間一方的に恐怖と嫌悪を与えて終わるとか、あるいは、外部の自学習型教材パッケージを与えて、子どもに解かせる「手離れのよい授業」をしてやったことにするといった、取って付けたような「アリバイ的実践」が横行しています。

　たとえ、（情報モラルであろうと、デジタル・シティズンシップであろうと）元々のコンセプトがどんなに素晴らしいものであっても、学校教員側が全く関心も興味ももたず、児童生徒の動機づけや生活文脈につながらない状態で空回りしているようでは、学校の文化に根づくことは永遠にありません。

　すでに児童生徒にとって身近なテクノロジーは不可欠で大切なものになっているのに、学校では「ネットは校外の厄介事」のごとく穢れのように扱われたままでは、子どもたちは「学校は端からテクノロジーを受け容れるつもりがないのだ」と思うでしょうし、それっぽくルールづくり提案が授業の中でなされても、それらを自分事として受け取ることもなければ、考えることさえ止めてしまうでしょう。

　つまり、問題はそこなのです。我が国で今問われているのは、カリキュラム上の整えられた定義・目的・授業技法というより、むしろ、実生活・実社会できちんと機能するような導入・持続的運用・普及までを俯瞰したシステムであり、本書は全体像を完成させるために必要なパズルピースを与えてくれるでしょう。

　さて一方で、本書のなかでは、デジタル・シティズンシップと名付けられるずっと以前から、自分は同様のコンセプトを教室で教えていたことに気づいた、という

エピソードも紹介されています。

　こうしたお話は、我が国でも長年この領域で実践されてきた先生方からお聞きする機会があります。それはバラバラの事象を教えるために、何か特別な単元を設けることではなく、まさに、普段のさまざまな授業のなかに「真正な学習」として位置づけることに意義がある。扱われてきた事柄は、かつてはデジタル・シティズンシップとは言われていなかったのかもしれませんが、目指している方向には間違いがない、と確信させるものです。

　私たちはわかりやすく説明するために、たびたび「デジタル・シティズンシップ」は次世代の学びを支えるOS（学習指導要領の言葉で言えば、学習の基盤となる資質・能力）の一部であると言います。日常的にテクノロジーを利用するものだからこそ、テクノロジーの善き使い手となるための学びは、自分以外の誰かが勝手に教えてくれるものでどこか特定の教科や単元に任せておけばよい、というものではなく、むしろ、子どもたちの学校生活・日常生活に根付くものであり、学級経営や学校運営に深く関わるものであり、学校・家庭・社会に分断なく扱われることを意図しているのです。

　デジタル・シティズンシップについて、欧州やUNESCOのいわゆる政策系文献も含め、いくつか粗訳をしてみたうえでの翻訳者としての雑駁な感想に過ぎませんが、これまでリブル氏らがまとめてきた米国のデジタル・シティズンシップ展開は、現場サイドに丁寧に寄り添うもので、多くの関係者の経験とノウハウが結晶していることを実感させるものです。本書にもそうしたダイナミズムを感じていただけることと思います。

　なお、米国の公教育制度や実際の運用がある程度イメージできないと、そのまま我が国に当てはめて考えるのは難しい箇所もありますが、編集者の方と一緒に本文注を補ったりしながら、なるべく原文のまま意味が取れるように工夫しました。翻訳書ですのでその点はどうかご理解ください。

　本書の翻訳出版にあたり、きっかけをいただいた広島県教育委員会教育長の平川理恵さま、広島県教育委員会にて種翻訳を作成された先生がた、たびたび作業が遅滞しながらも辛抱強く伴走いただいた編集のみなさまに感謝と御礼を申し上げます。ありがとうございました。

目 次

Part I 全体の構想を描く

Part II 教室におけるデジタル・シティズンシップ

PartⅢ 初中等教育を超えた思考とアイデア

〈編集部注〉
本書掲載のURL、QRコードは原書執筆当時のものであり、一部リンクが切れているものがございますので、ご了承ください。リンク切れのURLについて、可能な範囲で小社HPに最新リンクを掲載いたしますので、下記よりご覧ください。また、参考文献の参考URLも下記に掲載いたしております。

教育開発研究所　デジタルシティズンシップ　で 検索

https://www.kyouiku-kaihatu.co.jp/bookstore/products/detail/574

デジタル・シティズンシップ：
不確かな未来への道を照らすもの

　最近、人類は一線を越えました。2018年10月25日、1766年の創立以来、オークション界の柱となってきたクリスティーズ・オークションハウスは、43万2,500ドルで1点の芸術作品を売却しましたが、注目すべき点は、この絵画が人工知能（AI）によって作成されたものだったということです。数十年にわたり、芸術家たちはAIアートに取り組んできましたが、この売却は「主要な美術市場を迂回し、直接クリスティーズに持ち込み、驚くべき価格を獲得した（Elgammal, 2018）」ことで、その正統性の重大さが認められたように思われました。

　この作品がメディアの宣伝キャンペーンの影響で高値をつけたのか、それとも、実際に芸術作品として本当の価値があったのか、私たちには歴史的な洞察力が必要です。そして、AIの創造には、オズの魔法使いのように、カーテンの裏でレバーを操作する人間の芸術家たちがいたことを認識する必要があります。とはいえ、見逃してはならないのは、AIが今や立派な芸術作品を創り出せるようになったということです。デジタル時代の始まり以来、私たちは自分たちが機械とは異なる、少なくともいくつかの人間の活動分野を常に区別できると信じてきました。おそらく、美術を創造する能力はその一つでした。

　人間は、少なくとも感情的なコミュニケーションの領域では、まだ機械に優越性を主張できるでしょうか？そう簡単ではない、とKia（※訳者注：韓国の自動車メーカー）は言います。この自動車メーカーはMIT（マサチューセッツ工科大学）と協力して、「バイオシグナル認識技術」とAIを用いて私たちの感情状態を分析・変更する「リアルタイム感情適応運転（READ）」を開発しています。なぜ私たちの車が私たちをより良い気分に感じさせることが重要なのでしょうか？
　それは、将来的には自動運転車の中で閉じこもって時間を過ごすことになるかも

しれないからです。もしも運転に集中する必要がなくなったら、どれほど不安や孤独になるかは誰にもわかりません。だから、Kiaは車が単なる移動手段ではなく、あなたの友人になることを望んでいるのです。

　人工知能は、私たちがセラピストと築くような深い人間関係に置き換わることはけっしてない、と主張する人もいるでしょう。Woebotは、認知行動療法の技術をクライアントと使用することで効果を証明しています。ボット（人間ではなく）であるWoebotにはいくつかの利点があります：パニックが起きたり、助けが得られない深夜でも24時間365日利用できること、疲れることなく無限にコミュニケーションがとれることなどです。

　これらのような技術が10年後にはどこにあるのか想像してみてください。結局のところ、まだ2019年であり、未来は始まったばかりです。私たちには変化が不可避であり、少なくとも指数関数的な進化が起こるカールツワイルのイノベーション曲線（※訳者注：時間の経過とともに技術の進歩が急速に加速し、変化がより迅速・劇的になること）の影の下に生きています。私たちは、ブレーキシステムのないイノベーションのジェットコースターをどのように操縦すればいいのかという問いに取り組む必要があります。その答えがデジタル・シティズンシップです。

　デジタル・シティズンシップは通常、「特にオンライン環境において技術を責任ある、安全な、倫理的な方法で利用すること」などと定義されています。残念ながら、このような定義に縛られることで、私たちはデジタル・シティズンシップを「悪いことをしないこと」と結びつけることが多く、積極的な行動にはあまり関連づけられていません。幸いなことに、マイク・リブルとマーティ・パークは、その傾向に反する本を執筆しました。彼らは、デジタル・シティズンシップを子どもたちの生活において積極的で反省的な力として確立するために、新しいリーダーシップの形態が必要であるという信念に基づいて、将来への航海のための理論的な指針と実践的な指導を提供しています。著者たちは指摘しています。「技術の人間的側面を拡大することは重要です」と。リーダーたちは、画期的な技術が現れるたびに形を変える現代生活の人間的で倫理的な側面をどのように管理するかを知る必要があります。

リーダーたちはまた、デジタル・シティズンシップを追加のカリキュラム領域ではなく、初中等教育の基本的なアプローチの一部として含める方法も知る必要があります。

　遺伝子工学、インプラント、そして「フェイクニュース」の時代において、使用する技術についてふりかえることは、児童生徒たちにとって生存スキルとなるかもしれません。新しい技術の力と影響力は、暗黙的・明示的な倫理と影響を疑問視せずには受け入れることができません。デジタル・シティズンシップは、私たちの問いの枠組みを提供します。また、デジタル・シティズンシップは、ポジティブなインスピレーションの枠組みを提供することもあります。これは、リブルとパークが強調するテーマであり、前進する方法とは、技術を意識的に利用して人間のコミュニティを改善することです。

　デジタル・シティズンシップは新しいキャラクター教育（※訳者注：性格、価値観、道徳的な判断力、倫理的な振る舞いなど、個人のキャラクターや人間性の発展に焦点を当てた教育の一形態）であり、コンピュータが現れるよりも遥か以前に始まったキャラクター教育に対するアプローチを置き換えるのではなく、それに加えるものです。
　キャラクター教育や市民教育に対して一つのアプローチを持ち、"デジタル"の要素を取り除くべきでしょうか？より伝統的なアプローチがデジタルの考慮事項を明確かつ包括的に含めるようになったら、そうすべきです。その時までは、市民教育の領域での取り組みを指針とするために、キャラクターや倫理的な行動のデジタルの側面に明るい光を当てる必要があります。本書『子どもの未来をつくる人のためのデジタル・シティズンシップ・ガイドブック for スクール』は、この点において道筋を示し、実践的な指導を非常に多く提供しています。この本はリーダー向けに書かれていますが、教師、児童生徒、管理職、保護者、地域のメンバーなど、誰にでも役立つものです。なぜなら、デジタル・シティズンシップに関しては、誰もがリーダーシップを発揮する必要があるからです。

ジェイソン・オーラー
アラスカ大学 名誉教授『デジタルコミュニティ、デジタル市民、
そして未来の４つの大きなアイデア』の著者

ISTE（International Society for Technology in Education）について

　　国際教育技術協会（ISTE）は、ネットで接続された世界で学ぶ人々に力を与えるべく尽力する教育者や教育リーダーたちを支える非営利組織です。ISTEは世界中の10万人以上の教育関係者にサービスを提供しています。ISTEの革新的な取り組みとしては、ISTEカンファレンス＆エキスポ（世界で最も大規模で包括的な教育技術イベントのひとつ）のほか、デジタル時代の教授・学習、リーダーシップのために広く採用されているISTEスタンダード、そしてウェビナー、オンラインコース、学校・学校区のためのコンサルティングサービス、書籍、査読付きのジャーナルや出版物など、充実した専門的学習リソース等があります。詳しくはiste.orgをご覧ください。

全体の構想を描く

》 本書とその使い方について

本書は、児童生徒・教職員・教育関係者にデジタルの大きな力を身につけさせ、学習体験を飛躍的に向上させたいと考えるリーダーのために書かれたものです。デジタルの大きな力を最大限に活用するためには、すべての人が経験を積み、それに伴う責任と、落とし穴（うっかり落ちるものでも、わざと落とされるものでも）について学ぶ必要があります。本書は、全力を尽くして最善の道を探そう、とリーダーたちに呼びかけています。

本書には、体系的かつ持続可能で拡張性のある実践プランを多数掲載していますが、最初から最後まで順に読み進める必要はありません。つまり、これはリーダーが必要なときに「ちょうどいいタイミングで」読んで参考にするための、モジュール式のハンドブックです。

各章・項が読者に合わせて構成されているため、適切な人に適切なコンテンツを適切なタイミングで届けることができます。図0.1は、モジュール式の各章をわかりやすく示したものです。

各学校に合わせたデジタル・シティズンシップのロードマップを作成するには、長年の経験と行動観察が必要となりますが、このハンドブックを読み込むことで、児童生徒にとって最適な方法を選び取ることができるため、無駄な労力を割かずに済みます。

このハンドブックは、デジタル・シティズンシップがめざす「目的地」への最短ルートを提供しますが、その「目的地」とは、到着時間が決まっていたり、移動距離が計算できるような地点ではなく、実績のある包括的な学びと成長の旅のことを指し

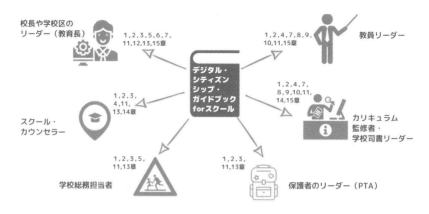

校長や学校区の
リーダー（教育長）
1,2,3,5,6,7,
11,12,13,15章

デジタル・
シティズン
シップ・
ガイドブック
forスクール

1,2,4,7,8,9,
10,11,15章
教員リーダー

スクール・
カウンセラー
1,2,3,
4,11,
13,14章

1,2,4,7,
8,9,10,11,
14,15章
カリキュラム
監修者・
学校司書リーダー

1,2,3,5,
11,13章
学校総務担当者

1,2,3,
11,13章
保護者のリーダー（PTA）

図0.1　本書の想定読者と章構成

ます。

》#DigCit 研究実践コミュニティ

　このハンドブックでは、数多くの資料を紹介しています。多くは学校区の協力者や世界中のデジタル・シティズンシップ研究・実践者からのもので、本書のために独自にデザインされています。なお、オンライン資料にアクセスしやすくするために、多くのリンクは独自に短縮されています。読者のために独自に作られたこれらのリンクに注目してください。そして、あなたもこれらの資料を活用して、生涯を通じてデジタル・シティズンシップの経験をより深め、新しいデジタル・シティズンシップコミュニティのメンバーとつながってください。ぜひ本書を通じてコンテンツとふれあったり、コミュニティに参加してください。そして、あなたがデジタル・シティズンシップライフの素晴らしい旅路に他の人々を誘うきっかけとしてもらえれば幸いです。

情報倫理とデジタル・シティズンシップ
——その似て非なるもの

リーダーの仕事とは他者の仕事をすることではなく、彼らがどうすればよい
のかを明確にし、物事を成し遂げ、想定以上の成功を収めるよう支援するこ
とである。

——サイモン・シネック、『なぜから始めよう
偉大なリーダーはいかにして皆に行動を起こさせるか』著者

》「なぜ」という問いを立てる

　学校や学校区は、テクノロジーの不適切な使い方を単に「ダメ」と言うのみでは、
インターネットの不適切な利用問題はほとんど解決できず、児童生徒の将来への備
えにもならないということを認識するようになりました。「ダメ」という指導者の
姿勢は、ウェブサイトの極端なブロックやフィルタリング、デバイスアクセスの制限、
また児童生徒が何かよからぬことをするのを恐れてデジタルツールやリソースを学
びに取り入れることに対して消極的なので、容易に見分けることができます。

　また、「ダメ」と言うことは、子どもたちが互いにネットや最新アプリでやった
ことを共有しようとした時、その会話に加わらない（あるいは加われない）大人た
ちの行動様式です。

　デジタル・シティズンシップの理想は変化していませんが、現実の問題はより広
範囲に深刻さを増しています。子どもたちは、オンライン生活の中で「デジタルの
足跡（※訳者注：インターネットを利用した時に残される記録の総称）」を残しています。
このデータを「デジタル・タトゥー」と言う人もいます。これは、永久に消せなく
なると同時に、それを共有することを意識的に決めていることになりますが、それ
は将来的には汚点となるかもしれません。リーダーはどのようにしてこの状況を変え、
子どもたちがデジタル空間で行ったことを他者に示したり、書いたものを披露したり、

他の人に見てもらえるようにすればよいのでしょうか？

　教育者や保護者が懸念しているのは、児童生徒がテクノロジーを使って行っていることと、学校や家庭で行っていることが、一見して食い違っているように見えることです。匿名性と、家族や学校の人とは離れた空間であるという考えが、保護者に見られたくないような行動を子どもたちにとらせます。

　今や子どもたちの活動の大半はスマートフォンやタブレット（デスクトップやラップトップパソコンではなく）でできるほどテクノロジーはきわめて個人的なものとなりました。教育者や保護者は、今日犯した間違いが一生付いて回るかもしれない、ということをどのように児童生徒に教えているのでしょうか。15年にわたってテクノロジーに関する知識や理解を得ても、テクノロジーの利用者がたどるべき明確な道筋はありません。

　今こそ、その状況を解決する時です。

　社会のどこに属していようとも、テクノロジーはあなたが何者であるかを定義し、あなたが何をして、どこに行くかを評価しています。今日の決断が、将来の自分を決めるのです。

　その一例として、高等教育機関では一度も会ったことのない大量の入学志望者の合否を決定するために、インターネット上の足跡やデジタル・タトゥーを検閲しています。また企業は、面接前にもかかわらず、応募者が残したデジタルの足跡を見て、よい社員になるかどうかを判断しています。ソーシャルメディアで共有されるわずかなコメントでも、しばしば応募者はあまりよい印象を与えない方法で情報を共有してしまったり、表現してしまったりします。企業がそのような機会を見逃すでしょうか？

　教員を目指す人たちも、先生として教壇に立ち始める前にSNSを削除する（もしくは少なくとも精査する）ことを奨励されています。これは個人の権利の侵害だと考える人もいるかもしれませんが、多くの学校や大学では、学生の評判（と将来の雇用機会）を守るための手段と考えています。その一方で、インターネット上の存在感がなかったり、デジタル領域で自分をブランド化できていない人は採用したくないと考える企業もあります。

今日では、あなたがインターネット上の流れにつながるかどうかではなく、いつつながるかが問われているのです。本当の問題は、誰もが見られるような最高の自分を演出する方向性を、誰が支援するか、ということです。多くの教育関係者は「これらの問題にどう対処し、どう児童生徒を支援するか？」を問うています。

本書およびそれに基づく支援の焦点は、学校や学校区が、すでに確立された課程にテクノロジーを取り入れたカリキュラムを組み込むために、どのようにうまくアプローチしていくかです。これは、今日多くの学校で行われている、児童生徒が社会のどこでどのような立場にあるのかを説明する公民教育に似ています。児童生徒にとって社会とは、身近な人から徐々に外界へ広がっていくものです。

しかし、デジタル・シティズンシップはより難しい問題です。というのも、自治体・都道府県・国の構成を学ぶ公民とは異なり、デジタルの世界では、すべての子どもが全世界にアクセスすることができるからです。デジタル・シティズンシップのカリキュラムは、水平方向（自分の周りの世界）と垂直方向（世界の他の地域とのつながり）の2つのレベルを同時に教える必要があります。

これらの概念を習得するのは簡単なことではありませんが、特に一斉指導型の実践では、児童生徒がデジタル世界で働き競争する下準備として教えておく必要があります。またこれらの概念は、不適切な習慣に染まってしまう前に学校での学習が始められるように、早いうちから児童生徒に教える必要があるでしょう。

まずは最終目的を念頭に置いて始めましょう。デジタル・シティズンシップについて話し合ったり、計画を立てたりするときに、私たちは最終的に何をしたいのか、あるいは教室でどのような調整が必要なのか、わからないことがよくあります。最終的には、私たちの子どもたちが「善き」デジタル市民になることが目標です。デジタル空間での「善い」とは何かを定義していない場合は、「善さ」を定義し、それを終着点とすることは困難です。

デジタル・シティズンシップ（デジタル安全、デジタル健康など）のプログラムに何を期待すべきか？という問いに答えなければいけません。何が合意できるでしょうか？

1つめは、テクノロジーが私たちを変化させたことです。良くも悪くもそのどち

らでもなくても、すべてのユーザーは変化しました。今や、テクノロジーには急速な変化が期待されており、それが規範となっています。誰もが平等にツールやネットにアクセスできると思われがちですが、それは間違いです（そしてこれはテクノロジー関連の取り組みに取り組む前に気づく必要があります）。

2つめは、何事も上手になるには時間がかかるということです。優れた作家や画家になりたければ、書いたり描いたりしなければなりません。直感的に把握するだけでなく、技術を完璧に理解するには、時間と努力が必要です。言い換えれば、新しいデジタル体験を取り入れることで、広範囲に及ぶ影響（意図的・非意図的両方の）が明らかになることが多いのです。

3つめは、新しいテクノロジーは、子どもや若い世代に有利に働くということです。今日のツールは、直感的に理解できるように、あるいは少なくとも「遊ぼう」と思えば理解できるように作られています。子どもたちは、試行錯誤しながら簡単に理解することができます。問題は、試行錯誤での失敗がどのような結果をもたらすかということです。また、一般的に大人は、テクノロジーを探究する時間も意欲もなく、テクノロジーを「学ばねばならないもう一つのもの」と考えるかもしれません。特に、認識されている利点と実現された利点との間に複合的なギャップがある場合はなおさらです。そしてまた、「何かあったらどうしよう」という不安もあります。

共通理解への道筋を立てること。これが、デジタル・シティズンシップに焦点を当てたときの私たちの願いです。誰もがコンピュータのプログラムを書けるようになるでしょうか？いいえ、その必要はありません。すべての市民、すべてのテクノロジー・ユーザーが、すべての分野の専門家になれるのでしょうか？いいえ、その必要もありません。しかし、テクノロジーの人間的側面を拡大する必要はあります。

本書の目的は、学校や学校区のリーダーに、最終到達地点の新たな可能性を示す戦略的ロードマップを提供することです。私たちは、デジタル・シティズンシップが単なる「おまけ」ではなく、今日の目標を達成する本質につながるように、読者がトピックを経験し、理解してほしいと思っています。すべての児童生徒が異なるように、すべての学校・学校区はそれぞれ異なります。したがって、このハンドブックは特定の方法を示すものではなく、学校や学校区のリーダー・職員・保護者、さ

らには地域社会の人々にとって、どのような実践が最終的によりよい人間を育てることにつながるのかを示すガイドとなっています。

》今日のスクールリーダーとは誰か？
そう、このハンドブックはあなたのためのものです

　スクールリーダーと言われて真っ先に思い浮かべるのは誰でしょうか。多くの人は、校長または副校長・教頭をすぐに思い浮かべるでしょう。それは出発点としてはよいでしょう。しかし、校内で一番大きな教室を完全に任されている教員はどうでしょう？毎週、すべての児童生徒を見ている教員がいますよね。もし、あなたが図書館メディアの専門家や司書教諭を思い浮かべたとしたら、それは素敵なことです。

　優れた校長は、優れた学校でリーダーシップチームを育成する価値をよくわかっています（Johson, Chrispeels, Basom, & Pumpian, 2008）。周りと協力して仕事ができる、賢くて勤勉な教員が揃ったチーム。発言力のある児童生徒がいるチーム。毎日児童生徒と関わる保護者やスタッフとのチーム。あなたがスクールリーダーです。あなたには発言力があります。学校では、デジタルに接続された体験を理解し、積極的に利用できるように、あなたが人々を導く必要があります。

　児童生徒たちは毎晩、毎週末、毎夏、学校の外へ出て行くので、学校ではデジタル・シティズンシップ・スキルとそれに関連する問題に取り組むことが求められます。デジタル・シティズンシップのスキルは、児童生徒が必要なときにいつでも使えるように身につけておく必要があります。

　この本を読んでいるあなたが、現職の校長や校長を目指している人なら、それはたいへんありがたいです！何よりもまずあなたに感謝したいです。読むべき素晴らしい学校改革の本がたくさんあるなかで、あなたは学校のデジタル文化に力を入れることを選んでいます。

　単刀直入に言いましょう——自分が船の舵取りができなくなった時のために、持続可能な構造や戦略を早急に考えておく必要があるのです。大半の校長は、同じ学校に4年しかいません（Taie & Goldring, 2017）。校長として別の学校に異動するか、教育長として学校区全体の指導的役割を担うか、場合によってはカリキュラム指導

の責任者として活躍することになります。意義のあるデジタル・シティズンシップ・プログラムを確立することは、児童生徒と学校にとって、将来を見据えた最高の贈り物になるでしょう。

》教育問題とデジタル・シティズンシップ

　保護者と学校は、子どもたちに一貫したメッセージを伝え、共通の言葉を使う必要があります。家庭と学校のデジタル利用のルールは異なるかもしれませんが、すべての利用者が自分のテクノロジーの利用について意識し、責任を持つべき、というコンセプトは共通していなければなりません。児童生徒、教員、学校や学校区のリーダー、保護者、地域のリーダーは、同じ言葉や用語を使い、意味ある対話ができるようにする必要があります。

　学校が保護者との連携を推進しているように、保護者も学校と連携する新たな方法を見つけ、このメッセージがどのように子どもたちに伝えられているかを確認する必要があります。もし計画がないのならば、すべての子どもたちがデジタル社会への参加準備ができるように、保護者はプログラムの提供を求めるべきです（デジタル経験に関して、子どもたちが誰の声を聞いているのかについては、第4章を参照）。

　たしかに、テクノロジーが意図せず生み出す障壁はありますが、その障壁を取り除くことは可能です。バイアスはテクノロジーそのものではなく、むしろ、利用する側がもっているものです。

》デジタル・シティズンシップとはなにか？

　デジタル・シティズンシップという言葉が大々的に紹介された2000年代初頭から、ユーザーはさまざまな側面を認識してきました。デジタル・シティズンシップの考え方は、安全性、エチケット、コミュニケーションなど単一の概念や、ネットいじめやセクスティングなど単一の課題に焦点を当てたものが多いです。しかし、デジタル・シティズンシップのコミュニティが成長し、成熟するにつれ、最新の定義が必要になってきました。

学校におけるデジタル・シティズンシップとは、子どもたちだけでなく大人も、テクノロジーが生み出した変化を理解し、何が役に立つのか、何が邪魔になるのかを判断できるようにするための、コミュニティとしての探究を反映しています。

　デジタル・シティズンシップのスキルは、何が役に立ち、何が役に立たないかを判断する際の行動に焦点を当てるべきということは、繰り返し強調する意義があります。デジタル・シティズンシップ研究所が2017年に実施した調査では、デジタル・シティズンシップの定義を尋ねたところ、回答者が最も頻繁に使用したのは「責任」「安全」「尊重」「適切」「倫理」という言葉でした。デジタル・シティズンシップの一般的な定義で使われているその他の用語としては、「デジタル・アイデンティティ」「ポジティブ」「法的」「社会的相互作用」「利用と共有の権利と義務」などがあげられています。

　これらのスキルやアイデアは、我々の児童生徒だけでなく、すべてのテクノロジー利用者と共有したいものです。

　ここでは、デジタル・シティズンシップがどのように捉えられているかについて、いくつかの定義を紹介します。

- デジタル・シティズンシップとは、デジタル世界に安全に、知的に、生産的に、責任を持って参加する能力のこと。(digcitutah.com)
- デジタル・シティズンシップには、デジタル・リテラシー、メディア・リテラシー、倫理、エチケット、セキュリティなど、現在のテクノロジー利用に関連した、適切で責任ある健全な行動の規範が含まれる。また、メディアへのアクセス、分析、評価、開発、制作、解釈の能力や、インターネットの安全性、ネットいじめの防止と対応なども含まれている。(ワシントン州法)
- デジタル市民：インターネットなどのデジタル技術を効果的に利用するスキル・知識を身につけ、特に社会活動や市民活動に責任を持って参加する人のこと。(dictionary.com)
- デジタル市民：児童生徒は、相互接続されたデジタル世界での生活・学習・労働の権利・責任・機会を認識し、安全・合法的で倫理的な方法で行動し、模範となる。(iste.org/standards/for-students)
- デジタル市民：インターネットを定期的かつ効果的に利用する人々

(Mossberger,2015)

　テクノロジーが成熟するにつれ、その定義もまた成熟する必要があります。一般的にデジタル・シティズンシップとは、デジタル化された社会での生活に関連する倫理・懸案事項・機会についての幅広い分野の探究と活動を示す包括的な用語です。

　学校区におけるデジタル・シティズンシップの定義は、リーダーと教員、そして何よりも重要なのは児童生徒によって認知される必要があります。本書では、デジタル・シティズンシップを「**適切で、責任を持ち、エンパワーされたテクノロジー利用の規範を継続的に発展させること**」と定義しています。

この定義をより詳細に述べるとすれば、
- **継続的な発展**：絶え間なく成長、成熟し、高度なあるいは精緻なものにすること。簡単に言えば、今日より明日はより多くの人々が新しい技術を使い、新しい方法でネットに接続されるということ。
- **規範**：コミュニティを含み、共同所有と参加による相互作用に属する人々が持つ権利。
- **適切性と責任**：適切かつ妥当な義務、または管理（共有）の説明責任を示すこと。
- **エンパワー**：何かをするための権限、力、所有権を持つこと。
- **テクノロジー**：それはどこにでもある！と引用されているように（ケンタッキー州教育省、2018）我々の定義では、学校のリーダーシップを目的としたテクノロジーは以下にあげるすべてである。例えば、
・電源を必要とする（何かに接続されている）
・インターネットもしくは任意のネットワークに有線・無線で接続している
・データ、情報、声、音、画像、映像が作成、入力、表示、保存され、またはあちこちに流れること
・デジタル（学習／教育、トレーニング／専門的能力開発、意思決定／分析、コミュニケーション、レポート作成、オンラインテスト）を含む

デジタル市民は、相互につながったデジタル世界で生活・学習・労働するための権利・

責任・機会を認識し、大切にし、安全・合法的・倫理的な行動をとります。デジタル市民は、自分のデジタル・アイデンティティや評判の形成・管理を行い、デジタル世界における自分の行動が永続的に残ることを認識しています。彼らは自身と他者の態度・行動・選択を擁護します（Tamayo、2016）。このような考えから、デジタル・シティズンシップの概念が拡大しました。すなわち**デジタル世界に接続された体験を理解し、積極的に活用することで、他者を導くこと**です。

　池に石を投げ込めば水の波紋が広がるように、テクノロジーは社会に浸透してきました。社会は携帯電話からスマートフォンへと移行し、単に電話をかけるだけではなく、手のひらの上で複数のデジタル体験に没入し、常時接続できるようになりました。これらのツールを用いて、すべての子どもたちが研究者・参加者・リーダーの役割を担い、現実世界とオンライン世界とを効果的に行き来するコミュニティを構築することが期待されています。

　デジタル市民という用語は、技術的に浸透した社会媒介的なモバイル・ライフスタイルを意味し、数年前には考えられなかったシティズンシップに関する新しい検討事項を示唆しています。

　検討事項の一つは、私たちが多くの権限を与えられたライフスタイルで生活していることです。テクノロジーの利用者は、「or」ではなく「and」に満ちた世界で生きる機会を受け入れるよう求められています。個人でもグループでも、私たちは写真を撮ったり、文章を書いたり、共有したりすることができ、これらの行動を通じて、近くにいても遠くにいても、少数の人にも多くの人にも多大な影響を及ぼすことができます。

　もう一つ考慮すべき点は、私たちの新しい存在は、目に見えず、かつ、あちこちに遍在しているということです。一方で、利用者は姿を隠せるので、自分が望めば人目を避けてインターネットを旅することができます。またその一方で、利用者は、自分がしたことを何百万人もの人に向けて発信し、意図的にあるいは気づかないうちにデジタルの足跡を残すという、非常に公共性の高い選択をすることもできます。その足跡が、潮の満ち引きで流されてしまう砂の上ではなく、固まる前のセメントの上につけられ、のちに記念碑のように扱われることを想像してみてください。

デジタル・シティズンシップの定義を行動に移す

定義：

　デジタル・シティズンシップとは、テクノロジーを適切に、責任をもって、エンパワーされた利用をするための規範を持続的に養うこと

行動：

- ポジティブなデジタル経験を形成するために他者をリードし支援する
- 自己の行動が自身や他者に影響を与えることを認識する
- 公益にかなう方法で参画する

　私たちの新しいライフスタイルの特徴は、同時に 2 つの場所に住んでいるということです。ユーザーは、リアルライフ（IRL：In Real Life）とデジタルライフ（DL：Digital Life）の 2 つを生きています。画面の向こうにはさまざまな形や大きさの世界が広がっています。マサチューセッツ工科大学のシェリー・タークルの言葉を借りれば、「つねにスイッチ・オンで、我々とともにある（2008）」ものです。

　未来が予想外に急速に進展するなかで、オンラインとオフラインの自分をうまく扱いつつ、統合することが求められています。あなたが保護者ならば、子どもがオンラインで何をしているのかを子どもの肩越しに見つつ、デジタルライフ・リアルライフの安全性を心配しているでしょう。

　自分自身のことが気になるならば、すなわち、誰が自分を見ているのか、見つけた情報で何をするのかを、自分の肩越しに見て考えているということです。タークルが「思春期の仕事はアイデアや人々、自己概念などの実験が中心である」と述べているとおり（p. 125）、オンラインの場をどう使うかにかかわらず、利用者は関心を持つ必要があります。インターネットが普及する以前、大人は成長途中の若者のアイデンティティの遊びや成長を目の当たりにすることができ、必要に応じて介入することができました。しかし、パーソナル・ネットワークという目に見えない世界が、それを著しく難しくしています。

》デジタル・シティズンシップの歴史

　シティズンシップ（市民権）とは、地域社会で生活するための権利と責任に常に関連づけられてきました。この概念の大部分は何世紀にもわたって変化していません。しかし、いまやインターネットユーザーは、独自のコミュニティであるデジタル空間の市民でもあります。それは夢中になれる、オンラインの、新しい現実です。この新しい現実は、膨大な「常時稼働している」時間を費やしているため、より重要なものになっていると主張する人もいます。

　デジタル・シティズンシップは、インターネット以前からのテクノロジーと社会に関する懸念を払拭するものです。インターネットの出現以前、これらの懸念は「テクノロジーの社会的影響」という広い意味での包括的な言葉で表現されていました。ISTE（International Society for Technology in Education：国際教育技術協会）は、教育技術スタンダードの原案でこの領域を「社会的、倫理的、人間的課題（2000）」と表現しています。

　テクノロジーの倫理的配慮という考え方は、コンピュータから始まったわけではありません。すべての新しいテクノロジーは、使い方と目的によって定義されてきました。特に（コンピュータ以前の）社会と教育を一変させた最近のツールは印刷機でした。印刷機によって大衆とアイデアが共有可能になったことで、学習や教育分野に対する考え方が大きく変化しました。『子どもはもういない』の著者ニール・ポストマンのように、より構造化された教育システムや大人と子どもの区分の始まりと考える人もいます。

　1950年代から60年代にかけて、電話やテレビといった前駆的デジタル技術が多くの家庭に普及したことで、短時間で広範囲に情報を共有できるようになりました。『メディア論—人間の拡張の諸相』の著者マーシャル・マクルーハンは、コンテンツではなく、メディアそのものを研究対象とすることを提唱しました。「メディアは、メディアを介して配信されるコンテンツだけでなく、メディア自体の特性によっても、それが役割を果たす社会に影響を与える（1964）」という彼の考えは、1964年当時

のテクノロジーよりも、今日のデジタル・テクノロジーに適しているようです。マクルーハンはまた、テクノロジーを自分自身の延長として認識し、今日、デバイスを使う人が増えているように、紙に手紙を書くなどの技能の喪失（彼が「切断」としたもの）は避けられないと指摘しています。

1980年代から1990年代にかけてのデジタル・テクノロジーの発展は、インターネットの普及に伴って新たな機会と課題をもたらしました。テクノロジーの利用者はすぐに、何が適切で何が不適切なのかを明確にする必要があることを認識しました。コンピュータ倫理への関心は1990年代に急速に高まりました。ムーア（1995）は、コンピュータ倫理を「コンピュータ・テクノロジーの性質と社会的影響を分析し、そのようなテクノロジーの倫理的利用のための方針を策定し、正当化すること」と定義しています（p.7）。

コンピュータ倫理の必要性を支持する教育者たちは、テクノロジーを使った不適切な行動が継続的に起こっていると考えていました。これらの教育者たちは、テクノロジーの乱用が放置されれば、すべての利用者のテクノロジーの自由を失うことになると信じていました。90年代に入ると、利用者はデジタル・テクノロジーの利用に伴う変化に備えるようになりました。テクノロジーの適切な使用に関心を持つことは、将来的に児童生徒がどのようにテクノロジーを使用するかに関心を持つことにつながります。

2000年以前は、モバイルコンピューティングはまだ発展途上であり、大多数の利用者が所有するには高価すぎました。2000年代に入ると、携帯電話をはじめとするモバイル・テクノロジーの価格が下がり始め、商業的に広く利用できるようになりました。これらの新しいビジネスチャンスは、携帯電話（およびその他のモバイル・コンピューティング・デバイス）を持って学校にやってくる児童生徒に対して準備ができていなかった学校にも入り込んでいきました。

いくつかの学校で発生した銃乱射事件（※訳者注：1999年コロラド州で発生したコロンバイン高校銃乱射事件が知られる）や2001年のテロ事件の前には、学校は校内での電子機器使用を禁止していましたが、これらの事件がきっかけとなって、子どもとすぐに連絡を取りたいという保護者の要求が高まりました。利用者は、テクノロ

ジーへのアクセスや、いつ、どこで使用すべきかを判断する必要はありませんでした。

2000年代初頭には、携帯電話だけでなく、他のモバイル・テクノロジーも登場しました。PDA（パーソナル・データ・アシスタント）、ノートパソコン、デジタル・オーディオ・プレーヤーなどのデバイスが急速に普及しました。学校では、これらのモバイル・テクノロジーの活用方法を探り始めました。情報を「無線」で共有できることは、学校の技術担当者の関心事でした。しかし、子どもたちは、この無線通信には他の潜在的な用途があることを発見しました。その中には、ただの児童生徒間の会話や無害なものもありましたが、学校内で干渉したり、問題を起こしたりするものもありました。

学校はふたたび、児童生徒が校内でこのテクノロジーを利用することの禁止を検討しましたが、保護者や外部からの圧力（例：米国市民自由連盟）により、校内でのテクノロジーの不適切利用への対処方法を再度見直すことを余儀なくされました(Parry, 2005)。学校管理者は、テクノロジーの不正利用問題が増加していることについて、教員、児童生徒、保護者を教育する方法を見つける必要がありました。

学校は不適切なテクノロジーの利用を減らすために「許容型利用方針（AUP：Acceptable Use Policy)」の導入を決定しました。許容型利用方針AUPには、児童生徒と保護者が学校でのテクノロジー利用に関する規則を読み、理解していることが明記されています。

しかし、多くの場合、児童生徒と保護者は、テクノロジー利用の際に何が適切で何が適切でないと考えられるかを十分理解しないまま、許容型利用方針AUPに署名していました。また、仮に児童生徒が許容型利用方針AUPに違反しても、学校側にはその行為に対して法的手段をほとんど持たないことに気づきました。

このような方針が児童生徒の行動を変えるのに効果的ではないことを学校が知るにつれ、教育関係者は1990年代からのコンピュータ倫理概念を見直すようになりました。このような状況の中で、何をすべきかを明確にしようとすると、メッセージが錯綜し、会話がすれ違ってしまいます。「インターネットの安全性」に焦点を当てた学習を個別に推進することには素晴らしい意図がありましたが、代わりに多くの強力な学習体験を台無しにしてしまいました。また、「デジタル・リテラシー」

の学習は、政策や資金面での後押しがあったものの、望ましい到達点には達していません。

　この動きを見るための一つの方法として、検索エンジンに入力された用語を参照してみましょう。**図0.2**（Google Trendsによる関連用語と検索履歴の傾向）では、「デジタル・シティズンシップ」「デジタル・リテラシー」「インターネットの安全性」という3つのよく検索される用語の縦断的傾向（2004年から現在まで）を示しています。

　過去5年間で、教員の間で「デジタル・シティズンシップ」が検索用語として定着し始めました。デジタル・シティズンシップは学習概念の定義として、また、行動への呼びかけとして2004年頃に導入され、2007年にはISTEから発表された児童生徒スタンダードに加えられました。そして、今や多くの教員が、デジタル・シティズンシップは児童生徒がデジタル世界で成功するために必要なものということを知っています。

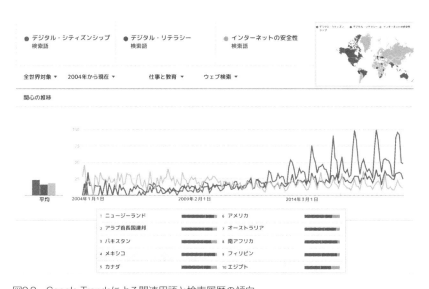

図0.2　Google Trendsによる関連用語と検索履歴の傾向

ISTEは児童生徒スタンダードの発表後、教員、講師、学校管理職のための基準を作成しました。これらのスタンダードには、教員、児童生徒、学校管理職が知っておくべきことの枠組みを提供するために、テクノロジー倫理に関する項目が含まれていました。ISTEはこれらのスタンダードを更新し、児童生徒、教員、コーチ、および管理者のスタンダードはすべて、元の技術倫理スタンダードの派生物であるデジタル・シティズンシップをその一部分として持っているとしています。デジタル・シティズンシップは、すべてのISTEスタンダードを「結びつけるもの」と見なすことができます。

　学校や学校区が1人1台のデバイスの取り組みを始めたことで、テクノロジーの倫理的使用に関する問題が再び増加しています。教室でテクノロジー・ツールを使用する際に何が適切なのか、職員や児童生徒を教育するための計画がなければ、問題はますます大きくなるでしょう。

　デジタル・シティズンシップのように方向性が定まることで、潜在的な問題は授業を制限する要因ではなくなりました。テクノロジーの使用は、これまでの教育のあり方を変えるものであり、教育者はこの調整を行うための準備をする必要があります。世界中の教員養成プログラムや専門家の育成では、デジタル・シティズンシップとは何か、そしてそれが教育の中でどのように位置づけられるのかについて、より詳細に検討し始めています。

　1964年にマクルーハンが指摘したように、テクノロジーは増幅するということを理解することが重要です。テクノロジーは拡声器のように、人間の行動を良くも悪くも何でも拡大してしまいます。ゴールは、インターネットと現代のテクノロジーが、人類がこれまでに生み出した中で最も大きな増幅器であることを、子どもたち、児童生徒、そして同胞である市民が理解することです。

　テクノロジーには増幅する特性があるからこそ、児童生徒たちがデジタル市民となり、俯瞰図を見て、自分たちがどのように貢献しているのかを理解できるようになることが必須となります。そう、オンライン上での安全と責任の引き受け方などの実践的スキルを身につけ、仮想世界での「ネチケット」（オンラインエチケット）や共感力を身につける必要があるのです。

　しかしながら、私たちが彼らのデジタルライフスタイルについて、より大きな視点を養うことができれば、これらの願望はより容易に実現されるでしょう。デジタル・シティズンシップはそこから始める必要があります。

　どの社会でもそうですが、デジタル市民には、一般的な規範・規則・法律に則った行動が期待されています。今日の児童生徒の大半はテクノロジーに慣れ親しんでいますが、その使い方は適切でしょうか？また、デジタル社会における自分の役割と責任を理解しているでしょうか？児童生徒が責任あるデジタル市民になるために、教員はどうすればよいのでしょうか？

ディスカッション

1. デジタル・シティズンシップと地域・国別のシティズンシップの共通点と相違点とは何でしょう？

2. デジタル・シティズンシップの概念を取り入れるために、学校・学校区の文化で変える必要が生じるものを2つか3つあげてください。成功させるためには、どのような方針や手続きが必要でしょうか？

3. あなたのデジタル・シティズンシップの定義は何ですか？本章で検討した概念と以下の資料を用いて、デジタル・シティズンシップに関するあなたの理解と考えを共有しましょう。デジタル市民であることの意味を自分なりに定義することをお勧めします。

   ● ジェイソン・オーラー博士（jasonohler.com/index.cfm）
   ● マイク・リブル博士（websitedigitalcitizenship.net）
   ● cable in the classroom（ciconline.org/DigitalCitizenship）
   ● コモン・センス・メディア(commonsensemedia.org/educators/curriculum)
   ● TeachThought（teachthought.com/technology/the-definition-of-digital-citzenship）

4. デジタル・シティズンシップについて読んだ後、あなたが獲得した概念は以前理解していたものからどう変わりましたか？

5. なぜデジタル・シティズンシップの歴史が重要なのでしょうか？　デジタル・

シティズンシップの歴史は、そのテーマを取り巻く現在の問題を理解する上でどのように役立ちましたか？

アクティビティ

1. デジタル・シティズンシップの知識をどう広げますか？デジタル・シティズンシップ・プロフェッショナル・ラーニング・ネットワーク（PLN）のメンバーになりましょう。ISTE、Twitter、Facebookなど、自分が選んだPLNの中で自身の定義を投稿します。また、ソーシャルメディアで少なくとも3つの個人や組織をフォローするというアイデアもあります。

   Twitterで最も人気のあるデジタル・シティズンシップのハッシュタグの一つが「#digcit」です。過去の投稿を見て、デジタル・シティズンシップに関する彼らの3つの主要な考えを特定しましょう。

2. デジタル・シティズンシップの最新情報をどのように入手しますか？デジタル安全、デジタル法、デジタルコミュニケーションなどの要素について時間をかけて調べ、このトピックについて話したり書いたり研究したりしているウェブサイトやブログ、教育リーダーを特定します。また、デジタル・シティズンシップに焦点を当てているかどうかを確認します。これらの資料から自分だけの参考文献を作成します。

3. 学校や学校区以外の地域組織（ロータリークラブ、自治体・郡教育委員会など）に、デジタル・シティズンシップの話題や問題点を知ってもらい、共有してもらうための組織を特定します。これらの組織と共有するメッセージには、どのような内容を盛り込みますか。また、これらの組織にどのような支援を求めることができるでしょう。

第 1 章

それはシティズンシップではないのか？
なぜデジタルが必要なのか？

シティズン（市民）という言葉が名誉ある称号であったギリシャやローマの時代から、しばしば、市民権の「責任」よりも「権利」が重視されてきたように見えます。

——ロバート・F・ケネディ

　過去10年間、オンライン空間での礼節を重視する必要性について、数え切れないほどの議論がなされてきました。伝統的な寓話「6人の盲目の男と象」のごとく、動物の一部分に触れただけで、それぞれが象について違った解釈をするように、多くの人々がデジタル・シティズンシップの概念、つまりオンライン上での礼節の焦点に、異なる視点からアプローチしています。安全性に焦点を当てる人もいれば、エチケットについて語る人もいれば、権利と責任に関心を持つ人もいますが、共通しているのは常にデジタルに焦点を当てていることです。おそらくそれは、デジタル・ネイティブとデジタル・イミグラントの議論と同様に、過去の経験とは異なる新しい枠組みだからかもしれません。数年前から、テクノロジー・リーダーたちの間では、あえて「デジタル」の単語を捨て、どの空間で発生するかにとらわれず、問題に焦点を当てようとする動きがあります。これは興味深いコンセプトであり、調べてみる価値があります。

　デジタル・シティズンシップの「デジタルを捨てる」という議論は、オンラインであろうと現実であろうと、我々がどこにいようと、誰もが市民として何をすべきかということが中心になっています。これは、私たちの究極の目標であるべき、価値ある議論です。

　問題は、私たちは今後これらのデバイスから自分自身を切り離し、これらの問題を対等に捉えることができるのか、あるいはどこから手をつけたらいいのか、とい

うことです。どうして私たちはデバイスやアプリ、オンラインでの人格を軽視し、オンラインでの行動を、人としてどのような存在であるかを判断する基準として「数え」ないのでしょうか。

　人間はコミュニティで生活することを選択し、自分と同じような人たちと一緒に行動することが多いものです（これは希望でもありますが、現実にはそうでないことが多いです）。

　オンライン世界初期の探検家の時代は、アメリカ西部の埃っぽい町によく似ていて、違反行為の可否をコミュニティが決定していました。その後、先駆者たちが「ネチケット」という言葉や、黄金律（自分がしてほしいことを他の人にもしなさい）に基づき、デジタル空間でお互いをうまく扱う方法など、新しいアイデアや行動様式を持ち込んで、より多くのオンライン空間に進出しました。このような新しいオンラインコミュニティの平和を維持する「保安官」やテクノロジー・リーダーは少数でした。

　オンライン人口の爆発的な増加に伴い、問題は拡大し続け、ネット空間の変革が求められていました。2000年代に入ると、新しい個人用デバイスが登場し、ソーシャルメディアやアプリによって、人々はもうひとつの世界、デジタル世界にアクセスできるようになりました。それは昔からの友人とつながったり、新しい友人を作ったりする機会をもたらしました。これにより、人々は現実世界での自分を探究したり、オンラインで新しい人格を作ったりすることができました。セカンドライフのような空間では、人々はアバターを使ってオンラインの世界を動き回り、さらに自分を現実世界から切り離すことができました。

　このような産業の成長を目の当たりにして、関係者は新しいコミュニティのモラルが構築されているのではないか、新しいシティズンシップ、つまり、デジタル・シティズンシップがあるのではないかと考え始めました。デジタルの世界を利用者に当てはめるのではなく、いまや利用者がこの新しい世界を構築し、変革させ、適応させていくのです。現実世界での自分が気に入らなければ、この新しい世界で自分を作り直すことができ、時には現実世界から自分を切り離すこともできます。

　真のオンライン利用者は、この空間で膨大な時間を過ごしていましたが、よりカジュアルな利用者は、デバイスと接続していると、時には人との関わりが少なくなっていることを感じていました。インターネットに「依存」してしまう人がいるので

はないか、という意見が出ました。

　21世紀の最初の10年間から今日まで、その成長は衰えることを知りません。ウェアラブル・テクノロジーとIoTの時代であり、誰もが自分のデバイスや家や車とつながっていますが、相互のつながりは少なくなっています。オンラインでのテキスト送信、投稿、共有のプロセスは、私たちがよりつながっているかのような錯覚を与えますが、同時に孤立してしまうこともあります。今や、お互いへの関心よりも、デバイスや「いいね！」や「シェア」、あるいは、我々が失っているかもしれないものへの関心が高まっています。私たちの自己イメージは、他人が自分のオンライン・ペルソナ（性格）をどのように見ているか、に基づいています。

　では、なぜテクノロジーの歴史を語ることが重要なのでしょうか（特に、子どもたちや若者がテクノロジーのない世界を知らない場合）？それは、まさにその理由があるからです。つまり、彼らはネット接続される以前の世界を知らないからです。

　インターネット以前であっても人々は結びつきを深め、交流することができましたが、今となってはこのようなツールがあるからこそ、現在の私たちの生活が別モノになっていることを認識する必要があります。そして、この変化がいかに速いかを実感させてくれます。

　わずか10年前には、私たちはスマートフォンの存在を全く知らなかったのに、毎日（あるいは毎分）スマートフォンに依存するようになりました。世界中の多くの人々が、これらのデバイスのおかげで均一化されました。今では誰もがほぼ全世界、そして世界の人々にアクセスすることができます。

　料理の写真を撮ったり、ミームを（※訳者注：文化のなかで人から人へと拡がっていく行動やアイデアのこと）共有したり、猫の動画を見たりと、私たちが世界を捉えるためにこの機会を利用していることを、一歩下がって考えてみることが大切です。食料品店の列に並ぶときも、夕食を待つときも、ランニングをするときも、手元にデバイスを持たずに、人々はどうやって生き延びてきたのでしょうか。

　デジタル空間は、市民社会についての新しい概念をもたらします。私たちは、現実生活での交流だけに関心を持つべきなのでしょうか？現実とオンラインの2つの世界を行き来している人はどれくらいいるでしょう？携帯電話から離れることを考

えると不安になる？携帯電話がブルブル振動するだけで、常にメッセージをチェックしなければと不安になる？こうしたことが周囲の人々より気になるでしょうか？

　デジタル・シティズンシップの願いは、利用者がオンラインでどのように行動するかを皆が意識することです。インターネット利用者には、少なくとも現実世界と同等の礼儀正しさを求めるべきでしょう。いや、むしろ視覚的・物理的な手がかりのないデジタル空間では、私たちは実生活以上に礼儀正しくあるべきです。

　画面の後ろに隠れて、偽名を使って他人を「荒らし」ている人がいます。自分の感じたことを誰もが読める場所に投稿したい人は、市民社会の中で自分の行動がもたらす結果にも対処する意思があるはずです。陰に隠れるのは簡単ですが、他の人が見ているときに正しいことをするのは難しいものです。

　すべての市民の願いは、このような共有スペースでお互いに働き、遊び、生活し、交流できることです。我々は常に意見が一致するでしょうか？もちろんそうでなくても、問題について市民的でオープンな議論が可能なレベルに達することを望んでいます。

　2017年のサウス・バイ・サウスウエスト（SXSW）カンファレンスで、Googleのチーフ・インターネット・エバンジェリストであり、インターネットの父の一人であるヴィント・サーフは、「我々のテクノロジーは、その社会的な影響についての我々の直感を凌駕した」と述べました。

　私たちがあらかじめ備えることもできず、率直に言って、理解もできていない未来に向かって、過去30年間テクノロジーは社会を駆動してきました。これは、私たちの親が予想できなかった社会です。

　デジタル・テクノロジーが拡大しているなかで、過去の事例を用いてこの変化を説明する試みが行われてきました。これらの経験は、新しい未来のために役立ちますが、テクノロジーを用いて誰もがより良い人間となれるような、新たな道筋が必要です。

　日常世界のさまざまな問題に追われていると、オンラインの世界に引きこもりたくなることがあります。世界中からの情報の氾濫、抗議、殴打、爆弾テロ、そして「フェイクニュース（偽・誤情報）」の増加…現実の事柄に対する信頼喪失は、私た

ちの社会を恐怖に陥れます。

　未来における人間の次なる進化は、物理的な社会的交流を脱して、オンラインの世界で存在することかもしれません。納得のいかない課題のために身体的接触を持つ必要がなくなる、というのはひょっとすると人間の次なる進化といえるかもしれません。オンラインでも現実世界でも、人々がオープンで正直な議論ができなければ、何が残るのでしょうか？

　オンラインでも現実世界のコミュニティでも、大多数の人々は、自分たちが常に望んでいたような人間 —— 自身と他の人々のために、より良い機会を築くために協力し合えるような、いつも望んでいた人間 —— になろうと努めています。

　2017年2月、マーク・ザッカーバーグは、こうしたコミュニティの考え方に着目したマニフェストを書きました。彼は、安全・支持的・包括的・市民参加型の情報に基づいたコミュニティを作る必要性を指摘しました。ビル・ゲイツとメリンダ・ゲイツ夫妻は、彼らの慈善財団を通じて、こうしたグローバル・コミュニティの問題に取り組んできました。

　デジタルの世界にどっぷり浸かっている人たちが、ネット上のみならず、リアルのコミュニティにも重きを置いていることは興味深いことです。そのためには、世の中のネガティブな問題にばかり目を向けるのではなく、誰もが互いに信頼し合い、大切なものを共有できる場所を見つけることが必要です。テクノロジーが障害を作るのではなく、障害を取り除くことができる未来のビジョンに、誰もが心を開いてくれることを期待したいです。

　自分自身や他人が物語にもたらすものを尊重しはじめる場所。私たちが学び、他の人と知識を共有し、社会で起こっていることに対して発言力を持つ場所。誰もが平等にコミュニティの一員になれるように、自分自身と他者を守る場所。これらはあまりにも高尚に思えるかもしれませんが、高みを目指さなければ、目的を達成することはできません。

　では、デジタル市民はどのようにしてこれらの目標を達成するのでしょうか？利用者が過去の問題を克服するには？どこから始めればよいでしょうか？

　「隗より始めよ」とはよく言ったものです。それは子どもたちから始まり、人格

者になること、他人に共感すること、表面的な部分だけでなく、誰もが同じ目標を達成しようとしていることを理解することを教えます。誰もが自分自身を見つめ直し、自分の子どもたちや他の人たちに、より良い人間になるためのスキルを与えているかどうかを判断しなければなりません。

　誰もが完璧になれるでしょうか？と問われれば、それは疑わしいですが、オンラインの世界でも現実の世界でも、最高の自分であることは目標です。(先ほどの) 2017年のSXSWのパネルで、ヴィント・サーフはこのように述べました「オンライン上での悪い行動に対する社会的圧力を重力のようにたとえよう。ひとつの解決策は、『それをするな、それは誤りだ、道徳的に間違っている』と言うことだが、それでは弱々しく聞こえる。重力は最も弱い力だから…。ただし、大きな質量を得れば強力になる」。そうすれば、自分の行動が、他人の変化を助けることにつながるのです。

　このセクションの最初の質問に答えるとするなら、私たちは「デジタル」を捨てる準備ができているでしょうか？テクノロジーは素晴らしいツールを提供し、私たちを前進させてくれましたが、いまや人々はオフラインのみならず、オンラインで起こる課題にも対処しなければなりません。社会では、これらすべてのアイデアが混在する日を目指す動きがありますが、その日が訪れるまでは誰もが家族や友人とつながり、立ち止まってその瞬間を楽しむ必要があります。誰かがデジタル・シティズンシップから「デジタル」の語を取り去る必要があるという時、いつかそれが目標になってほしいという願いが込められています…。ただ、それは今日ではありません。

》テクノロジーとその利用に関する2つの視点

　デジタル・ライフスタイルのために新しい倫理観を構築する必要はあるでしょうか、それともユーザーは両親や祖父母が教えてくれた道徳や行動の枠組みに戻りたいと思っているのでしょうか？これがデジタル・シティズンシップの核心であり、答えを出すのは簡単ではありません。この質問については、2つの考え方があります。

　1つめは、「デジタル領域だからといって、倫理や人格教育のために特別な配慮をする必要はありません。デジタル領域においても善悪は存在し、悪いことをしてはいけないのは言うまでもないことです。実生活で通用していることは何でも、この新しいバーチャルで没入感のある領域でも同じように通用するでしょう」という考えです。

　これに対して、2つめは「現実的に考えましょう、没入型現実、AR拡張現実、そして一度に複数の場所に存在できるという概念は、これまで問題にならなかったような、複雑な道徳的意義を持つ新しい行動を生み出す世界を作りました。ユーザーとは複数の自己の集合体です。さまざまなプラットフォーム上での異なる関係をやりくりする複雑さは人々を疲弊させます。だからこそ、この大きなチャンスに対応するために、倫理に対する新しいアプローチが必要なのです」。

　多くの人は前者を支持するかもしれませんが、両親の倫理観、エチケット、社会的規範を簡単にネット上にも適用することは、単純に考えても全く不可能です。私たちは今、起こっている変化をふりかえり、これらのルールが新しい社会でどのような役割を果たすのかを判断する機会を得ました。事実、デジタル領域での生活は、私たちの倫理的配慮の再評価を必要とするほど異なったものになっています。

　2つの考え方がどの程度違うのか、窃盗を例に考えてみましょう。以前ならば、車を盗んだ人は車を持っていて、盗まれた人は持っていないというのがあたりまえでした。今日では、もし、あなたが撮影してネットに投稿した写真を誰かがダウンロードしても、オリジナルのデータは手元に残っているので、ほとんどの人は、誰が写真のコピーを持っているのか気づけません。

　人は、画像編集プログラムを使用して、撮影した写真をオリジナルとは思えないほどに加工することができます。しかし、「改変」の法的解釈によれば、変更を加えた人が変更後の写真を所有することは十分に可能です。これが現在の法律です。つまり、盗まれた車に手を加えることはできるが、結局はその車を買った人が所有していることに変わりはありません。

　従来の窃盗と、写真のダウンロードとの決定的な違いは、人が車を盗むときには、心の奥底で何かしらの感情が働いていることです。それは罪悪感かもしれません。あるいは、それは被害者が自業自得だと思うからこその高揚感かもしれません。そ

れはおそらく強烈な感情です。

　しかし、ほとんどの人にとって、写真をダウンロードしてもそのような反応はありません。最近の私たちは、興味あるものは何でも入手しては他者に転送する傾向があります。それについて深く考えることはありません。人が罪悪感を感じないのは、自分が何か悪いことをしたと認識していないからです。それが普通の行動になってしまっています。

　ユーザーは、この行動をデジタル世界の信号無視のようなものだと考えています。あるレベルでは違法行為と認識されても、もともと写真はウェブに公開されているもので、誰でも利用できることが前提となっています。状況を考えれば、それが現実的な判断です。いちばん几帳面な人でも、ついでに写真のウェブソースを参照するくらいでしょう。

　多くのオンラインユーザーは、デジタル世界は共有と参加の文化であり、ネットワーク化された社会に属することの自然な延長線上にあると考えています。全ての人が持つ素材はオープンで、他者が修正してインターネット上で自分のものとして提供できる。私たちの動機づけはこうした共通の理解に支えられています。新しい社会的規範とは、ネット上で掲載されたものは「格好の標的」であるということです。また、先に述べたように、何もなくなっていなければ盗みは成立しません。それは、次の人がコピーできるようにまだそこに残っています。

　新しい社会規範は、前の世代が規範としていたものを変えてしまいました。以前は「お互いに明確な許可を与えない限り、あなたは私のものを使わないし、私もあなたのものを使わない」という考え方でした。それは、互いの資料を複写・改変・転送することが非常に困難だった時代のことです。新しい考え方は「原作者が作品の所有権を明示しない場合、互いの作品を断りなく利用する」というものです。

　これは、出典を引用する議論にもつながります。研究者が他の研究者の書いたジャーナル記事を読んで引用するのがごく当たり前な、極めて限られた学問の世界では、出典の引用はかなり簡単に行われます。

　現在最も注目されかつ必要とされているデジタルタスクの一つは、誰が泥棒で、誰が作り出す人で、誰が普通のマッシュアップされた生活（※訳者注：異なる文化やさまざまな興味・趣味などを自分の生活に取り入れていること）をしているだけなのか、

判断するための新しい社会的要件を備えた引用スキーム2.0を開発することです。

　児童生徒が自分たちの世界を理解するには、このような新しい状況がもたらす倫理的問題を考えなければなりません。時代は変化しているのですから、デジタル社会で生きていくために必要なトレーニングや視点をユーザーに提供することを、過去への執着で妨げている余地はありません。過去の倫理や法律は今でも必要です。しかし現在、そして将来においても同レベルの品質の指針を提供するには、倫理や法律を現代に適応させ再利用する必要があるのです。

》人格教育と社会情動的学習とのつながり

　長年技術革新に関わってきたアラン・ケイ氏は「テクノロジーとは、あなたが生まれた時にはなかったものすべてである」と述べています。したがって、大人から児童生徒への一方通行の「禁止事項リスト」としてデジタル市民権に取り組むようなプログラムは、あまり効果的ではありません。さらに、ネットいじめ、プライバシー、著作権侵害など、デジタル・シティズンシップの問題をひとつずつ解決しようとすれば、疲弊し、一貫性のあるものにはなりません。

　特定問題に対処する戦略を議論・策定することは確かに重要です。しかし、テクノロジーが進化すれば、新たな課題やチャンスは必ず生じます。実際、個々の問題は、私たちがより深くより広い視野で考えられるかを試すような兆候を示します。課題に対する全体的なアプローチには、基盤・背景・俯瞰が必要です。

　研究によれば、本当に必要なのは、デジタル技術に囲まれて生活している児童生徒に合わせた人格教育のスキルを身につけることです。人格教育はさまざまな教育プログラムで行われており、青少年の教育において学業と人格は同様に重要であるという信念に基づいています。一般に、人格教育プログラムとは公的に定義された価値観に基づいて構築され、その価値観は、活動からカリキュラムに至るまで、学校コミュニティ全体に浸透しています。また人格教育は、児童生徒たちが、地域社会のすべての人とのシンプルな関わりから人格を学ぶという信念のもとに成り立っています。

　「子どもたちは私たちの言うことを聞くのではなく、私たちがすることから学ぶ」という古い格言がありますが、この事例ではそのとおりです。目標志向の人格教育

プログラムを開発することで、学校と地域社会が行動や考え方についての具体的問題に対処できるような枠組みを作ることができます。このアプローチの重要性を理解するためには、人格教育の歴史をふりかえるとよいでしょう。

　かつて地域の人々は、人格教育は学校で行われるものだと思っていました。教員は、聖書の物語、道徳の物語、家庭の常識など、あらゆるものを使って人格教育のポイントに焦点を当てます。

　1970年代から現在に至るまで、さまざまな学校・学校区で展開された人格教育の取り組みを通して、共通基盤を取り戻そうとする試みが行われてきました。「キャラクターカウンツ！」のようなプログラムや組織が登場しましたが、それらプログラムの範囲は採用した学校に限られることが多かったのです。

　キャラクターカウンツ！はジョセフソン倫理研究所（Josephson Institute of Ethics）が提供しているものです。ジョセフソン博士はキャラクターカウンツ！の6つの柱を考案しました。6つの柱とは、信頼、尊敬、責任、公正、ケア、市民性を指し、どのような社会でも共に働き、遊び、生活しようとする人の基礎となるものです。

　これらの柱は、デジタル・シティズンシップに組み込まれた理想と絡み合っています。どちらも「人々が互いを理解し、尊重し合う世界で共に働く」という同じ目標を目指しています。

　「デジタル」トピックの分岐と「現実」世界のトピックの分岐を、混同する人もいるかもしれません。今日では、この2つの領域は互いに交差しているので、領域の終わりや始まりを見極めることは困難です。おそらく、デジタルという用語はシティズンシップという言葉から取り除かれ、基本的な概念として定義されるべきです。将来的にはそうなるかもしれませんが、今はまだ、これらのトピックを見分ける区別が必要です。

　人格教育にかかわるもう一つのプログラムとしては人格教育パートナーシップ（CEP：Character Education Partnership）があります。CEPもまた活動原則の枠組を持っています。彼らの11の原則は、人格教育の必要性に取り組む学校の使命を理解するのに役立ちます（詳細は、character.org/category/ the-11-principles

でご覧ください）。

　これらの原則は、長年を経て検証されてきた優れたライフスキルです。またそれは、両親や祖父母が子どもたちに受け継ぐべきスキルとして捉えられることが多いでしょう。これらは、オンラインでも対面でも、どこにいても必要なスキルです。

　デジタル・シティズンシップの基盤は、デジタル人格教育と密接に結びついています。デジタル・シティズンシップとは、テクノロジーの台頭に伴い、児童生徒や人々の性質が変化することを意味します。キャラクターカウンツ！やCEPのような組織が提唱する理想と概念は、デジタル・シティズンシップの新しい概念と共生しています。どちらも、ますますデジタル化が進む世界で、自分を取り巻く話題や問題を理解できるよう支援し、適切に行動するための基礎を提供するという目標を掲げています。
　しかし、デジタル化が進んだ今、このような組織は、まず、次世代とアイデアを共有するために、柔軟に成長する方法を学ぶ必要があります。児童生徒、教員、保護者がデジタル時代に移行するための機会を提供する必要がありますが、その際には社会の構築に貢献し、時代の試練に耐えてきた信念や理想に基づいていなければなりません。

　これが現状であり、デジタルライフとリアルライフの二項対立に意図的に焦点を当てた人格教育プログラムを開発する必要性につながっています。指導者は、これを、現在・将来の児童生徒たちに役立つ強固な基盤を築く機会と捉えるべきです。デジタル・シティズンシップへの取り組みは、まずデジタル時代に対応した人格教育の基盤を構築し、その上にデジタル・シティズンシップ・プログラムを構築するという構造化が重要です。このアプローチによって、バーチャルな領域やテクノロジーの世界、電子コミュニケーションを媒介とした対人関係の場に関する問題を、より広く深く見つめることができるでしょう。

　人格教育に関連して、社会情動的学習（SEL：Social-Emotional Learning）という概念があります。TCEA（Texas Computer Education Association）のTechNotes（blog.tcea.org/social-emotional-learning）では、Respect Yourself （respectyourself.org.uk）を、「社会的認識の定義は、感情を手掛かりに他者の感情やニーズを理解する能力」と論及しています。

　今日の多くの児童生徒は、社会的にも感情的にも苦労しています。自己中心的になり、他者への共感や思いやりを欠いている人もいます。Respect Yourselfチームは、児童生徒がデジタル・シティズンシップに関する社会的意識を高めるための、以下の3つの重要分野を特定しました。

1．児童生徒は、自身の行動だけでなく、他人を社会的に認識する必要があります。
2．現実とデジタル双方の世界で、自分の行動と学習に責任を持つ必要があります。
3．テクノロジーに精通し、テクノロジーを適切に使いこなすことを学ぶ必要があります。

　これらの考え方は、次章で紹介・定義する新しいS3フレームワークに統合されており、児童生徒が現実・オンライン双方の世界での生活をより意識できるように支援する必要があります。コモン・センス・メディアは、デジタル・シティズンシップに関連する社会情動的学習の問題にフォーカスした教育者向けガイドを作成しました。ガイドでは、状況を明らかにし、議論の問いを提供し、リソースを区別しています。話題には、身体イメージとソーシャルメディア、ネットいじめ、デジタルのもめごと、自撮り文化などが含まれています。digcit.life/digcit-and-SELにアクセスするか、こちらのQRコードを読み込んで、ガイドにぜひアクセスしてください。

デジタル市民権と社会的・感情的な学び（digcit.life/digcit-and-SEL）

》私たちのデジタルコンパスを見つける

　あなたは道に迷ったことがありますか？どの方向へ向かえばいいか、どのような判断をすべきか、迷ったことはありませんか？そのような状況に置かれれば、多く

の人々は正しい道を見つける助けとなる道具を用いようとします。今日では、多くの人がスマートフォンやその他のデジタル機器を使って、どこに行けばいいのか、その道順を知ることができます。

しかし、我々の子どもたちや学校の児童生徒の多くは、デバイスのない世界を知らないので、意思決定をデバイスに依存するようになっています。今日の児童生徒にとって、「可能なこと」の定義は急速に変化しています。安全で、デジタル社会に精通し、社会的な（S3フレームワークの構成要素）デジタル市民は、新しいデジタルの可能性に投資し、デジタルで何ができるかを学びます（図1.1）。もし、これらのツールが「できること」と「すべきこと」を混同して、悪い選択肢や貧弱な選択肢を提供していたら、どうなるでしょうか？

安全性・精通性・社会性のデジタル市民の中核スキルは、「デジタルでできることとすべきこと」の違いを知り、それを実体化させることです。テクノロジーに囲まれて育った経験は、大人と異なる視点をもたらすでしょうか？テクノロジーを用

図1.1　デジタルの新たな可能性の範囲をナビゲートするためにデジタルコンパスが必要

いたより良い経験とは何かについて、児童生徒との議論をどのように始めればよい
でしょうか？

　この問いにはいずれも「より善い」という概念が含まれています。安全で、精
通している社会的なデジタル市民は、「より善い」経験とは瞬間的な満足ではなく、
長期的に良い効果をもたらすことを知っています。

　ただ、これらのデバイス（スマートフォンであれノートパソコンであれ、その中
間のものであれ）にはコンパスなどついていない、ということを忘れてはなりません。
これらのデバイスはユーザーの選択通りにしか動かないのです。

　このような議論をするのに適切な時期はいつでしょう？子どもでも大人でも、デ
バイスを得た時点でデバイスを持つことの利点と懸念事項の両方について話し合い
を始めるべきです。

　新しいユーザーは、正しい「道筋」を知らず「迷子」になる可能性があります。ユー
ザーがより精通すれば「近道」をしてトラブルに巻き込まれてしまうこともあるでしょ
う。自分たちがどのように使っているのか、皆に考えてもらうのが狙いです。ユーザー
は、これらのツールを使うときに、なぜ特定の方向を選んだのかを熟考する必要が
あります。デジタル・シティズンシップのプロセスを経て、さまざまな要素のレン
ズを通して自分の経験を理解することで、自分や周りの人にとって有益な方向を選
べるようになります。

　テクノロジーを扱う者として重要なのは、学校でも他の場所でも、私たち全員が
テクノロジーとの関係について考え始めることです。

　まず最近の出来事に目を向け、テクノロジーがどのように役に立っているかを明
らかにし、次にその状況がどのように処理されたのか、あるいはどのように始めら
れたのかを確認します。

　このような機会に、他の人達と状況を話し合い、核心的な問題を見つけだし、自
分ならどう対処したかを考えます。テクノロジーの利用が他の人にどのような影響
を与えたかを明らかにすることが重要です。このような状況は、最初から明白であ
るとは限らないので、さまざまな視点から見ることが大切です。

　特に児童生徒にとっては、なぜ自分はオンライン上で特定の行動をするのか、ま

たはしないのかについて、理由を明らかにするのが難しい場合もあります。目の前に誰かが立っていたら、同様に行動するのかどうかを話し合ってみましょう。

個人のデジタルコンパスを巡る会話のきっかけを得るための短いシナリオ

シナリオ１　ある生徒が他の生徒に嫌がらせのテキストメッセージを送信しました。そのテキストを受け取った生徒は、暴言のような文章で報復しました。*嫌がらせや報復のテキストメッセージを送信してしまう問題に、どのように対処すべきでしょうか？*

シナリオ２　ある生徒がファイル共有サイトにログインして最新の曲をダウンロードしました。*ファイル共有サイトからの音楽のダウンロードは、どのような場合なら適切でしょうか？*

シナリオ３　授業の1時間前になって、ある生徒は作文課題の提出〆切を思い出しました。生徒は図書館へ行き、ウェブサイトにログインして、著者の出典を表示せずに情報をコピー＆ペーストします。*オンラインの素材を著作者の出典を表示せずに私用することの問題点とは何でしょう？*

シナリオ４　ある生徒は学校のファイアウォールをくぐり抜けるため、プロキシ・トンネリング・プログラムを学校のコンピュータにダウンロードしました。*生徒は、あるサイトへのアクセスのために、ソフトウェアを使って学校のファイアウォールを「トンネル」回避すべきでしょうか？*

シナリオ５　学校事務は、入学出願書類のすべてを学校のウェブサイトに掲載しています。*すべての家庭がインターネットにアクセスできることを前提とするのは正しいでしょうか？*

シナリオ６　授業中、生徒たちは携帯電話を使って課題の答えを共有しています。*授業中に個人の携帯電話を使って課題に取り組むことは悪いことでしょうか？*

シナリオ7　ある友人は自分が開催する懇親会についてのテキストをグループ全体に送信しました。共通の友人の一人がリストから外されていることに気づきました。オンラインで何かするとき、他の人に考慮していますか？

シナリオ8　友人は、映画館で上映中の映画を自分の家で見よう、と誘っています。この映画はまだ映画館で上映中であることを告げると、彼女は「親がファイル共有サイトからダウンロードした」と言います。著作権の問題に、特に大人が関わっている場合には、どのように対処したらよいでしょう？

シナリオ9　グループで遊んでいると、ある生徒が古い携帯電話を持っていることに気づきました。そのため、グループの中には、その生徒に辛く当たる人も出てきました。あなたはその生徒家族が生活に困っていることを知っています。困っている人を助けるために、あなたにはどんな責任がありますか？

》資料

● ケンタッキー大学プログラム・アプリ（iDriveDigital.com）
● 国際オンライン責任デー（saferinternetday.org）
● オンライン上の技術利用認識（digitallearningday.org）
● デジタル・シティズンシップ・プログラムの設定（digcit.life/greenwich）

ディスカッション

1. テクノロジーの利用は時代とともに変化してきましたが、これらの変化は今後も続くと思いますか？もしそうであるなら、どのような形になるでしょう？また、それらに備える方法はあるでしょうか？
2. デジタル・シティズンシップは、人格教育、共感性、その他のソフトスキル（必須スキル・雇用可能性スキルと呼ばれる）とどのように関連しているでしょう？なぜデジタル・シティズンシップは学校だけでなく職場や社会全般で重要でしょうか？

3. 教員・保護者・地域のリーダーは、児童生徒がデジタルコンパスを身につける ために、どのように導くべきでしょうか？これらのアイデアはすべてのグループ に共通するものでしょうか？交わりがあるでしょうか？あるとすればどういうと ころで？

アクティビティ

1. デジタル・シティズンシップに関する情報を共有するため、2～3つの主要な アイデアを決めます。トピックを共有して新しく創造的な方法を発見するために、 児童生徒を参加させます（例：コンテストを主催し、受賞者を学校区や教育委員 会で紹介します）。あなたの学校がデジタル・シティズンシップ週間や月間を設け、 このテーマに取り組もうと決定した場合は、年間を通じてトピックを発展させて いくためのアイデアを2つ決めてください。

2. デジタル・シティズンシップのトピックを2～3のアイデアに具体化し、情報 共有（文書か音声で）します。また、テクノロジーを扱う際に注意すべき点を、 アプリ、プログラム、またはデバイスを通じて示します。問題ごとにどのように 対処可能か、複数のアイデアを示します（例：ハッキングやネットいじめ）。テ クノロジーの扱い方を適切に示している、いくつかのグループの事例もあります。

3. 学校や職場で必要とされるソフトスキルをいくつかあげましょう。それらのス キルを身につけるために、次の1ヵ月で実行できることを1つあげましょう。そ して今後4ヵ月間で実行可能なことを3つ教えてください。

4. テクノロジーに関する最大の懸念事項とは何ですか？デジタルコンパスの活動 を通じて、他の人が課題を明確化するのをどう支援しますか？

第 2 章

新しい9要素とS3フレームワーク

自分がつぶやかれたいと思う方法で、他の人についてつぶやく。
——ジャーマニー・ケント、You Are What You Tweet の著者

　S3フレームワーク（3つの指導指針：安全性〈safe〉・精通性〈savvy〉・社会性〈social〉）はデジタル・シティズンシップの9つの要素を整理し、カリキュラム全体で実施する計画を提供します。デジタル・シティズンシップを言語技術（ELA：English language arts）、科学、数学など、他のカリキュラム領域と同様に考えれば、それは時間をかけてスキルを積み重ねていくべきものです。もしその考え方がきわめて近ければ、これらを同じ議論の中で整理することは簡単でしょう。

　問題は、これらが実は全く異なるもので、全く違うものとして考える必要がある場合です。中心となる考え方とは、低学年ではより一般的な概念を扱い、児童生徒が教育課程のなかで、それを積み重ねるというものです。他教科の場合と同様、児童生徒や大人を問わず、十分なスキルを持たない場合は、より複雑な概念に移行する前に、初期のレッスンに戻って基本を学ぶ必要があります。

》アップデートされた9要素とS3フレームワーク

　デジタル・シティズンシップの9つの基本要素がS3（安全性〈safe〉・精通性〈savvy〉・社会性〈social〉）に分類されているので、子どもたちが初めてデバイスを手に取り、関わり始めた時から教えることができます。S3の原則はデジタル・シティズンシップの枠組みを支えるだけでなく強化する方法でもあります（**図2.1**）。

　最初の指導指針である安全（Safe）は、自分自身を守り、他者を守ることに焦点を当て、デジタル・シティズンシップの基盤を作ります。次の精通性（Savvy）は、安全性の概念に基づいて、自分自身を教育し、他の人とつながることに重点を置い

ています。最後の社会性（Social）は、誰もが自分自身と他人を尊重するという責任を体現するように、意思決定の支援になることを約束します。ここでやっと、オンライン体験の可能性を十分に実感することができます。

　ブルームのタキソノミーと（※訳者注：教育心理学者ベンジャミン・ブルームが提唱した教育目標を分類するための枠組みで、学習者が知識やスキルを習得する過程を、知識・理解・応用・分析・総合・評価の６つに分類している）同様、デジタル・シティズンシップにはユーザーが次のレベルに進むために習得すべきスキルがあります。すべての要素は、S3フレームワークの3レベルのそれぞれに位置していますが、次項で述べるように、いくつかの要素は特定のレベルに深く関連しています。

　このアプローチをとることで、すべての児童生徒がトピックをカバーし、誰もがデジタル・シティズンシップの基本的な考え方を理解し、自分の行動を通じて、その考え方を実体化できるでしょう。

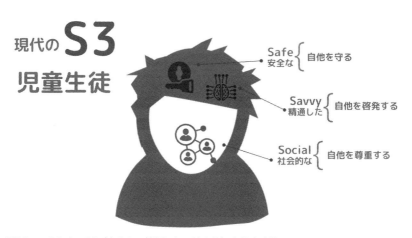

図2.1　こんにちのS3（安全な・精通した・社会的）な児童生徒

　S3フレームワークでも、児童生徒は他者と自分自身を尊重する方法を学ぶ必要があります。新しいテクノロジーを学び、その知識を他の人と共有する必要があります。そして、自分自身や他のユーザーのために自分のテクノロジーを保護する必要があ

ります。これらの概念は、カリキュラムの中でS3フレームワークを導入する道筋を
つけるのに役立ちます。

- SAFETY　安全な　：自分を守る／他者を守る
- SAVVY　精通した：自己啓発する／他者を啓発する
- SOCIAL　社会的な：自己を尊重する／他者を尊重する

　デジタルの世界と教室が関わり始めるのはどこからでしょう？テクノロジーと教
育プロセスとの接点について、教員が議論できる機会を探る必要があります。
　デジタル・シティズンシップとは、単にタブレットやノートパソコン、スマートフォ
ンの使い方を知っていることだけではありません。それらをどのように使いこなす
かによって、オンラインでのポジティブな経験を可能にするとされています。
　デジタル・シティズンシップとは、アプリやテクノロジーを使って動画や新しい
情報を作り出したり、他の人を助けたりして、ユーザーがデジタルで最高の自分を
発揮できる方法を知っていることです。
　また、オンライン上の危害やネガティブなやり取りからユーザーや他者を守る方
法も知っておく必要があります。多くの児童生徒がデジタルライフ（モバイルデバ
イス）を持ち歩いているというのに、私たちがこれらのデバイスの最も効果的な使
い方を模索しないのはなぜでしょう？

　デジタル・シティズンシップのこのプログラムの注目すべき点は、デジタルスキ
ルを教室に取り入れる方法として、S3フレームワークを使用することにあります。
すでに多くの学校が、デジタル流暢性（メディア・リテラシーと呼ばれることもある）
の場を通じて、児童生徒がより大きなコミュニティで必要なスキルを体得できるよ
うにすることで、この目標を達成しています。
　このプログラムが他のプログラムと異なるのは、デジタル統合という概念を構成
要素としてだけでなく、俯瞰的に捉えていることです。第6章では、児童生徒がど
のようにテクノロジーを利用できるのか、また利用すべきなのかを、教育者やその
他の人々と児童生徒が一緒に考えるためのチャートについて説明し、またリンクも
示しています。

　このプログラムのもうひとつの特徴は、デジタル・シティズンシップの考え方をカリキュラムに統合していることです。次の20年に必要なスキルは何か、何を置き換えたり修正したりするかを検討し始めることが重要です。デジタル技術は、教育者の教え方をどのように変えるでしょうか？

　教育の概念的トピックとしてのデジタル・シティズンシップは、教育界では10年以上前から議論されていますが、いまだに誤解されていることが少なくありません。テクノロジーの急速な拡大と、学校や地域社会へのテクノロジーの急激な普及は、リアルライフ（IRL）とデジタルライフ（DL）の両方でのユーザーのあり方を変えてきました。

　テクノロジーにどっぷり浸かっている人にとって、この２つを切り離すことはほとんど不可能です。この傾向が今後も続くとすれば（ほぼ確実にそうなるでしょうが）、これらの境界は曖昧になり区別することはさらに困難になるでしょう。

デジタル・シティズンシップの９要素

　９要素は、デジタル・シティズンシップの複雑さと、テクノロジーの使用、乱用、誤用に関する問題を理解する方法として定められました。これらは、教育者や地域社会のメンバーのために、問題を細分化し、理解しやすくするためのものです。以下に、デジタル・シティズンシップを構成する９要素を示します。

１．デジタル・アクセスとは、テクノロジーとオンラインリソースを公平に配分することです。教員・管理職は学校のみならず家庭でも、誰がアクセスできるのか、できないのか、また地域の状況を把握する必要があります。教育者は授業やデータ収集のためのオプションとして、地域でのインターネットへの無料アクセスや、家庭用のリソースを提供する必要があります。

２．デジタル商取引とは、商品やサービス（デジタル商品やサービスを含む）を電子的に売買することで、デジタル空間での売買・銀行取引・あるいは何らかの方法で金銭を使うためのツールや保護措置に注目します。

3．デジタル・コミュニケーション＆コラボレーションとは、情報を電子的にやり取りし、共有・創造することです。すべてのユーザーは、他者がメッセージを理解できるように、自分の考えをどのように共有するかを決める必要があります。世界の中で自分の居場所を理解するのに苦戦している児童生徒にとって、テクノロジーは自分の声を見出し、自身を表現するのに役立ちます。

4．デジタル・エチケットとは、電子的な行動基準や手続きのことで、デジタル・デバイスを使用する際に相手のことを考えるプロセスに関係します。教員はデジタル・エチケットを教室規則や学習目標の一部に含めることができます。教室でもオンラインでも、他者を意識することは皆にとって大切な考えです。

5．デジタル流暢性とは、テクノロジーを理解し、それを活用するプロセスのことです。良い教育を受けた児童生徒、デジタルを上手に使いこなせる児童生徒ほど、否定的なコメントをするよりも他者をサポートするなど、オンラインで良い判断をする可能性が高くなります。デジタル流暢性には、メディア・リテラシーの議論や、偽情報・誤情報と本物のニュースのような良い情報・悪い情報を見分ける能力、そして学んだスキルを応用する能力が含まれています。

6．デジタル健康と福祉とは、デジタル世界における身体的・心理的なウェルビーイング（幸せ）のことです。テクノロジーは多くの機会や楽しみを与えてくれますが、自分や他者のニーズに合わせた使い分けを知ることが、健康的でバランスのとれた生活をするための鍵となります。教育者、特に１人１台の学校や教室では、児童生徒にどの程度のスクリーンタイムが適切かを問う必要があります。コモン・センス・メディアは、このトピックについてガイドを作成しました。digcit.life/Csscreentimeを訪れてみてください。

7．デジタル法とは、行動や行為に対する電子的な責任のことで、オンライン世界の問題に対処するためのルールや方針の策定に関係しています。現実世界と同様、オンラインの世界でもデジタル機器を利用する人たちを危険から守るための仕組みを作らなければなりません。ネットいじめや性的メッセージのやり取り（セク

52

スティング）などの問題は、スクール・リソース・オフィサーやスクールカウンセラーによるサポートを受けることができます。管理職は、学校や学校区でこれらの問題に積極的に取り組む必要があります。

8．デジタル権利と責任は、デジタル世界で、すべての人に与えられる権利と自由のことです。デジタル・シティズンシップのこの分野では、インターネットへのアクセスやオンライン製品の使用などの機会が与えられた時に、問題が起こりそうな場合には大人に知らせるなど、他者を助けることに熱心になる必要があることを児童生徒に理解させます。教育者は、オンラインでも現実の世界でも他者を守ることが必要不可欠なスキルであることを児童生徒に理解させる必要があります。

9．デジタル・セキュリティ＆プライバシーは、安全を保証するための電子的な予防措置のことを示します。ウイルス、ワーム、その他のボットは、その多くがユーザーの最も機密性の高い個人情報へのアクセスを目的としており、病気と同じようにシステムからシステムへと感染する可能性があります。学校や家庭で機器を使用する際にはデジタルの攻撃を理解・意識し、それを防ぐ方法を知っておくことが、現在・将来にわたって重要なスキルになります。

　不適切なユーザーの行動による干渉・破壊・妨害を受けることなく、すべてのユーザーがテクノロジーを使って仕事や交流する機会を得られるようにすることは、デジタル社会の一員としてのすべての人に課せられた責任です。デジタル市民にはその先に、誰もがデジタル空間を創造し、学び、探究できるよう、他者がテクノロジーの使い方を学ぶことを支援するユーザー社会を創造するための機会があります。誰もが一丸となって、テクノロジー・ユーザーのニーズを把握し、より効率的にするための機会を提供しなければなりません。

　これら9要素は、テクノロジーを適切に利用するための基礎となり、デジタル社会の基盤を形成し、すべてのユーザーがテクノロジーのニーズの基本を理解する出発点となります。将来を予測することはできませんが、これらの要素（そして将来的には他の要素も）は、ユーザーを適切な使い方に導くのに役立つでしょう。テク

ノロジーに関する問題意識を高めることで、誰もがより善いデジタル市民になることができます。

S3フレームワークにおける9要素

　教室に導入するための枠組みを提供するため、教育者向けにコンセプトがレベル分けされています。各レベルには、網羅すべき概念のS3フレームワークの内訳が記載されています。表2.1は、S3フレームワークのレベルと9つの要素を示しています。これらによって、現在のあるいは改善された授業にアイデアを統合するとともに、技術的ニーズに対応するため、カリキュラム内で再現できる組織を作成します。

表 2.1　S3フレームワークと9つの要素

S3レベル	説明	9つの要素
安全性 Safe	デジタル市民の保護（危険・リスク・怪我から自身や他者が守られること）	デジタル権利と責任 デジタル・セキュリティ＆プライバシー デジタル健康と福祉
精通性 Savvy	教養あるデジタル市民の育成（知恵と実践的知識：正しい判断が出来る理解力）	デジタル・コミュニケーション＆コラボレーション デジタル流暢性
社会性 Social	デジタル市民として自らを尊重すること（協調的・相互依存的な関係づくりと他者理解）	デジタル商取引 デジタル・エチケット デジタル・アクセス デジタル法

安全性（SAFETY）：自分を守る／他者を守る

　教員も保護者も児童生徒を守ります。校庭でのいじめから学校での脅迫まで、教員は児童生徒を危害から守るために欠かせないことを行ってきましたが、デジタルの世界では、児童生徒に起こりうる新たな問題が増えています。もはや校内にとどまらず家庭でもつきまとう問題です。さしたる指南もないまま、大人も子どももテクノロジーの使い方に自分なりの指針を決めることで、オンラインの世界で問題を引き起こしてしまう可能性があるのです。

　しばしば、その解決策はテクノロジーを取り上げたり、使用を制限したりすることとされています。教員には、オンラインの世界で安全であるとはどういうことな

のかを明らかにすることが強く求められています。デジタル機器のユーザーが問題を理解していない場合に起こりうる被害について、誰もが知る必要がありますが、しかし、それと同じくらい重要なのは、児童生徒がデジタル空間で実現できる機会について学ぶことです。

　安全には9要素すべてが含まれていますが、このレベルで必要とされるスキルと知識の明確な例を示すものもあります。

　デジタル権利と責任では、デジタルの世界で誰もが与えられる自由に焦点が当てられています。インターネットやモバイル機器は、私たちに多くの情報と機会を与えてくれます。これほど多くの人々がまさにつながり、これほど多くの情報にアクセスできたことはかつてありませんでした。しかし、そのようなアクセスを与えられた時、ユーザーはその代償を支払うことになる、ということを理解する必要があります。

　我々が問われている責任とは、オンライン環境に注意を払い、知識を得ることです。新しい街へ旅行する時には行く場所に注意を払うのと同様、児童生徒も新しいサイトやアプリを利用する際には注意しなければなりません。大半の街とは異なり、オンラインの世界は常に変化しているので、ユーザーは旅行中「足元に気をつける」必要があります。

　また、この世界で起こりうる問題を認識することは、すべてのユーザーの責任です。もし、誰かがSNSに「自分や他者に危害が及ぶかもしれない」と投稿した場合、その潜在的危険性を、権限を持つ人に知らせるのはユーザーの責任です。ユーザーは自分が持っている能力には気づいていても、能力に伴う責任については忘れがちです。人々がより多くのテクノロジーを利用するようになると、これら新しい権利には相応の責任が伴うことを理解する必要があります。

　また安全性に直結する要素としてはデジタル・セキュリティとプライバシーがあります。これは安全性を確保するための電子的な注意喚起に注目しています。

　インターネットの黎明期から、人々は悪意のあるコードを書き、それをウイルスやワーム、トロイの木馬として送り出してきました。ちょっとした不都合を引き起こすものもあれば、データを消去したり、メールを乗っ取って他人に感染させたり

するものもあります。

　デジタル機器が日常生活に欠かせないものになった今、ユーザーは個人のデバイスを使って銀行と取引したり、買い物をしたり、重要な個人情報（写真、文書、プライベートデータなど）を保存したりする際には、常に注意を払わなければなりません。これらのアプリケーションが簡単に使えるようになると、私たちはどれだけ多くのデータを持ち歩いているかを忘れがちになります。

　スマートフォンやタブレット端末の利用増加にともない、悪意のあるコードを作成する側もこれらのプラットフォームに移行しています。アプリのなかには、実際にデバイスやデバイス内の情報を乗っ取るのとは違う指示をしている可能性があることが判明しています。

　私たちが誰かにデータを提供する際には、その代償に考慮する必要があります。なぜなら、私たちのプライバシーは、利便性の名の下に損なわれることがあるからです。これが問題となる理由は、あなたのデバイスが感染した場合、あなたのデータに損害を与えたり、盗んだりする可能性があることに加えて、あなたの友人や家族にも感染が伝わり、彼らにも迷惑をかけることになります。

　たしかに、問題ばかりではなく、これらのツールは素晴らしい機会を提供してくれますが、私たちは所有する情報素材を保護し、危険から守らねばなりません。現実の世界では、私たちはドアに鍵をかけ、中にあるものを守ります。これはデジタルの世界でも必要なスキルです。

　安全性に関連する最後の事例は、デジタル健康です。この要素には、自分自身の保護だけでなく、デジタル技術の世界での他者の身体的・心理的な健康を守るための支援が含まれています。テクノロジーがユーザーの身体的・心理的な問題を引き起こすとは思えないという人もいるでしょうが、この2つの世界は密接につながっています。現実の世界とオンラインの世界との間でバランスをとり、これらのツールの使用についてすべての人を保護し教育する必要があります。

　ただ子どもたちが座ってデジタル機器で遊んだり見たりしているだけでも、身体的・心理的な被害を受ける可能性があります。今日、多くの子どもたちが肥満に悩まされていることが明らかになっており、テクノロジーの使用増加との関連性が指摘されています。テクノロジーだけが原因とは限りませんが、子どもたちが運動と

のバランスをとらず、座って画面を見ていることに関連している可能性があります。

　1日に何回、メールやテキストをチェックしたり、SNSを利用したりしますか？こうしたテクノロジーなしで1週間、1日、1時間でも過ごせるでしょうか？テクノロジーは、人々を「仲間にいれてくれた」「必要とされている」「力がある」と感じさせてくれます。このように、テクノロジーを使っているときは気分がよくなり、離れているときには憂鬱になるものです。ネットいじめの例でも、いじめをしている人は他人を支配することで感情を高ぶらせます。

　テクノロジーは、人々が何をするか、どう生きるかを支配してはなりません。他者に危害を加えるものではなく、むしろ、自分を助ける道具として捉えるべきものです。

　子どもはその性質上、好奇心旺盛で新しいことに挑戦したがる一方、自分の行動がもたらす結果を考えていないことがよくあります。今の自分たちの行動が、将来的に問題を起こすかもしれない、ということはなかなか伝わらないものです。

　ユーザー、特に子どもたちを脅して、正しいことを行わせようとするプログラムが作られていますが、多くの場合、子どもや10代の若者はこうした問題が自分にも起こりうるとは認識していないので、こういったやりかたでは通用しないのです。

　すべてのユーザーは起こりうる問題を認識する必要がありますが、より長期的なアプローチを見極める必要があります。潜在的な問題を超えて、ユーザーはテクノロジーを使用するためのしっかりした基礎を作ることに集中する必要があります。

　目標は、ユーザーにテクノロジーを恐れさせるのではなく、自分の行動が自分自身や他者にどのような影響を与えるのか、じっくり考えてもらうことにあります。これは簡単なことのように見えますが、テクノロジーの変化のスピードにともない、新しい機器・アプリ・プログラムが登場するたびに難しくなっています。このような特に不適切な行為をする人は、そのやりとりから感情的、さらには生理的な刺激を得ているようで、その結果止めさせることが困難になっているのです。

　デジタル・シティズンシップは、私たちの日常生活から切り離されたものではなく、テクノロジーツールを手にするたびに考えることの一部となるべきものです。テクノロジーそのものとそれへの依存はなくなりません。

今こそ、テクノロジーと前向きに付き合っていく方法を学び始める時です。これらのツールが変化し続け、私たちの生活に溶け込む方法が改善されていくなかで、オンラインで最高の自分になるための方向性を示すプロセスが必要です。

　デジタル・シティズンシップは、人々と、テクノロジーを利用する人々の活動や態度に焦点を当てています。大人はテクノロジーを恐れるのではなく、テクノロジーを受け入れ、その能力と欠点の両方を理解しなければなりません。デジタル・テクノロジーは今後も学校で成熟していくでしょうから、私たちが責任を持って適切に使用する基準を設定し始める必要があります。今こそ、私たち全員がデジタル市民になる時なのです。

精通性（SAVVY）：自分を教育し／他者を教育する

　なぜ教育が重要なのでしょう？なぜ両親や教員は、自分の子どもや責任を負う相手に、学校で教えるスキルや教訓を学ばせることにこだわるのでしょうか？それは彼らを向上させるためでしょうか、それとも先に進むための手立てを提供するためでしょうか？なぜ企業や業界のリーダーたちは、将来の労働力として児童生徒の継続的な育成にこだわるのでしょうか。 教えることが重要なら、学ぶことも重要であるべきではないでしょうか？

　テクノロジーは新しいスキルの習得方法の可能性を広げました。これらのツールの可能性を理解し、最大限に活用することが我々の責任です。

　これまでは、デジタル情報が拡大する時代に生まれたからこそ、子どもたちはテクノロジーを自然に理解しているものだと期待されてきました。子どもは積極的にテクノロジーを使いたがりますが、大人は不安を抱えながらのアプローチになります。また、デバイスやアプリの開発者は、これらの技術を「子どもでも使えるように」直感的に操作できるように工夫していることもわかっています。

　2001年、マーク・プレンスキーは、「デジタル・ネイティブ（テクノロジーに囲まれて育った人）」と「デジタル・イミグラント（幼い頃から新しいデジタル・テクノロジーに触れていない人）」の違いについて書きました。彼の理論は、これらのツールに没頭したり、アクセスしたりできない人は、テクノロジーを容易には受け入れることができないというものでした。

テクノロジーが多くの人の目に触れるようになった今、誰もがデジタル市民となり、協力してこの新しいコミュニティを築いていくことが求められています。これらの概念を理解することで、誰もが新しいテクノロジーから得られるチャンスを享受することができます。

プレンスキーの考えをさらに推し進めると、デジタル・ネイティブが「賢いデジタル市民」になるには、新しいデジタルツールを最大限に活用するための教育を、自分自身や他者に施すという、所有権と意図的選択をしなければならないということになります。

また、精通性（Savvy）のレベルを決定づける要素として、デジタル・コミュニケーションとコラボレーションがあります。

デジタル・コミュニケーションのポイントは、情報の電子的な交換にあります。デジタル時代では人と人が互いにつながる新しい方法はたくさんあるので、どの方法が状況に最も適しているかを判断するのは、しばしば課題となります。電子メール、テキストメッセージ、またはソーシャル・ネットワークのどれが自分の考えを伝えるために最適な手段なのか、誰もが検討する必要があります。FacebookやTwitterは保護者とやりとりする最適な方法ではないかもしれないし、他の集団に対してはまた違うかもしれません。情報の機密性が高いものであれば、電子メールなどの方法が望ましいかもしれません。

一方、誰が情報を受け取ってもかまわないので多くの人に伝えたいことがあるのならば、TwitterやFacebookがいいかもしれません。時間に制限のある情報であれば、テキストの方がいいかもしれません。つまり、コミュニケーションの方法を決める際には、対象を理解することも重要で、コミュニケーション・プランには複数の方法が必要となることもあります。

視覚的な合図を使わずに何かを伝える方法を学ぶことは、デジタルの世界ではなかなか難しいことです。短縮されたフレーズ（例：チャット表現、絵文字、アバターなど）は、テキストメッセージに感情を付け加えようとするものですが、多くの人にとって、メッセージはメディアの中で失われてしまいます。

精通性（Savvy）を象徴する重要な要素がデジタル流暢性です。これは、テクノ

ロジーを教えたり学んだりするプロセスであり、テクノロジーの使い方についても同じことが言えます。

　流暢性（フルーエンシー）と精通性（Savvy）には似たような性質がありますが、しばしば全く異なる解釈をすることがあります。学校や大学では、教室だけでなく家庭や地域社会でも、ノートパソコン・タブレット・スマートフォンなどや、それらに入っているアプリを使いこなすためのスキルを教える必要がありますが、教育とテクノロジー機器についての知識は、児童生徒が教室に入る前から始まっており、正規の教育課程を修了したあともずっと続くものです。

　教育機関は、クラウド・コンピューティングの利用指針を示し、教室で自分の機器を利用する方法を学ぶのに最適な場所です。多くの子どもたちは、すでにこれらのツールに触れて学校に来ていますが、そうでない子どもたちもいます。

　学校や保護者は、家庭・学校、そしてより広い地域社会において、子どもたちがこれらのテクノロジーを理解するために、どのように支援すればよいでしょうか。この世代のデジタル・テクノロジー・ユーザーは、子ども世代や孫世代に何を伝えていくのでしょうか？

　ユーザーには、自分が使っているテクノロジー・ツールの基本的なスキルを身につけてもらうだけでなく、他者がよりよく使いこなせるようにサポートする方法を習得することも必要です。学校と家庭が協力して、児童生徒達が将来、市民や親になるための良い基礎を与える必要があります。教育者や保護者は、まずテクノロジーを適切に扱うスキルを身につけ、その情報を児童生徒や子どもたちと共有することが重要なのです。

　精通性（Savvy）のもう一つの要素は、デジタル商取引です。2017年には全世界で推定16.6億人がオンラインで商品を購入しています。同年、世界の電子商取引の売上高は2.3兆米ドルに達し、2021年には4.48兆米ドルまで成長すると予測されています。アジア太平洋地域では、2016年の小売売上高に占める電子商取引の割合は12.1％を占めていますが、中東・アフリカ地域では1.8％にとどまっています（Statista.com、日付不明）。これらの数字は過去10年間で着実に増加しています。

　商品のマーケティングは、さまざまなウェブサイトだけでなく、ソーシャルメディアにも浸透しています。ユーザーは本当に欲しいものや必要なものをどのよう

に見分けられるでしょうか？今日では、開発者がユーザーのクリックや「いいね！」やコメントを追跡して、ユーザーを操作しているという研究が増えています。IoT（Internet of Things）は家庭やオフィス内の多くの機器をネットに接続し、購入時の好みや傾向を明らかにします。多くのウェブサイトでは、いまだにCookie（追跡システム）を使って私たちの行動を追跡していますが、それさえも洗練されてきています。

　ホーム・オートメーション・システムの中には、あなたが何を話しているのかを「聞き取り」、必要に応じて発注できるものもあります。システムが私たちのために購入予測してくれるようになるには、どのくらいの時間が必要でしょうか？ユーザーが購入して数日（またはそれ以下）で商品を受け取れるので、我慢の必要はほとんどありません。

　3〜4才の子どもたちが、親の助けを借りずにアプリや本をダウンロードする方法を見つけ出していることを、親たちは認識しています。彼らが10代や大人になったらどうなるのでしょう？オンライン購入は、個人情報を晒すことにもなり、個人情報が盗まれた場合は、現在の購入だけでなく将来にも影響を及ぼすことが懸念されます。

　そう遠くない昔、教育者はすべての知識の持ち主で、児童生徒をこの「情報の井戸」へ導くことが彼らの責任でした。今では児童生徒がさまざまな情報源から情報を得る機会をテクノロジーが与えてくれます。これで教育者はおしまいかというと、そうではありません。これは、この分野のルネッサンスの機会なのです。そのためには、教育者は自分の仕事や児童生徒への最適な指導方法について、これまでとは異なった考え方をする必要があります。また、教育者の役割の少なくとも一部は、児童生徒にテクノロジー・ツールを上手に使いこなす方法を教えることになるでしょう。

　デジタル・シティズンシップの理念は、通常の教育カリキュラムのあらゆる側面に組み込むことができます。大切なのはツールそのものではありません。むしろ、この20年間で何かを学んだとすれば、新しいテクノロジーの出現によって、ツールは変化し続けるということです。

　これから注目すべきは、これらのツールをいつ・どこで・どのように扱うかとい

うことです。すべての新しいテクノロジーには、できることやその可能性に大きな興奮を覚える時期があるものですが、教育カリキュラム全体のバランスがうまくとれていなければ、過去のスライド投影機やオーバーヘッドプロジェクターのように、ほとんど効果を実感することなく、消えていくことになるでしょう。

社会性（SOCIAL）：自己を尊重する／他者を尊重する

　人間は元来社会的な存在です。人々は都市・都道府県・国において、自分と同じような人々とグループを作ります。地域社会の一員である私たちは、自分と同じような人たちとつながる傾向があります。これはオンラインで他者と交流しようとする際の難しい点でもあります。誰もがインターネットに参加する機会を与えられていますが、たとえ、どんなに自分と似た人たちと一緒にいようとしても、我々の心情・信念を変えようとする人たちと出会わずにはいられません。

　尊敬の概念は、この40年で変化してきました。1960年代、子どもたちは大人の言うことを聞き、年長者や権威を持つ者の指示に疑うことなく従うように育てられました。多くの家庭では今でもこの目標を重視していますが、社会では若い人たちに「尊敬とは獲得するもので、自由に与えられるものではない」と伝える傾向があります。

　自尊心も変わってきています。若い少年少女はテレビやオンラインで何が受け容れられるのかを見せられています。子どもたちは、自分が評価されていないと思うと、何か自分に問題があるのではないかと考えてしまいます。これは特に身体的な特徴について言えることです。彼らは社会的規範を満たさないことは恥じるべきで、社会的規範を満たしているのなら、それをすべての人と共有すべきだと考えています。そして今、私たちは現実を歪めて表現するフィルターをかけることができるのです。

　デジタル・テクノロジーはこれらの問題にスポットライトを当て、若者が議論する場を提供しています。これらはある人にとっては前向きで肯定的な状況になりますが、ある人にとっては困難で傷つくことになります。InstagramやTwitter、テキストを介したコミュニケーションでは、相手の顔が見えなくなりがちです。あまりにも多くの若者が、他者の存在を忘れています。そして、彼らの言葉は一部の児童

生徒が簡単には立ち直れないほどの被害をもたらすことがあります。

　社会性（Social）の一要素としてデジタル・エチケットがあります。これは「*電子的な行動基準や手続き*」に焦点を合わせています。かつてのエチケットは所属する社会集団によって定義されました。それは宗教や地理的なコミュニティの規範に基づくものが多かったのです。テクノロジーの発達によってこれらのルールの一部が変更され、親たち・家族・コミュニティが対応できない状況になっています。20年前の多くの人は、無限の情報を持ち歩くことができる世界を想像できなかったでしょう。

　デジタル・エチケットの要素と密接に関連している社会的な学習は、子どもたちがこれらの機会を理解し、他者とどのように接するべきか理解するのに役立ちます。エチケットを教えるプロセスは、テクノロジーを使う人が「社会のルール」を理解できるように、若いうちから始める必要があります。でも、そのルールとは何でしょう？混雑したバス、地下鉄、エレベーターの中で、携帯電話で会話をしてもよいのでしょうか？親密なあるいは個人的な情報をソーシャルメディアで公開すべきでしょうか？誰もが24時間365日ネットにつながっている必要があるのでしょうか？

　これらは、今の世代のみならず次の世代の人々にも伝えていかねばならない問題です。これらの規範がどのようなものであれ、エチケットは私たちがテクノロジーを使うとき、他の人々が私たちの周りにいることを気づかせてくれます。

　社会性（Social）でもうひとつの重要な要素は、デジタル・アクセスです。その目標は、すべての人が*電子的に完全に*社会参加できるようにすることにあります。大都市でも小さな町でも、テクノロジーに対する経験が異なる人はいるものです。社会的地位、経済的地位、居住地、障害などの理由で、それらの格差がない人と同じ機会を得ることができない人がいます。

　ある人たちにとっては、デジタル・テクノロジーがないよりあったほうが充実感を得ることができます。人々は、現実世界での周囲の人々からの肯定と同じように、「いいね！」や「返信」「応援コメント」といったオンラインの人々から認められることを求めます。

　例えば、タブレット端末のテクノロジーは、手先の器用さや言語能力を十分持た

ない児童生徒に、これまでにない他者との交流を可能にしました。地方に住む人々にとって、テクノロジーはこれまでになかった他者とのつながりの選択肢をもたらします。多様性を体験したり、史跡や歴史的建築物を訪れたり、教育・文化プログラムに参加したりすることは、新しいデジタルの世界における機会のほんの一例に過ぎません。

BYOD（Bring Your Own Device〈※訳者注：私有の情報端末を持ち込むこと〉）や1人1台の端末を許可している学校・学校区の場合、インターネットへの接続性はいまだ考慮すべき問題です。教員がオンラインで宿題を出す場合、ネットへの接続性の問題に注意しなければなりません。ほとんどの児童生徒はインターネットに接続できますが、誰もが自宅でインターネットが使えるわけではありません。自宅でのネットアクセスは、利用可能性・価格・品質（スピードと信頼性）といった条件に左右されます。

地域にその他の選択肢はあるでしょうか？図書館、公共施設、さらには企業でさえも、人々が接続できるように門戸を開いています。他にも、教会や青少年グループ、放課後の校舎などがあります。教育機関やその他の組織では、児童生徒などに必要な情報や公的文書を備えておく必要がありますが、自宅からアクセスできない人もいるでしょう。すべてのユーザーは、全員がテクノロジーを使って同じ経験をするわけではないし、自分でコントロールできないこともあるということを覚えておく必要があります。

社会性（Social）領域の要素としてはほかにデジタル法があります。これは*行動や行為の電子的責任*を説明するものです。インターネットが大人数のグループにアクセスできるようになったとき、ユーザーがどのように行動すべきかの規則はそのオンライン・グループによって決められました。成文化されたルールはほとんどありませんでしたが、誰かがグループの規範を破った場合、そのユーザーの処罰を決めるのは他のユーザーでした。このようなネチケット（ネットワークとエチケットを組み合わせた「ネットマナー」）の考え方は、問題がより深刻になり、より広く普及するにつれて、自主規制を超えて成長しました。

私たちのテクノロジーに対する能力は変化しており、オンラインでの言動は個人をはるかに超えた影響をもたらす可能性があります。デジタルと現実の生活の境界

が曖昧になるにつれ、政府やその他の機関が介入し、人々がデジタル市民としてどのように行動すべきかを規制し始めています。

　もし、オンライン・コミュニティのメンバーが、その空間の統制を保ちたいのであれば、自分や周囲の人たちのオンラインでの行動を、改めて規制する必要があります。しかし、多くの場合、規制がなければ他者に何も言われないだろうと感じる人は、ごく一部でしょう。オンラインの規制に違反すると大変な結果になりうるとユーザーに早い段階から理解してもらう必要があるのです。

　S3フレームワークとその基礎となる9要素を通して、すべての側面で対処を要する懸念事項があるばかりでなく、多くの利点があることが明らかになりました。S3フレームワークの9要素とレベルは、デジタル・テクノロジーに関する「やるべきこと」「やってはいけないこと」リストにするために作られたものではありません。フレームワークと要素は、ポジティブなオンライン体験を創造するという側面に注目しつつ、自分や他者がこれらのツールにどうアプローチするかについてのユーザーの理解を助ける思考の仕組を提供するものです。また、フレームワークとその要素は以下の2種類のデジタル利用「一方は個人の行動に注目し、もう一方は交流する人々の行動に注目する」の理解にも役立ちます。

　9要素と3つの主要テーマの間に通底するもう一つのテーマは、医療専門職の考え方に関係する「まず、害を与えない」というものです。この信条は、デジタル市民がテクノロジーの能力を駆使することを促すものですが、自分自身や接触する人を傷つけない方法で行うよう念押ししています。

　子どもたちだけでなくすべてのユーザーが、テクノロジーを使用する際には、行動する前に考えるということを学ぶ必要があります。ユーザーが「送信」をクリックするまでのスピードは、だいたい、ある経験がよいものになるか、そうでなくなるかの分かれ目になります。ユーザーは、憎しみに満ちたメッセージや写真を送ったり、相手が誰かもわからないような辛辣な返事を送ったりする前に、立ち止まって考えるべきです。

　他者のことも考えつつ、自分の欲求を満たすにはどうしたらいいか、理解しなければいけません。多くの人はネット上で他者からよく扱われたいと望みますが、そ

こで私たちには他者に対しても同様にする責任があります。

ディスカッション

1. S3フレームワークは、デジタル・シティズンシップに必要なスキルの理解にどのように役立ちますか？

2. S3フレームワークうち、児童生徒が最も多くの知識を持っているのは、どのSについてですか？彼らが最も助けを必要としているのはどこでしょう？

3. S3フレームワークにおける学校や学校区の優先事項は何でしょう？

4. あなたの学校・学校区にとって、デジタル・シティズンシップのスキルは足場かけ（scaffolding）のプロセスですか？または全員が同時にスキルを学ぶのでしょうか？

アクティビティ

1. あなたの学校では、S3のスキルを強化するために、現在どのような活動を行っていますか？

2. 児童生徒がS3フレームワークの各要素（安全性・精通性・社会性）と関連してデジタルで制作した作品を、公式に表彰し共有しましょう。現代のS3を体現するような児童生徒を見出すことができるでしょうか？

3. 自分の学校・学校区でうまくいっている要素をピックアップしましょう。不足していると思われる部分は何でしょうか？

4. S3フレームワークの考え方を教職員と共有する方法を見つけましょう。S3フレームワークの考え方をどのようにして日常生活に取り入れたらよいでしょうか？

第3章

デジタル・シティズンシップ・プログラムの計画

計画のない目標はただの願望に過ぎない。

──アントワーヌ・ド・サンテグジュペリ

　デジタル・シティズンシップとは何か、何ができるのか、さまざまな解釈があるなかで、包括的で持続可能なデジタル・シティズンシップ・プログラムをどのように組織し、維持していくのか、これまで、多くの指導者に向けた明確な計画はありませんでした。そのため児童生徒がデジタル・シティズンシップの能力を発揮・応用できるような学習者中心の成長・発達プロセスを実際に明確に述べられるスクールリーダーはほとんどいません。

　もし、自分や周りがそうだと感じても、心配する必要はありません。あなただけではありません。場合によっては、草の根運動的なプログラムがうまく機能している事例もありますが、その場合、1～2人の指導者がプロセスを作り、支え、継続させるための英雄的な努力をしていることが多いのです。でも、指導者が交代したり、学校（または学校区）を離れたりすると、プログラムの持続可能性の欠陥が浮き彫りになってくることはよくあります。

　本章では、複数年にわたるプログラム計画を紹介します。このプログラムはカスタマイズ可能で、学校・学校区が自分たちに合ったものを導入できるように構成されています。この複数年の構成例は、しっかりとした構造と、明確な中間目標により、まだやらねばならないことに加えて、達成したことにも焦点を当て続けられるように設計されています。

　図3.1は、デジタル・シティズンシップ・プログラムの成熟度を示す尺度の代表的な流れを示しています。レベル間の流動性はありますが、最終的にはデジタル・シティズンシップ・プログラム計画は、低いレベルから高いレベルへの成長を示す

ものでなければなりません。

この章で述べられているように、あなたの計画が年々よくなっていくのを実感できる可能性があります。強くお勧めしたいのは、あなたとあなたの学校がさまざまなアプローチを試しながら、多くの人の声を取り入れて、計画（反省と評価を含む）を成長させていくことです。

空間を超え高度につながりあうデジタル化された児童生徒の大きなニーズを満たす、カスタマイズされたプログラムを構築するには、すべての関係者が関わり、オーナーシップを持つ（自分事にする）必要があります。

最高のデジタル体験を提供するために、児童生徒をサポートする際、「村（デジタル・ビレッジ）が必要だ」という言葉はいくら強調しても足りないくらいです。「デジタル・ビレッジ」は、オンラインとオフラインの両方でユーザーとつながるすべての人で構成されています。これには、保護者・教員・管理職・卒業生を雇用する可能性のある人々・地域住民などが含まれますが、それだけに限定されません。モバイルとパーソナル両方のテクノロジーの急速な発展に伴って、私たちのユーザーとその機器、そして彼らのデジタル・ビレッジの間に結びつきが生まれています。

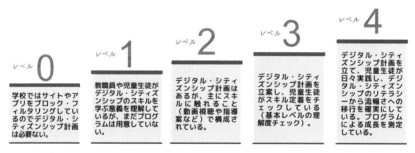

図3.1　デジタル・シティズンシップ・プログラムの成熟度尺度

》》複数年度の展開プログラム

1年目——計画をスタートさせる

デジタル・シティズンシップ・プログラムの策定は、地域社会・学校・児童生徒・大人のニーズに左右されます。少なくとも、デジタル・シティズンシップにおいて、

地域社会を基盤とするプログラムでは、現実世界がデジタル世界からどのような影響を受けているか、という理解の変化に目を向ける必要があります。

　すべての指導者（教育とコミュニティの両方）はこういった部分に目を向け、それぞれのニーズを理解する必要があります。計画を立てる前に、ユーザーはテクノロジーを理解し、それがコミュニティの各側面のどこにふさわしいのかを理解しなければなりません。こうした部分の多くは学校とその指導者が主導しますが、コミュニティの知識と参加が必要であることに変わりはありません。

　どのプログラムでもそうですが、変化を起こす前に、何が起こっているのかを意識する必要があります。このプロセスを支援するためには、コミュニティのあらゆる側面からの関わりが必要です。家庭から行動を起こし、保護者がテクノロジーの特性を認識し、子どもたちが学校や地域社会に入った時にそれがどう使われるかに加え、それが保護者の価値観に合っているかどうかを認識する基盤づくりが期待されています。

　最初のステップは、児童生徒・教職員・地域社会を対象に、デジタル経験や学校・地域社会における重要な問題についての認識を調査することです。この章のコラムでは、学校・学校区のニーズに関する情報を収集する方法について、アイデアをいくつか提供します。

　このニーズ調査は、簡単なツールを用いて自分で作成することもできますし、後ほど詳しく説明する外部サービスを利用することもできますが、ニーズ調査が完了したら、結果を確認して地域社会のメンバーが回答に関してどのような立ち位置にあるかを十分に理解することが重要です。さらに、テクノロジーに関連した懲戒処分について調べ、中核となる問題を特定することは、学校・地域がテクノロジーに関連した課題に注目することにも役立ちます。

　もうひとつの重要な手段は、地域社会や学校の現状について、コミュニティの良い面（長所：Advantages）、短期的・長期的に追加が望まれる点（ニーズ：Needs）、近い将来起こりうる変化（可能性：Potential）、地域社会でのテクノロジーの拡大を検討する際、問題となりうる分野（懸念：Concerns）から評価することです。この活動は、デジタル参画委員会（次項を参照）と合同で行うこともできま

すし、学校や地域のリーダーから情報提供してもらって議論を始めることもできます。ANPC (Advantages/Needs/Potential/Concerns)フォームについては、付録A（本書301頁）を参照してください。

　ニーズ調査の結果とANPC（Advantages/Needs/Potential/Concerns）データの収集から、学校区レベルでデジタル・エクスペリエンス・チーム（または委員会）を設置し、技術的なニーズと学校・学校区（※訳者注：米国の学校区は、行政区〈郡や市など〉から独立して地域の教育行政を担当しています。学校区の地理的な範囲は行政区と同じ場合が一般的ですが、小さな行政区をまとめてより大きな学校区としている地域もあります。学校区の運営は、地元住民により選ばれた教育委員が行います。）が達成したいことを特定します。この委員会には、学校や、場合によっては地域全体のテクノロジー利用の方向性を決定しやすくするために、保護者や地域のリーダーが含まれるべきです。

取り組むべきテーマ領域
- デジタル・シティズンシップに関して、学校・学校区が期待することを明確化する。
- デジタル・シティズンシップは年に一度のイベントなのか、それとも学校・学校区のカリキュラムに組み込まれるのか。
- あなたの学校のデジタル・シティズンシップ観点、つまり何が重要と考えているかを説明する一文は？

　教育指導者にとって、これらの質問への答え（および学校区特有の追加的ニーズ）は、デジタル・シティズンシップの長い旅に乗り出す前に、教職員の一般的な考えを把握するのに役立ちます。また、それらの答えを通して情報が不足している箇所や、さらに明確化の必要がある箇所を確認できます。

　まず、手始めに学校・学校区の（一般的には許容型と分類される）利用規定（AUP：Acceptable Use of Policy）を確認してみましょう。学校・学校区に許容型利用規定（AUP）がない場合は、他の学校・学校区の例を見つけ、委員会で共有しましょう。
　簡単に許容型利用規定（AUP）を策定したうえで、学校・学校区が現在経験して

いる（あるいは経験する可能性のある）テクノロジー利用の問題に対処できるかどうかを議論します。許容型利用規定（AUP）に重点を置けば、規定はより厳しくなり、実施に向けた厳格な計画が必要になる可能性が高いといえます。

　学校区によっては権限委譲型利用規定（EUP：Empowered Use of Policy）に注目しているところもあります。これは解釈に自由度があり、何をしてはいけないか、ではなく、テクノロジーの積極的な使用に注目しています。権限委譲型利用規定（EUP）は肯定的な文言に焦点を当てる傾向が強いので、記述を学校・学校区・地域社会が（テクノロジー使用に関して）どのようなふるまいを望むか、という行動項目に変えていきます。

　学校区の計画を策定するためのリソースは、第6章の「地域方針の事例」をご覧ください。

コラム：価値あるフィードバックを得るために

　コミュニティのメンバーに、以下の記述に対する対話と反応を求めてみましょう。回答記録には、一般的な、あるいは一部変更したリッカート尺度（※訳者注：アンケートなどで使われる心理検査的回答尺度の一種。提示された文にどの程度合意できるかを回答する）（**図3.2**のものなど）を用います。

● 私たちはデジタル社会の一員として、個人所有の機器でも、公共のコンピュータでも、誰もが公平にテクノロジーにアクセスできるように努める必要があります。

● オンライン通信販売が当たり前になって何年も経つので、企業組織は安全なプロセスを確立しているに違いありません。

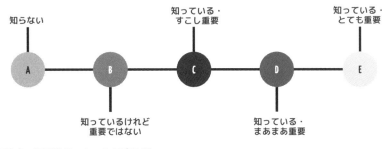

図3.2　修正版リッカート尺度の例

- 私はSMS（Short Message Service）やFacebook・Twitterなどのソーシャルメディアを使ってやりとりすることを好みます。
- デジタル流暢性（デジタルを自在に使いこなす力）に注力すべきではありません。なぜなら全員が将来テクノロジー・スキルを必要とするわけではないからです。
- 自分のソーシャルメディアサイト（例：Instagram、Twitter、SnapChat〈※訳者注：米国で普及しているSMSのひとつ〉）には誰からも文句を言われる筋合いはありません。そこに何を投稿してもかまわないはずです。
- デジタルメディア時代の著作権ルールや規制はもはや関係ありません。オンラインでアクセスできるものは何でも利用可能であるべきです。
- 私は不適切または有害と思われるオンライン活動を報告する義務があると感じています。
- 人々は好きな時に好きなだけテクノロジーを利用できるようにすべきです。テクノロジー中毒などありえません。
- ネット上で他人が私についてどんな情報を見つけるかと思うと不安です。

教育者向けの信念記述例（リッカート尺度1〜5を使用）
- 私は、現在学校や学校区で利用可能なテクノロジーのレベルに満足しています。
- 私は、利用可能なデジタルツールやリソースを最大限に有効活用しています。
- 私は、オンライン上で問題が発生した場合（特に個人や他者に危害が及ぶ可能性がある場合）、責任者（学校の指導者・管理職・IT部門・警察など）に報告します。
- 私は指示があれば、指示されたテクノロジー利用に従います。
- 私は、自分の学校や学校区で利用可能なテクノロジー・サポートの量に満足しています。
- 私は、教室で児童生徒にテクノロジーを使わせる時間に気を遣っており、他の活動とのバランスも考えています。
- 私は、教室で使用する前に、信頼の置けるデジタルサイトやアプリであるかどうかを確認します（例：利用規約やプライバシーポリシーを読む、サイトのレビューを読むなど）。
- 私は、教室に新しいテクノロジーを取り入れることに抵抗がありません。

- 私は、数分以上離席するときは、画面をロックしたり、ツールをシャットダウンしたりして、テクノロジーの安全を確保しています。
- 私は、学校や学校区で提供されるテクノロジー関連の専門研修や学習の量に満足しています。

　大都市圏で児童生徒・保護者・教育者の支援のために学校区全体のデジタル・シティズンシップ・プログラムを策定した事例として、ロサンゼルス統一学校区（LA Unified）があります。ロサンゼルス統一学校区の取り組みは、デジタル・シティズンシップの意識の高まりとともに拡大してきました。ブログ"Common Sense Education"で、バネッサ・モンテローザ氏は次のように述べています。

　　デジタル・シティズンシップは、教員が安心して教育実践に織り込むことができれば、効果的にカリキュラムの一部となることができます。もちろん教室への導入も大切ですが、児童生徒が今日の世界で生活し、働き成功するように準備するためには、支援の包括的な進行表を作成することが重要です（2017）。

　ロサンゼルス統一学校区（LA Unified）の最初のステップは、デジタル・シティズンシップの取り組みの基盤となる学校区の方針を更新・作成することでした。ここでは、学校区がデジタル・シティズンシップ・プログラムを導入するための複数年にわたるプロセスに関する事例をいくつか紹介します。

- 責任ある利用規定（RUP：Responsible Use Policies）の策定：地区の教育関係者とテクノロジー専門家は、この方針を策定するために協力しました。理解しやすく、児童生徒や職員がテクノロジーを責任を持って使用できるよう指導する教材の方針を、彼らは何度も検討しました。結果的にこの方針の更新作業は、地区の教育関係者とテクノロジー専門家の協力関係を強化する結果となったのです。

- ソーシャルメディア方針の策定：ソーシャルメディアは、教育目的で活用される比較的新しいプラットフォームであるため、その潜在的なパワーとその使用の意義について共通理解を促すための方針を策定することが重要です。これらのポリ

シーを作成するときに直面する課題は、ソーシャルメディアがもたらすリスクと機会のバランスをとることです。しかし、デジタル・シティズンシップを基礎的な実践とすれば、教員と児童生徒は積極的にオンラインに参加し、積極的で目的意識を持ったデジタル足跡を築く方法を学ぶことで、教室や学校区全体でこのような方針が実施可能になるのです。

学校区全体でデジタル・シティズンシップを育成するために、ロサンゼルス統一学校区(LA Unified)では、2014年からデジタル・シティズンシップ・ウィーク(DCW)を開催しており、エンパワーメント、協働的なオンライン実践、責任あるテクノロジー使用に向けた学校の取り組みを紹介しています（モンテローザ、2017）。

デジタル・シティズンシップ・プログラムのサポートを求める他分野としては、学校環境報告書・研究があげられます。この議論のなかで、テクノロジーはどのような位置を占めているのでしょうか。校内でも、人格スキルや社会情動的学習についての話題を検討してみましょう。学校・学校区で、すでにプログラムを持っている場合、デジタル・シティズンシップの問題に取り組むために、既存のプログラムを拡張することは可能でしょうか？

テクノロジーのビジョンは、教育現場で教えるツール、学ぶツールとしてどうあるべきかを確立する必要があります。このビジョンは明解に表現されねばなりません。重要な課題は、学校区のテクノロジーが現在どのような状態にあるのかを正直に調べることです。すべての利害関係者が話し合えるような小委員会を設置し、学校区の現状を調査します。ここでは、このプロセスに参加すべき学校・学校区の利害関係者グループの一部を紹介します。

- 教員：これには、学校のすべての教育者とサポートスタッフ（非常勤講師）が含まれます。
- 管理職：学校の指導者のほか、学校区や地域のリーダーを含みます。
- 養護教諭：デバイス使用が増えることで、健康問題にも変化が生じる可能性があります。

● ソーシャルワーカー（社会福祉士）：学校外でテクノロジーやインターネットへのアクセスが制限されたり、全くできなかったりする児童生徒と接することがしばしばあります。

● カウンセラー：リアルライフでもデジタルライフでも、日々問題に直面する児童生徒との出会いはこの議論に不可欠です。これらの問題の共通点・相違点を理解する必要があります。

● 通学バス運転手：BYODや1人1台学習者端末整備の運用、そして今ではスクールバスの中でもWi-Fi接続が可能になったため、学校を行き来する時の機器とのやりとりが増える可能性があります。

● 学校司書／メディア専門家：学校司書の役割はこの10年間で変化しています。このグループは、教育におけるテクノロジーとその可能性を提唱する代表的な団体のひとつになっています。

● 情報テクノロジー部門：ITスタッフは、サポートとセキュリティ、コストと技術、テクノロジーの性能と使いやすさとのバランスをとることが求められます。このグループは、デジタル・シティズンシップの目標とプロセスにおける自分たちの役割を最初に理解した人々です。このプロセスにテクノロジー・リーダーやスタッフは関与しているでしょうか？そうでない場合、なぜそうしないのでしょうか？テクノロジーの変更を検討する際には、将来の計画をサポートするインフラの適切性について議論する必要があります。

● スクール・リソース・オフィサー（SRO）：多くの場合、これらの人々は学校に協力したりサポートしたりしている地元警察官や、保安官等であり、テクノロジーの活用に前向きな力を発揮する可能性があります。スクール・リソース・オフィサー（SRO）との連携は委員会組織と並行して行われます。多くの場合、スクール・リソース・オフィサー（SRO）は、安全性やセキュリティについて議論することで、このプロセスを支援できますが、テクノロジーの積極的な使用を示すことで、このトピックをも追加します。これは、通常の「恐怖ベース（Fear-based）」情報の概念とは異なり、テクノロジーの使用に対する懸念に対処するだけでなく、コミュニティ内の問題へのより多くの解決策を探すのに役立ちます。

カリフォルニア学校管理職協会の2015年1、2月号「リーダーシップ」で、モンテローザはロサンゼルス統一学校区（LA Unified）でのデジタル・シティズンシップのプロセスについての記事を執筆しました。この記事には、プログラムを設定するためのガイドラインが含まれています。主なポイントは以下のとおりです。

- 多様性に富んだチーム編成：議論には、さまざまな視点が必要です。それぞれのグループは、ユニークな知識と提案を議論に提供します。
- ソーシャルメディア関連用語の定義：このプロセスには時間がかかりますが、今後の議論では、全員が議論の範囲を理解することが必要です。
- ソーシャルメディアの主要トピックや内容の特定：委員会が注力したい最も重要なトピックとは何かを定義する必要があります。
- パートナーシップの構築：これによってトピックの理解が深まるとともに、導入や研究の可能性も拡がります。
- 多様な利害関係者との連携：これにより、デジタル・シティズンシップの概念や定義を校外のより大きなコミュニティにまで拡大することができます (2015)。

これらのアイデアによって、学校・学校区がデジタル・シティズンシップのニーズを満たす移行プログラムを策定するために、学校や学校区で必要とされるパラメータを設定し始めます。以下にあげるものは、デジタル・シティズンシップ・プロセスを支援するサブ委員会の例です。多くの場合、委員会メンバーは職員から提起されるさまざまな質問を検討するなど、有益な活動をします。活動は各種委員会や他組織の会議でも使えるものです。

教育課程検討委員会

教育課程検討委員会は教員、教育カリキュラム・コーディネーター、学校管理職、児童生徒で構成されます。学校区に教育学に取り組んでいる既存組織や委員会がある場合は、テクノロジー利用にも焦点を当てることができます。

この委員会の特徴は、学校におけるテクノロジーのあるべき姿を調査・評価することです。教育関係者は、スケジュールなどの具体的な情報を知りたがります（例えば、だいたい授業時間をどの程度充てればよいか、授業をどの程度の頻度で行う

べきか、週に1回か、月に1回か、など）。この委員会は、テクノロジー利用の目標とその範囲を決めます。教育プロセスを変えるためにテクノロジーをどう使用するかを決定し、また教育者が教室内でテクノロジーを使用する目的をよりよく理解できるよう支援することも重要です。

このアイデアを実現するために、次のような質問をします：カリキュラムにテクノロジーを効果的に組み込むにはどうしたらよいでしょうか？また、次のような関連のある質問をすることもあります：教室でテクノロジーをうまく使うために児童生徒や職員が必要とするリソースは何でしょうか？ 論文を書いたりインターネットで調べ物をするだけでなく、どうすればテクノロジーを高度に活用できるでしょうか？

委員会メンバーの目的は、自らのコンテンツ学習や個人の生産性をサポートするために、新しいテクノロジーの利用方法を模索することです。委員会メンバーは、学校によって目標が異なることを忘れてはなりません。社会経済的な状況などの要因によって、学校の関与の程度や授業における重要性の認識に影響を与える可能性があります。

まず、教育におけるテクノロジーの革新的利用法を検討することから始めましょう。このプロセスを開始するには、基本的な課題形式の移行（例えば、論文の代わりに動画作成するなど）から、カリキュラムの大幅変更まで、さまざまなアイデアを児童生徒に提供します。過去に行った活動をそのまま適用するのではなく、新しいアイデアやアプローチを模索するよう児童生徒に促します。

教員は、ルーベン・プエンテデューラによるSAMRモデルやリズ・コルブのTriple E Framework（2017）を参照して、自分がどのようにテクノロジーを授業に取り入れているかを評価し、ふりかえることもできます。

ITポリシー委員会

学校や学校区が組織内でのテクノロジー利用の変更を検討する際には、方針や手

順の変更が必要となる場合があります（組織によっては方針などの項目は理事会や委員会の承認が必要となる場合があります）。

ITポリシー委員会は、サブ委員会として機能する場合もあれば、組織内で大きな変更が行われる場合にのみ会合を開く場合もあります（例：1人1台端末配備、家庭用機器の持ち出し、学校区・地域社会双方でのインフラ整備問題など）。この委員会は、学校区の理事会メンバーとリーダー（教育サービスと情報テクノロジーの部門長）のほか、保護者や児童生徒で構成されます。

この委員会の仕事は、既存のITポリシーと手順を批判的に分析し、テクノロジー利用の変化に対応した新たなポイントを決めることです。これは、学校や学校区の成長過程において非常に重要なステップであり、次章では、包括的なポリシーガイドをより深く掘り下げて説明します。

ITポリシー委員会がデジタル・シティズンシップについて議論するための活動としては、学校区の利用規定（AUP：Acceptable Use of Policy、権利と責任に焦点を当てたもの）の検討があげられます。では、プロセスを始めるための質問をいくつか紹介しましょう。

デジタル使用の問題は他の問題と比べてどうでしょうか？それらは同じでしょうか？違うでしょうか？テクノロジーの権利と責任に関して、児童生徒と一緒に作業する場合、どのような項目に重点を置くべきでしょうか？

コミュニティ・アウトリーチ委員会

コミュニティ・アウトリーチ（※訳者注：さまざまな形で、必要な人に必要なサービスと情報を届けること）委員会は、保護者、地域住民、学校総務担当者、学校管理職などで構成されます。学校や学校区がテクノロジーの利用拡大を検討している場合、この委員会は、学校区内での無料Wi-Fiアクセスや、児童生徒や卒業生を雇用する際、雇用主が求めるスキルは何か等について、より広い地域社会とのコミュニケーションを開始することができます。

この委員会は、デジタル・シティズンシップの情報をどのように地域社会全体に広めるか、について注目しています。それにより学校と地域の団体が協力して活動する機会を得ることができるでしょう（例えば、児童生徒が地域の人々のテクノロジー

利用を支援するための場を提供するなど）。

　この委員会は、学校区レベルのタウンホール会議を開催し、保護者や地域住民が、その地域でどのようなデジタル・シティズンシップ・スキルに重点を置くべきかについて、質問や懸念を表明する機会を設けるかもしれません。

　またコミュニティ・アウトリーチ委員会の活動として、校外でのデジタル・アクセスについて理解を深めるためのディスカッションがあります。議論を進めるうえで参考になる質問をいくつか紹介しましょう。

- 児童生徒は学校外でインターネット（Wi-Fi）を利用できる場所がありますか？
- 学校外でデジタル・テクノロジーにアクセスできる児童生徒の割合はどの程度ですか？
- 学校は、児童生徒にテクノロジーやアクセス手段を提供するために、学校の枠を超えてどのような責任を負うのでしょうか？
- 地域社会全体についてはどうでしょうか？児童生徒や他の地域住民に対して責任があるのでしょうか？

　地域社会のメンバーは、校外で児童生徒が利用可能なテクノロジーをよりよく理解する必要があり、学校支援によるアクセスを増やす必要があるかどうかを判断します。

　ここでは、学校外でどのようなテクノロジーが利用可能か判断する方法を紹介します。
1．地域で利用できるテクノロジー（またはWi-Fi）へのアクセスについての情報をコミュニティのメンバーから（公式・非公式に）収集します。
2．公共機関・私営施設・企業を通じた学校外でのアクセスがどの程度可能かを判断します。
3．ユーザーアクセスに関するデータを委員会メンバーと共有します。
4．児童生徒の学習に影響を与える可能性のある問題や、地域住民へのアクセスに関するニーズを明らかにします。
5．地域社会でテクノロジー（またはWi-Fi）が利用できない人々のニーズがあ

るかを判断し、さまざまな組織でアクセス可能にする方法を決定します（例：
学校のコンピュータ室や図書館を夜間・週末に開放したり、地域リーダーと協
力して図書館でのアクセスを増やす、モバイルの「ホットスポット」を提供する、
通信会社と協力して子どものいる家庭に割引料金でアクセスを提供する、コン
ピュータ・クラブを設立するなど）。

6．未導入の場合は、（ノートパソコンやタブレットを使用する）1人1台プログ
ラムが学校や学校区の優先事項であるかどうかを判断します。そのようなプ
ログラムをどのように実施し、資金調達できるでしょうか？学校外でのアクセ
スが不足すると、格差は生じるでしょうか？

7．教員と管理職に、テクノロジーへのアクセスに関する現状の実践や授業を評
価してもらいます。彼らは利用可能なテクノロジーを最大限に活用しているで
しょうか？児童生徒のアクセスが増えれば、できることに違いが出てくるでしょ
うか？教員が学校外でテクノロジーへのアクセスを必要とするプロジェクトを
割り当てる場合、アクセスできない児童生徒のための代替課題も作成している
でしょうか？

児童生徒の権利と責任の委員会

　児童生徒の権利と責任の委員会は、教員・児童生徒・教育委員会メンバー・学校
管理職で構成されます。この委員会の目的は、権利と責任に関する学校区レベルの
方針を策定する過程に、児童生徒を積極的に参加させることです。学校でのテクノ
ロジー利用のあり方を明確にした、わかりやすい言葉で書かれた文書を作成しましょ
う。最初の段階から、児童生徒と明確かつ一貫した予想を共有します。

　デジタル・シティズンシップのトピックを教える際のモデルとなるアイデアを提
供します。ひとつのモデルは、情報共有する・レビューする・議論する「リフレクショ
ン・モデル」です。これは、提供された情報を確認するために、いくつかの活動で
用いることができます。ここでは児童生徒のプログラムについて話し合い、それら
のプログラムが学校やカリキュラムの中でどのように適合するか決定することがで
きます（第7章：学校向けDESCプログラムを参照）。

２年目——実行計画の精緻化

　この実施段階では、計画の精緻化と１年目に実施した調査結果やニーズ調査の結果分析を行います。１年目の作業に基づいて収集した情報を拡張し、職員がデジタル・シティズンシップに注力する必要性をより理解できるようにします。

　この段階では、アクセスを改善し、すべての利害関係者に事後対処ではなく先手を打つ重要性についての情報を広めることが必要です。

　この年次では、教育者がテクノロジーを教育ツールとして活用し、すべての児童生徒のための教育・学習機会を育成するための専門的な研修を提供する必要があります。地域社会に働きかけ、教育へのテクノロジー利用の拡大がなぜ重要なのか、ユーザー数が限定的だからといって、その利用を排除するのではなく、利用を促すことが重要であることを人々に伝えます。この機会に、地域のパートナーに対して、社会人となる前に児童生徒に何を学んでおいてほしいか、引き続き尋ねてみてください。

　デジタル・シティズンシップのカリキュラムとリソースを教員に提供し、児童生徒と協力しましょう。委員会は、委員会またはサブ委員会が定めた目標に着目しながら、年間を通じて継続的に会合を開く必要があります。保護者への働きかけを継続し、保護者のリーダーを見つけるとともに、他者とアイデアを共有する機会を見つけます。

　この分野でリーダーシップを発揮している主要な保護者を発掘し、彼らに研修資料や学習機会を提供します。学校区の夜間やその他のイベントで保護者間の話し合いをリードしてもらいます。このプロセスの追加アイデアとしては、毎年恒例の夏季技術研修会、児童生徒のテクノロジー・ナイト（生徒が授業で作成した課題を共有する）、図書館や学校など公共の場での会合などがあげられます。

　カリキュラムに重点化した２年目の目標は、S3フレームワークを通じてデジタル・シティズンシップをさらに多くの学年に拡大することです。教育関係者は、カリキュラム全体での導入アイデアに関するリソースを作成・共有する必要があります。この章の後半ではこのプロセスを開始するための小学生向け授業について紹介します。

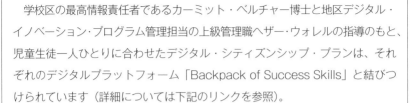

注目すべき学校区：ジェファーソン郡公立学校

学校区の最高情報責任者であるカーミット・ベルチャー博士と地区デジタル・イノベーション・プログラム管理担当の上級管理職ヘザー・ウォレルの指導のもと、児童生徒一人ひとりに合わせたデジタル・シティズンシップ・プランは、それぞれのデジタルプラットフォーム「Backpack of Success Skills」と結びつけられています（詳細については下記のリンクを参照）。

各児童生徒は「Backpack of Success Skills」から、個別最適化されたデジタル・シティズンシップ計画にアクセスします。各計画は、学校区全体のデジタル・シティズンシップ・ペース配分ガイドを参考に作成されています。そこで、児童生徒は必須質問に答えると同時に、学んだデジタル・シティズンシップのスキルを応用したデモンストレーション（または行動）を含む「デジタル・シティズンシップ・プラン」を作成します。

基本例は提供されていますが、この学校区では、デジタル・シティズンシップ学習の成果を披露するために、児童生徒たちがどんな革新的プロジェクトを創造するのかが期待されています。児童生徒のふりかえりは「Backpack of Success Skills」の「Globally and Culturally Competent Citizen」のフォルダに保管されます。このふりかえりは、各児童生徒のショーケースに掲載され、デジタル・シティズンシップがすべての児童生徒の学習にとって重要であることをはっきり示すべく、学習成果発表会で披露されます。

ジェファーソン郡公立学校は、すべての児童生徒が個別のデジタル・シティズンシップ・プランを作成する普遍的な方法を策定しました。すべての学校は、デジタル・シティズンシップ・ペース配分ガイドを用いて、学校区全体で一貫したカリキュラムを作成しています。K-12共通のデジタル・シティズンシップ・ペース配分ガイドは、学校区レベルのデジタル・ラーニング・コーチであるサラ・バンパス博士とエレイン・アバナサによって作成されました。

さらに、ジェファーソン郡公立学校はテクノロジー能力のパフォーマンスベースのデモンストレーションを通じて、児童生徒のデジタル・シティズンシップ実践を、児童生徒の卒業要件（学校区・州による）の中核に組み込んでいます。

【参考リンク】

・ジェファーソン郡公立学校　Digital Citizenship Pacing Guide
　（digcit.life／JCPS-pacing-guide）

・ジェファーソン郡公立学校　Backpack of Success Skills
　（digcit.life／JCPS-backpack）

3年目──デジタル・シティズンシップ実践を拡大する

　実施3年目の目標は、デジタル・シティズンシップのトピックを地区全体で理解し、各学年に焦点を当てることです。3年目も委員会やプログラムを継続し、その範囲を拡大する機会を模索します。この機会に、在学中および卒業後の児童生徒のニーズに注目すると同時に、児童生徒の一連の過程への関与を高める必要があります。

　教育者が教育目的でテクノロジー・ツールを使用できる機会を探し、共有しましょう。3年目のポイントは、すべての児童生徒の学習を変革することです。また、テクノロジーだけでなく、児童生徒との直接的な交流や共有のバランスも必要です。

　児童生徒たちに自分たちの許容型利用規定（AUP）や権限委譲型利用規定（EUP：Empowered Use of Policy）の作成・修正に参加してもらうことで、学校でより積極的なデジタル・シティズンシップ文化を育むことができます。

　また、この時期はプログラムを見直し、変更や修正が必要かどうかを判断するタイミングでもあります。これは同時に、プログラムが学校や学校区に変化をもたらしているかどうかを見直す時期とも言えます。この過去2年間で変化があったかどうかを判断するためには、プログラムの最初で行われたアンケートの再実施が必要です。

　当初使用された追加情報を見直すことも必要です（例：技術の不正使用に対処する懲戒記録）。この1年間は、教育リーダーが結果を評価し、調整する必要があります。地域社会が変化すれば、プログラム開始時にもともと設定した目標も変わると、肝に銘じておきましょう。

　児童生徒が意思決定プロセスに参加できるようにすること、つまり、児童生徒の

学習に対する発言権を与え、機会を提供することがきわめて重要であると、すべてのメンバーが認識する必要があります。児童生徒が安全で創造的なやり方で成長し、自分の世界を形作れるように、彼らのオンラインでの居場所の発展を手助けしましょう。まもなく、児童生徒は他の人にもそうするよう働きかけられるようになるはずです。持続的プログラムの実施中に生じたニーズを明らかにするために、策定された方針と手順を見直す必要があります。

　学校が児童生徒にインターネットへのアクセスや端末を提供するような取り組みへの着手を決定した場合、児童生徒の参加計画が必要となります。このような計画は学校区レベルで検討されるべきですし、テクノロジーを導入する前に、職員は地域の学校と協力して明確な教育上のデジタル・シティズンシップ計画を熟慮し策定する必要があります。これはすべて1年目に作成された計画に立ち返ることになります。教員のテクノロジー・ツール使用支援に注目した継続的な専門研修を行い、児童生徒のテクノロジー使用を手助けする方法を理解するために、教員を支援しましょう。

　デジタル・シティズンシップは児童生徒や教職員に「すぐ身につく」ことを期待する「一発勝負」の予防接種と見なすべきではありません。デジタル・シティズンシップは、児童生徒が（オンラインと対面の両方で）責任ある能動的な市民になるために役立つものだと、引き続き教員に理解してもらいましょう。テクノロジーがわかりやすく説明され、日々の活動に組み込まれることが期待されます。

　テクノロジーは、児童生徒が学び、実践し、その学びを共有するために、不可欠な要素である必要があります。学校区全体で児童生徒への働きかけを行い、すべての学校で児童生徒に対して教育リーダーからソーシャルメディア・パワーの活かし方を学ぶことの重要性について議論を進める機会を提供します。

　つまり、3年目のカリキュラムでは、S3フレームワークの拡張と、前年度に開始した既存の授業やプログラムの見直しがポイントだということです。

4年目──プログラムの検証とレベルアップ

　4年目は、カリキュラム分野だけでなく、委員会においてもデジタル・シティズンシップ・プログラムの全面的な評価を行います。この年度中に、委員会や小委員

会は、プログラムの有効性や変更すべき点について議論する必要があります。３年目の調査とニーズ評価の結果から、デジタル・シティズンシップ・プログラムにどのような変更が必要かを判断しましょう。プログラムを評価して、当初示した計画に基づく目標と注力点を十分達成しているかどうかを判断してください。

プログラムの実施中であればいつでも調整は可能であることを覚えておき、評価の際にはこれらの変更を考慮に入れなければなりません。これは、拡大したコミュニティとのつながりを見直す機会でもあります。リーダーは「学校や地域社会全体のさまざまなレベルで起こった変化によって、なにか効果はあったか？」といった質問をする必要があります。これは、先述したANPC（Advantages/Needs/Potential/Concerns）チャートをふりかえって、学校・学校区・地域社会の各項目に変化があったのか（なかったのか）を判断する機会でもあります。

またこれは、テクノロジーがどれほど学校区や地域の教育ニーズをサポートしているのかを示す機会でもあります。現在のところ、デジタル・シティズンシップの効果を測定する方法や、児童生徒のデジタル・シティズンシップ・スキルの良し悪しを測る方法を詳述した査読付きの研究文献はありません。したがって、１～２つの特定の方策に注目して、変化が生じたかどうかを確認する必要があります。

ある指導者は、認識調査や児童生徒の声を聞くことに注目し（例えば、児童生徒が教員と実践的なデジタル・シティズンシップの話をしたと報告する頻度や、教員が児童生徒にオンラインでの責任についてアプローチした際の満足度など）、別の指導者はデジタルに関連した児童生徒の懲戒処分という定量化可能な測定に注目するでしょう。

注目すべき学校区：フェイエット郡公立学校

フェイエット郡公立学校では、技術部長兼最高情報責任者のボブ・ムーアと指導技術副部長のエイミー・ジョンズが中心となって、学校区の全71校を対象とした年ごとのデジタル・シティズンシップ計画戦略を策定し、主導してきました。各学校では、年間の専門的な学習支援に従事するデジタル・シティズンシップ・リーダーを任命して、他校のリーダーと一緒に、教育とカリキュラムの調整を通じて学校を指導します。校長は、自身が学校におけるデジタル・シティズンシップ学習の唯一の責任者というわけではなく、それは教員全員の責任で

あることを理解しています。

　彼らの仕事は、学校のデジタル・シティズンシップ計画の継続的な改善と発展を支持し、児童生徒のデジタル上での安全を自分自身と教職員の両方にとっての優先事項にすることです。すべての学校は、前年度からの見直しと反省を踏まえたデジタル・シティズンシップ指導計画を毎年提出します。

　また、この学校区は、学校のデジタル・シティズンシップ指導者をさらに支援するため、ガイド付きのレビュー・プロセスとカリキュラム計画のテンプレートを提供しています。

　さらに、学校区のデジタル学習コーチであるポーラ・セッツァー・キシックも、カリキュラムの適用範囲と手順を作成しました。これは、2年生から11年生を対象に、連邦法で定められた3大分野のうちの一つ（ソーシャル・ネットワーキングなど）に重点トピックを設け、題材をより深く学習できるようにするとともに、数年毎にトピックを見直すことでスパイラル効果を狙ったものです。

　たとえ児童生徒がSNSなどのソーシャル・ネットワーキングに夢中でも、ネットいじめやオンラインでの行動についての考え方は、その重点トピックに織り込まれているのです。幼稚園、1年生、12年生は、ネットいじめ、ソーシャル・ネットワーキング、個人の安全、オンライン行動の3つのトピックすべてに触れ、Common Sense EducationとiSafeが開発したコンテンツを主に使用します。

【参考リンク】

・FCPS-District Digital Citizenship Resources (digcit.life/FCPS-resources)

・FCPS-Digital Citizenship Instructional Plans (digcit.life/FCPS-plans)

・FCPS–Digital Citizenship Curriculum Outline (digcit.life/FCPS-curriculum)

5年目――学校や学校区へのデジタル・シティズンシップの浸透

　5年目は、全学年でデジタル・シティズンシップ・プログラムを完全実施するとともに、地域全体への浸透を図る必要があります。4年目のプログラムの方向性を評価した後、次の主な焦点とはプログラムをそのプロセスの最初から構築することです。これには新しいテクノロジー・ツールを用いた年に数回の専門家育成の継続、カリキュラム計画の変更（反転学習など）、新しい分野の開拓（児童生徒が運営す

るヘルプデスクやサポートなど）などが含まれるでしょう。学習ツールとしてのテクノロジー使用のために、教員向けの専門的な研修機会を確保することは、成功を継続させるうえで不可欠です。

　5年目の終わりには、最終的なニーズ評価を行い、5年間のプロセスにおける変化をふりかえります。管理職と教員は、善きデジタル市民としての責任を児童生徒に教えるための指導・学習機会の開発と実施に継続的に取り組まねばなりません。児童生徒は、自分の学びを創造し、整理し、公表し、活用する機会をもっと持つべきでしょう。善きデジタル市民であることは、思いやりがあり、協力的で、創造的な大人に最終的になるための、発達というパズルの1ピースだ、という信念を持つべきです。

　最終的に、デジタル・シティズンシップ・プログラムは、テクノロジーの導入を成功させるための基礎作りであり、最も重要な礎石であることが明らかになるはずです。児童生徒主導の利用規定（AUP）を策定することで、児童生徒は主体性と責任を持ち、学習の力をつけることができます。また、それによって委員会メンバーの考えも変わり、より児童生徒に権限が与えられた利用規定につながる可能性があります。

　デジタル・シティズンシップ・プログラムを開始したら、チームは定期的に経過を見直し、その進捗状況を評価する必要があります。プログラムは、テクノロジーや利用パターンの変化を考慮して、柔軟に対応する必要があります。テクノロジーの変化に応じて、デジタル・シティズンシップ・プログラムも変化していく必要があるのです。

　5年目の終了時には、何を達成したのか最終的に記録するとともに、プロセスの見直しを行います。以下の要約では、プロセスを通して成功した項目と、今後の検討や調整が必要な分野の両方を明らかにしていきましょう。

》 計画立案のための参考情報

● Be Nice Dude (dudebenice.com).

- Association of California School Administrators *Leadership* magazine (digcit.life/leadership-magazine)
- Edutopia—Students' Best Tech Resource: The Teacher (digcit.life/edutopia-best-tech)
- Emerging Ed Tech—8 Engaging Ways to Use Technology in the Classroom to Create Lessons That Aren't Boring (digcit.life/emergingedtech)
- Common Sense Media—Media and Technology Resources for Educators (commonsensemedia.org/educators)
- Global Digital Citizens—7 Ways to Use Technology with Purpose (digcit.life/7-ways)
- Washington Post—5 Ways to Teach Kids to Use Technology Safely (digcit.life/5-ways)
- Educause—Using Technology as a Learning Tool, Not the Cool New Thing (digcit.life/educause)
- Common Sense Media—1:1 Essentials—Acceptable Use Policies (commonsensemedia.org/educators/1to1/aups)
- Technically Speaking—Acceptable Use to Responsible Use to Empowered Use (digcit.life/coetail)
- Social Media Examiner—How to Write a Social Media Policy to Empower. Employees (digcit.life/social-media-policy)
- *The Atlantic*—Schools Where Kids Can't Go Online (digcit.life/theatlantic)
- Digital Access Project (digitalaccess.org)
- Digital Divide.org (digitaldivide.org)

ディスカッション

1. デジタル・シティズンシップ・プログラムの構築には、基準・方針・やり方の理解が必要です。あなたの学校・教員・児童生徒・地域に影響を与える、これらの項目をどのように定めますか？

　　このプロセスには、スクールリーダーに限らず、テクノロジーコーチ、教育委員会、

スクール・リソース・オフィサー（SRO）なども含まれます。あなたは、デジタル・シティズンシップに向けた学校・地域計画の策定に地域団体が参加することにどれくらい前向きですか？

2. 学校や学校区の多様な利害関係者を代表するデジタル・シティズンシップ委員会を作るには、多様な階層や団体の保護者、教職員、教育者に参加してもらう必要があります。この団体のメンバーは、児童生徒の将来に向けてデジタル・テクノロジーをどのように準備させたらよいか、知識や理解を持ち合わせているでしょうか？これらのアイデアを反映させるために追加の情報やリソースが必要になるでしょうか？

興味がある分野をいくつか選び出し、変化に向けたアイデアを提案してみましょう。この委員会の成功のために、それぞれの役割がどのように重要なのかを明らかにしましょう。

3. あなたの学校・学校区では、このプロセスを開始していますか？その場合、あなたの学校・学校区では、このプロセスがどんな段階にあると思われますか？

4. ANPC調査において、ニーズと関心が向けられていた分野は何でしょうか？

5. ANPC調査を受けて、どのように強みを最大限に活かし、どのように潜在的領域をサポートしますか？

アクティビティ

1. 学校区の条件を満たしたデジタル利用、デジタル・シティズンシップ、技術的責任それぞれについての方針・やり方を再調査しましょう。学校や学校区のニーズを満たしている部分と、調整を要する部分を明らかにしてください。

2. 学校や、それよりも大きなコミュニティ（日本では市町村・都道府県・国）では、テクノロジー関連でどのような方針や手続きがありますか？テクノロジーの使用に対する感情はどのように変わった、あるいは変わらなかったでしょうか？学校や学校区がデジタル・シティズンシップ・プログラムや計画を進めるにあたって、考えに矛盾はありませんか？デジタル・シティズンシップに関する学校区方針を改訂するために、2〜3つの変更を提案するとしたら、それは何でしょうか？

3. あなたの学校・学校区・地域は、すでにデジタル・シティズンシップに注目していますか？もしそうなら、あなたの学校・学校区・地域がどうやってこの目標

を達成しようとしているのか確認しましょう。デジタル・シティズンシップに焦点を当てることで、学校区内の他の目標はどのように達成できるでしょうか？

4. あなたの学校・学校区・地域に変化をもたらすために、どのような指導をするかの例を示しましょう。デジタル・シティズンシップを学校や学校区、地域での教育実践としてどのように導入しますか？学校や学校区で重点的に取り組むべきデジタル・シティズンシップ課題を明確にしましょう。これらの問題に対処する方法について、教育委員会にどのように働きかけますか？

第4章

デジタル・シティズンシップ・施策ガイド

世の中がデジタル化されていくなかで、忘れてはならないのが人と人とのつながりである。

——Weworkの共同創設者兼CEO、アダム・ニューマン

注意事項：本章では、サポートとガイダンスの資料を提供しますが、法律上のアドバイスを目的としたものではありません。読者は政策に関連するすべての事項について、専門家による法的なアドバイスを受けることを了解いただくようお願いします。

》デジタル・シティズンシップと規制・政策・法規について

　デジタルツールやリソースを駆使した新しい学習体験のデザイン方法をさらに理解するためには、規制・政策・法規が非常に重要です。スクールリーダーとして、このセクションはサッと見過ごされやすく「コンプライアンス」の章に格下げされてしまうかもしれませんが、それではいけません。発展の章として捉えるだけでなく、自身や学校の緩衝帯となる規則・政策・法規などをさらに掘り下げるための章として活用することをお勧めします。

　州ごと、学校区ごと、学校ごとに、規則や方針は進化し続け、児童生徒にとって最適な方法で運営されていくでしょう。新しい法律の提案、古い行政手続きの現代化、あるいは施策の完全廃止など、リーダーとして、いずれにおいても重要な役割を果たすことができます。そうした時にはバランスをとることが重要です。「私は弁護士ではないから」と両手を挙げて肩をすくめるようではいけないのです。

　逆に、許容型利用規約（AUP）や新しく公布された法令を3回読んだ程度で、法廷弁護できるなどと勝手に判断してはいけません。この分野でリーダーシップを発揮するには、施策が誰を（あるいは何を）保護しているのかを確かめ、施策本来の

意図を理解し、また、施策がどのように実施され、児童生徒や教員の日常生活に組み込まれるのかを考える思慮深さが必要です。

　デジタル・テクノロジー技術の進歩は、私たちの社会のあらゆる面に大きな影響を与えています。テクノロジー自体は価値中立的なものなので、どのように扱うかを決めるのはユーザーです。時には、そのような個人の選択が社会全体の利益にならないこともあります。このような選択による犠牲者はけっして少なくありません。だからこそ現在では、デジタル・テクノロジーのユーザーとその財産を保護するためのさまざまな法律が存在します。実際、著作権侵害や携帯電話でいつどこで通話してよいのか、など、さまざまな問題がデジタル世界では法的な管轄下に置かれています。

　米国の法制度の中で最も急速に成長している分野の一つは、ネットいじめに関するものです。デジタル・テクノロジーは車のアクセルのようなものです。良いことに使えば、その恩恵は大きく、簡単に享受することができます。新しい市場が生まれ、消費者もすぐに順応するでしょう。しかし、同じテクノロジーが脅迫・威嚇・いじめを加速させることもあります。脅威はあっという間に拡がり、脅迫はより熾烈になります。ネットいじめに関する法律は、我々や子どもたちの保護を目的としています。
　現在、米国の大半の州では、このテーマを扱う法律が制定されています。自殺やネガティブなステレオタイプ化などの問題が大きくなるにつれて、ネットいじめをこのような重大なステージに引き上げた者を特定し、しばしば処罰することが、州や管轄区域に委ねられているのです。
　これに次いで話題になっているのがセクスティング（性的内容の通信）です。高精細カメラ付きのスマートフォンやタブレット端末の普及によって、性的に露骨なメッセージやヌード・セミヌード写真を他者に送ることが、以前に比べれば容易になっているのです。不適切な写真の送受信は法的な問題に発展しています。（望んでいるかどうかに関わらず）送信された写真を所持しているだけでも、10代の若者は一生性犯罪者のレッテルを貼られることになるかもしれません。多くの州では、このような写真を共有した人に罰を与える法律が制定されています（被写体が未成年の

場合は特に）。

　これらの問題は、事件後何年にもわたって法的および社会的なスティグマ（烙印）になる可能性があります。

　テクノロジー・ユーザーに影響を与える問題が拡大したことで、この問題は法制度の管轄となりつつあります。SNS上で自分を偽り、他者に危害を加えるといった問題が、世界中で話題になっています。健康管理アプリのデータから、TwitterやFacebookでの発言まで、あらゆるものが法廷で証拠として採用が許されるようになりました。

　デジタル技術に関連する法律を遵守することは、デジタル・シティズンシップの一つの側面ではありますが、けっしてそれだけではありません。善きデジタル市民は、自分たちはテクノロジー利用に関する法律や方針を理解して、それに従うべきなのだと認識していますが、デジタル・シティズンシップにはそれ以上の意味があります。善きデジタル市民は、そのようなルールを遵守することの社会的理由を理解しているのです。彼らは、何が許容され、自分の行動が社会のなかで他者にどのような影響を与えるのか、批判的に考えます。

　デジタル・テクノロジーのユーザーは、デジタル社会の貢献者となるために、自らのテクノロジー利用のあり方を評価しなければなりません。デジタル・シティズンシップの目標は、幼い段階でこのような社会的理由を理解し、批判的に考えることを学び、後になって何が適切なのだろうと考えなくていいような市民を育てることです。

　例えば、ベテランの運転手ならば「止まらなかったらどうなるか」とか「この法律は私には適用されない」などと考え込まずとも、赤信号で止まることができるように、彼らはデジタル・テクノロジーのあり方を評価し、正しい結論を導く手段を持つようになります。対向車線に車を突っ込んで走らせるのは、楽曲の違法ダウンロードと同じ結果にはならないかもしれませんが、どちらも法律に違反しています。

　社会にテクノロジー使用に関する法律や政策があったとしても、結局は私たちがこれらのテクノロジーを理解し、どのように使用するかによって将来が決まること

になるでしょう。この章では、デジタル・シティズンシップについての教育、不適切なウェブサイトのフィルタリング、児童生徒のデータ・セキュリティとプライバシーなど、いくつかの主要な政策分野について検討します。

》国家政策の概略

　他の新しいテクノロジー同様、コンピュータ、インターネット、デジタルリソースの急速な発展は、社会に新たなチャンスと課題をもたらしました。この20年の間に、子どもたちがこれらの新しいコミュニケーションや協働のツールを急速に取り入れるなかで、学校にも同様のチャンスと課題が出現しました。チャンスを拡大し課題を解決するために、米国連邦政府と州政府は子どもたちに新しいテクノロジーを提供する際に学校が遵守すべき、複数の法規制を制定しています。法令遵守を確実なものにし参加を促すために、政府は多額の資金を投入したこともあります。

　米国では、これらの新技術と学校・図書館との関わりを扱った連邦レベルで最初の重要な法律は1996年の通信法でした。連邦通信委員会（FCC）は、1934年通信法のユニバーサル・サービス規定を拡大し、特に経済的に恵まれない地域や過疎地の学校や図書館のインターネット接続を支援するための法案を策定しました。

　この法律により、通称E-Rate（教育機関価格）と呼ばれる資金調達プログラムが設立され、連邦通信委員会（FCC）はテクノロジーサービス提供者に補助金を出して、学校や図書館がサービスを受ける際に費用を割引できるようにしたのです。これらの補助金はユニバーサル・サービス基金から拠出されています。E-Rate、Connect America Fund（CAF）、ライフライン・プログラムなどの連邦政府プログラムを支援するため、顧客が電気通信サービスに支払う日々の料金のうちわずかな割合を税金として徴収しています。

　携帯電話の請求書をよく見たことがある人なら、この税金を見て疑問に思ったことがあるでしょう。月々の金額はそれほどでもありませんが、通信料金の「隠れた請求」については社会批判を得意とするライターが時々記事にしています（一例としてdigcit.life/cell-phone-billをご覧ください）。このわずかな税金は学校区にかなりの節約をもたらします。これらの莫大な補助金がなければ、学校の技術力は今よ

りもはるかに低下していたに違いありません。

　しかし、その割引の代わりに、連邦政府、特に連邦通信委員会（FCC）は、学校でのテクノロジー使用を規制できるわけです。これらの規制は、E-Rate割引を受けるために学校が遵守しなければならない義務という形をとっています。このような義務化を最初に行ったのは連邦議会による児童オンライン保護法（COPA：Child Online Protection Act）でした。この法律は、子どもがインターネット上の有害な資料にアクセスすることを制限しようとするものでしたが、裁判所から違憲と判断され、実際に施行されることはありませんでした（Child Online Protection Act, 2011）。

　そのわずか２年後の2000年、COPAの成立失敗を受けて、議会は児童インターネット保護法（CIPA：Children's Internet Protection Act）を成立させました。CIPAでは学校を直接規制するのではなく、E-Rate割引制度を利用して、プログラムの一部に参加するための保護措置（Universal Service Administration Company, 2012）の導入を学校に奨励しています。この法律もまた最高裁で争われましたが、「フィルタリング・ソフトの使用は（図書館の伝統的権限である不適切資料の遮断に役立つので）議会の支払い能力のもとでは許容される条件である」と裁判所は支持しました（U.S. v. A.L.A., 2003）。

　このようにCIPAをはじめとするいくつかの連邦法では、連邦通信委員会（FCC）が学校に対して詳細な法的遵守規定を実施することが認められています。連邦通信委員会（FCC）は、一連の報告書や指令を通じて、このような規制指導を行ってきたのです。

近年の、児童インターネット保護法（CIPA）改正

　2008年に成立した「21世紀児童保護法（Protecting Children in the 21st Century Act）」が正式に施行されたのは2011年８月のことで、FCCは学校や図書館に対して、2012年７月までに遵守すべき追加の報告と指令を発効させました。施行規則は2011年に可決され、2012年７月に施行されました。

　この法律は、連邦レベルで最も強力なデジタル・シティズンシップ法であり、「ソーシャル・ネットワーキング・ウェブサイトやチャットルームでの他者とのやりとり、

ネットいじめの認識・対応など、オンラインでの適切な行動について、未成年を教育する」ことに重点を置いています（Federal Communications Commission, 2011）。

　この連邦政府の指令に対応するには、学校や学校区のリーダーは現在の方針を更新する必要性を理解して、インターネット利用教育システムを導入し、技術的方針に合った新しい教授・学習システム導入に向けた新しい手順を確立する必要がありますが、今日、多くの学校や学校区では、数十年前の技術的方針を更新するような、適切なオンライン行動についての教育システム、デジタル・シティズンシップ学習やその実践プログラムをまだ十分に導入していません。

　さらに、最近の法律の観点から、FCCの指示のもと、ユニバーサル・サービス管理会社（USAC）の学校・図書館部門は、次のような更新要件の通知を出し続けています（Universal Service Company, 2011）。

　　学校に対して：2012年7月1日までに既存のインターネット安全方針を改
　　訂し（未改訂の場合）、ソーシャル・ネットワーキング・サイトやチャットルー
　　ムでの他者とのやりとりを含む適切なオンライン行動、および、ネットいじめ
　　の認識・対応について未成年者に向けた教育を提供すること。

　この法律（およびその結果としてのFCC指令）から得られた大きな収穫は、人々の行動を制御しようとする技術的手段（フィルタリングやウェブサイトのブロッキング）だけに頼るのではなく、デジタル環境の適切で責任ある利用方法について児童生徒が学ぶこと（教授学習）の価値が認識されたことです。このことにより、結果、より望ましい行動や利用方法が生み出される可能性があります。

　同法の文言にある「ソーシャル・ネットワーキング・サイトでの他者とのやりとりを含む、適切なオンライン行動についての未成年者の教育……」は、デジタル・シティズンシップ・スキルの枠組みの要素でも共通して言及されています。

　スクールリーダーにとって、この法律は、デジタル文化構築に向けた基盤となるものです。これにより「デジタル接続中に児童生徒が何か悪いことをしたらどうしよう」という不安に左右されてすべてが決められていくような状況が変化し、デジ

タル学習の勝者になるための情熱に火がつくことでしょう。

　この法律が、学校のキャンパス内で必要とされるインターネットの安全方針と技術的保護を表しているだけでなく、デジタルに接続された状態で素晴らしい行いをする（ものを作る）ために、児童生徒たちが学校の物理的な制約を超えて携えるべき知識、スキル、心構えを示していることは、いくら強調しても足りません。

　ちなみに学校が「児童インターネット保護法（CIPA）」ガイドラインを遵守し、E-Rateプログラムを利用する場合、児童生徒に安全な利用について教育を行っていることを証明する必要があります。

児童オンライン・プライバシー保護法（COPPA：Children's Online Privacy Protection Act）

　「児童インターネット保護法（CIPA）」と似ていますが「児童オンライン・プライバシー保護法（COPPA）」の果たす役割は別物です。COPPAの法律趣旨や対象は、CIPAとは大きく異なります。COPPAは、連邦取引委員会(FCCではなくFTC)によって施行され、全米の消費者保護に重点が置かれています。

　COPPAは本書の執筆中に施行から20年を迎えました。起草者は株主としての考え方を持っていました。彼はサービス提供者が、ターゲットとするユーザーの年齢・保護者の権利・各ユーザーについて収集される情報の所有権を受け入れるよう、法的圧力をかけることを目的とした法律を望んでいたのです。

　簡単に言えば、この法律によって、オンラインのウェブサイトやデジタル接続された体験（モバイルアプリを含む）を運営する会社は、保護者を運転席に座らせることになるということを、スクールリーダーは知っておく必要があります。

　この規則によれば、デジタル接続されたすべての体験は、13歳未満のユーザーのアカウント作成とサービス利用を許可する前に「証明可能な保護者の同意」を確保しなければなりません。さらに、この規則では、ウェブサイトやオンラインサービスによって子どものどんな個人情報が収集されているのかを知る継続的権利が保護者に与えられる必要があり、このなかには同意をいつでも撤回できる権利も含まれます。

モデル国家政策のためのキーポイント

　米国政府はグローバル・モデルとして、キャンパス内外のさまざまな面で児童生徒を保護することを目指しています。

　第一に、政府は学校や図書館が方針（必須計画）、技術的保護手段、教育プログラムを確立するための重要なガイドラインを示し、学校や図書館に説明責任を持たせています。第二に、連邦取引委員会（FTC）は児童生徒の保護措置を施行し、消費者視点から保護者がそれをコントロールできるようにし、ウェブサイトやオンラインサービス提供者に説明責任を負わせています。第三に、児童生徒のデータ・セキュリティとプライバシーは、デジタル・シティズンシップの中核要素のひとつであるだけでなく、政策分野としても成熟し続けています。

》州政策の例

　連邦政府はE-Rateプログラムを通じて、基礎的保護を求める広範な国家政策を制定していますが（図4.1参照）、州政府もまたテクノロジーの安全性に対する学校の対応策を構築する役割を果たしています。州の対応によって規制の規模にばらつきがありますが、ケンタッキー州のように連邦政府の要求以上の追加規制を求める州もあります。

　ケンタッキー州では、デジタル・リソースを利用する子どもたちを保護するために法律を利用しようという考えは、連邦法よりもさらに以前にさかのぼります。このセクションでは、今後の参考となる4州の政策アプローチを紹介します。現行の政策の対象者である児童生徒たちは、近い将来、新しく、現代化され、更新されたデジタル・シティズンシップ政策の設計者となるでしょう。

　1998年の上院法案（230）で、ケンタッキー州教育委員会に性的に露骨な表現の送信を防止するための規制規定を設けることを要求した結果、ケンタッキー州行政規則（KAR 5:120）は1999年1月に制定されました（KRS 156.675参照）。この規制について学校が留意すべき点は、フィルタリング技術の採用、資料の監査（またはロギング〈※訳者注：アクセスの履歴データを記録すること〉）、学校区や学校による利用規定（AUP）の制定、第三者の電子メール（州標準以外の電子メールシステム）

の設置防止などです。

　交流やオンラインへの参与を禁止する厳しい法律を施行している州がある一方で（Education Week, 2009）、スキルを向上させてオンラインへ参与する方法に注目する州もあるようです。そのため、ケンタッキー州で現在検討されている提案（HB 91, 2012）のように、デジタル・シティズンシップの定義を州で固める提案もなされています。ケンタッキー州の取り組みのようなものが成立するかどうかはわかりませんが、将来的には、インターネットでの児童生徒の行動に対して、連邦政府の規制を解釈し、場合によっては拡張するような立法措置が取られることが予想されます。これらの将来的な方針には、教員のトレーニング強化、児童生徒の教育要件の定義強化、既存の懲戒規定の定義や相互作用の強化などが含まれるでしょう。

　また、ケンタッキー州では、学校区の包括的な計画や州レベルの資金提供の誓約と結びついた「監督者による保証」（Kentucky Department of Education, 2018）が毎年義務付けられており、デジタル・シティズンシップはその保証の一部となっています。州レベルのデジタル・シティズンシップに関する明確な方針として、すべての学校区教育長が毎年、プロジェクト資金、補助金、運営資金を受け取るために、以下の2つの要素を守ると明言しています（他にもいろいろあります）。

●地方教育委員会は、教育テクノロジー基本計画に規定されている、児童生徒・教職員のインターネットアクセスに関するフィルタリング、インターネットコンテンツ管理、キャッシング（※訳者注：アクセスした情報を一時的に蓄えておくこと）、監査技術のガイドラインに準拠することに同意します。これには、承認されたフィルタリングとキャッシング技術を、すべての児童生徒、教員、管理職のために学校区内で導入・維持することも含まれます。地方の学校区は、教育テクノロジー基本計画に記載されている許容型利用規約のガイドラインに従って利用規定（AUP）を採択することに同意します。この利用規定（AUP）には、ISTEが全児童生徒、教員、管理職向けに作成したデジタル・シティズンシップ9要素への取り組みが含まれています。また、ソーシャル・ネットワーキング・ウェブサイトやチャットルームでの他者とのやりとり、ネットいじめの認識・対応

を含む適切なオンライン行動について未成年者を教育することを規定しています。

● 学校区は「デジタル・レディネス調査」（※訳者注：デジタル技術やインターネットの利用においてどれだけ準備が整っているかを評価するための調査）を完了させます。収集された情報は、地元の学校区、教育委員会、議員、ケンタッキー州教育委員会が、主導的役割を担い、テクノロジーへの資金提供、オンライン申し込み、オンラインテストなどのニーズを判断するために使用されます。(デジタル・シティズンシップ計画は、毎年行われるデジタル・レディネス調査の収集項目の一つです。)

ケンタッキー州のEdTech（Education×Technology）リーダーたちは、方針の策定、技術保護対策への投資、未成年者への教育、デジタル・シティズンシップ・プログラムの報告などを毎年行うことを教育長たちに約束してもらうことで、方針の新鮮さが保たれ、継続して計画を立てる価値があると気づきました。州全体のデジタル・シティズンシップ・プログラムを維持・拡大するためには、学校区に対して計画および9要素についての報告を求めることで、それが重要であることを示し、活動の裏づけとなるエネルギーを生み出すことができます。

また、ワシントン州は、デジタル・シティズンシップに関する政策に注目したい州です。2016年、ワシントン州議会は新しい法律（RCW：Revised Code of Washingtonと呼ばれる）を可決し、好事例や推奨事項、模範的なポリシー更新のあり方、将来的なアップデートに向けたチェックリストに至るまで、デジタル・シティズンシップ、インターネットの安全性、メディア・リテラシーに対する州全体のドミノ効果を設定しました。現在、これらはすべて各学校区による年次レビューが必要とされています。

ワシントン州議会は、デジタル・シティズンシップ、インターネットの安全性、メディア・リテラシーの指導に関する好事例と推奨事項を開発するために、諮問委員会を招集し協議するよう積極的に公教育長室（OSPI）に要請しました（ワシントン州議会、2016）。デジタル・シティズンシップに焦点を当てた州委員会が制定された後、提言が正式にまとめられ（OSPI, 2016）、議会とワシントン州学校長協会（WSSDA）

に提出されました。

　一方、この新法によりEdTechの州学習基準が改定され、デジタル・シティズンシップが盛り込まれました。次にワシントン州学校長協会（WSSDA）は、デジタル・シティズンシップをよりよくサポートするために、電子リソースとインターネットの安全性に関するモデルポリシーと手順を改訂し（Policy & Legal News, 2016）学校区が年次施策レビューで検討する項目のチェックリストを作成しました（ワシントン州学校長協会、日付不明)。

ワシントン州のデジタル・シティズンシップ施策

● デジタル・シティズンシップを定義する
● 全州規模のデジタル・シティズンシップ諮問委員会を設立する
● デジタル・シティズンシップ教育の好事例と推奨事項を開発する
● メディア・リテラシーとインターネットの安全性を含む
● 教育技術に関する州の学習基準を改訂できる
● 電子リソースとインターネットの安全性に関する学校区のモデル方針と手続きを改訂できる

　このワシントン州の政策は包括的で、他の州の模範となるでしょう。この政策は、好事例やサポートを提供するだけでなく、持続的活動に力を入れる生きた方針であると同時に、州レベルと学校区レベルのチーム（諮問委員会）が対話に参加するための確かな仕組みを提供します。このチームには、デジタル・シティズンシップ、メディア・リテラシー、インターネットの安全性に関する経験や専門知識を持つ、児童生徒、保護者、教員、図書館司書、学校職員、管理職、地域社会の代表者が参加しています。

　ユタ州では、デジタル・シティズンシップを新しいテクノロジーの購入と結びつけるという、少し変わったアプローチをとっています。

　ユタ州では、新しい法律を作るのではなく、既存の法律を改正しました。ユタ州では、2015年に「公立学校における安全な技術利用とデジタル市民権」法案が可決され、知事が署名しました。H.B.213（2015）の規定により、テクノロジーを購入

する学校区（またはチャーター・スクール〈※訳者注：従来の公立学校では改善が期待できない、低学力をはじめとするさまざまな子どもの教育問題に取り組むため、親や教員、地域団体などが、州や学区の認可（チャーター）を受けて設ける初等中等学校で、公費によって運営されている〉）は、学内および学外での適切なインターネット・フィルタリングを確保することが義務付けられており、学校地域協議会は、テクノロジーの安全な使用とデジタル・シティズンシップに関する一定の義務を果たすことが求められ、チャーター・スクールもこれに準ずることが求められています。

　この法律には、（CIPAからの）冗長性と独自性があります。連邦政府のCIPA法とこの州法は、フィルタリングという点で明らかに関連しています。

　しかし、ユタ州では、学外でのインターネットのフィルタリングを明確に求めています。報告によると、この追加事項は、年齢に応じたフィルタリングを行っていなかったために、児童が不適切なコンテンツに誤って触れてしまった小学校で働いていた人の発案に端を発しています（Rogers-Whitehead, 2015）。このシナリオでは、学校所有の機器を学校内外で扱う場合、フィルタリングを確保することが論理的であると考えられました。

　しかし、デジタル・シティズンシップ政策（インターネットの安全性など）の観点から、学校で購入した機器のフィルタリングがCIPAフィルタリングガイドラインに従うべきかどうかについては、FCC（連邦通信委員会）が依然として沈黙していることに留意する必要があります。

　そのため、各州は自分たちの手で問題を解決することができます。ユタ州のスクールリーダーたちにとって、児童生徒が夜間・週末にiPadやChromebookを持ち帰る際に、フィルタリングをするかどうか迷うことはありません。

　ただ、スクールリーダーや将来の政策立案者への注意点として述べておきたいのは、児童生徒にとって不適切なコンテンツを100％ブロックできるインターネット・フィルターはこの世に存在しないということです。しかし、法律でフィルタリングが義務付けられている場合は、必要なエネルギーと労力を投入する責任が生じます。

表4.1　政策マトリックスの例

用語	定義	連邦での要件	州での要件	自治体での政策等
モニタリング	モニタリングは技術的な措置ではなく、監督のみを要求するもの。具体的には、CIPAでは特定可能な未成年者や成人ユーザーによるインターネット利用の「追跡」を要求していない。	✓		必要とされる可能性あり
フィルタリング	不適切なコンテンツをブロックすること。（州語＝性的に露骨な素材、連邦語＝視覚的なわいせつ、児童ポルノ、未成年者に有害なものをブロックまたはフィルタリングする技術保護措置）。	✓	ある州では実施	必要とされる
トラッキング	ユーザーカウントの活動を個別に検査する技術的な能力。CIPAでは、特定可能な未成年者や成人ユーザーによるインターネット利用の「追跡」を要求していない。	―		自治体ごとに異なる
ログ収集・監査	ネットワーク取引の発信元、日時、宛先に関する適切な情報を特定・維持管理する能力	―	ある州では実施	
インターネットセーフティポリシー	これは、地区または学校の声明であり、全体計画となる。	✓		必要とされる
利用規定（AUP）	政策の利用者と学校または学校区との個々の合意である。	―	✓	必要とされる
教育	オンライン上での適切な行動（デジタル・シティズンシップ、インターネットの安全性、いじめに対する認識と対応など）について児童生徒に教える。	✓		必要とされる

〔フィルタリング〕

　適切なフィルタリング対策は、学校や学校区におけるデジタル・シティズンシップの中核をなすと、繰り返し強調することが重要です。しかし、フィルタリングだけでは、学習者中心の有意義で包括的なデジタル・シティズンシップ計画を実現するうえで不十分です。

　本書は、学校にとってデジタル・シティズンシップとは何かを定義することの重要性に着目しています。定義は複雑である必要はないし（第1章参照）近隣の学校や州と完全に一致している必要もありません。しかし、私たちはそれが、充実した、人間中心の、そして行動的なものであることを願っています。州全体で一貫性

を持たせるために、ユタ州は法案の文言の中でデジタル・シティズンシップを定義しています。ユタ州では、デジタル・シティズンシップとは、デジタル・リテラシー、倫理、エチケット、セキュリティなど、テクノロジーの利用に関する適切で責任ある健全な行動の規範のことです。

　また、ユタ州では、不適切なコンテンツのフィルタリングを確実に行うことを学校の指導者に課すという法案の文言を通し、スクールリーダーにエールを送っています。法案立法の流れを受け、ユタ州のSchool LAND Trustは、学校コミュニティの「デジタル・シティズンシップ要件を完了するための協議会」に向けた支援を準備する責任を負っています（2019 School LAND Trust Program at Utah State Office of Education, 2018）。ユタ州のデジタル・シティズンシップ活動は、政策キャンペーンを通じて、以下のような教員や児童生徒向けの多くの学習リソースを制作・収集し続けています。

- digcitutah.com　　デジタル・シティズンシップ・ユタ
- benetpositive.org　ネット・ポジティブ
- netsafeutah.org　　ネット・セーフ・ユタ
- ikeepsafe.org　　　アイ・キープ・セーフ

〔ユタ州のデジタル・シティズンシップ政策〕

- デジタル・シティズンシップを定義する
- 児童生徒へのデジタル・シティズンシップ（安全なテクノロジー利用、エンパワーメント、スマートメディアなど）の指導と意識づけを求める
- 保護者へのデジタル・シティズンシップに関する指導を義務付ける
- 学校長をはじめとする管理職に、インターネットのフィルタリングを徹底させる
- フィルタリングは学校内外両方をカバーする

　残念ながら、この文章は全体を読まないと、法令遵守に向けた1回限りの予防接種のようなメッセージと誤解されかねず、政策に小さな影を落としてしまいます。私たちは、デジタル・シティズンシップを「完成させる」という考え方には賛同し

ません。なぜなら、人は完全に参加型のデジタル市民としての生活を完成させることはできないからです。私たちは、デジタル市民としての役割を十分に果たし、その権限を与えられた生涯の旅への入り口、ジャンプスタート、発射台を提供しているのだと信じています。

　最近では、デジタル・シティズンシップに関する州政策を策定する動きがあります。スクールリーダーとしては、州政策の新設や修正を主張できますし、そうすべきでしょう。あなたは力強い声を持っているのです。米国では、政策のモデルとなる州がいくつかあります。

　あなたが公立または私立のどちらの教育機関のリーダーであるかにかかわらず、コモン・センス財団（コモン・センス・メディアとコモン・センス・エデュケーション）の活動から恩恵を受けていることでしょう。コモン・センス財団は、21世紀を生き抜くための、信頼できる情報や教育を提供することで、子どもや家族の生活を向上させることを目的とした非営利団体です。コモン・センスの弁護士部門であるコモン・センス・キッズ・アクションは、モデルとなるような法案をアメリカ国内で作成して働きかけることで、重要な政策的役割を果たし続けています。モデル法案（Starrett, 2017）では、主に4つの要素を求めています。

　1．教育者、行政官、研究者、保護者で構成され、州教育庁の監督のもとで活動する州諮問委員会を設置します。
　2．諮問委員会は、デジタル・シティズンシップ、インターネットの安全性、メディア・リテラシーの指導に関する好事例、リソース、モデルを開発します。
　3．諮問委員会は、教育者や管理職に専門的な研修を提供する方策を含め、開発された好事例や推奨事項を学校区で実施するための支援策を策定します。
　4．学校区が、デジタル・シティズンシップ、インターネットの安全性、メディア・リテラシーに関する方針と手続きを、毎年見直すことを義務化します。

　この詳細な計画からコネチカット州、ロードアイランド州、ニューメキシコ州、ワシントン州では、最近、デジタル・シティズンシップに焦点を当てた法律が制定

されました。

　子どもとインターネットに関する州法の一覧は、全米立法府会議（National Conference of State Legislatures）にてご覧いただけます（25以上の州が参加しています）。

全米立法府会議（National Conference of State Legislatures）
(digcit.life/filtering-laws-ncsl)

　他州の政策を見ると、そのほとんどがインターネットの安全性や不適切なデジタルコンテンツのブロックやフィルタリングにとどまっており、デジタル市民として生きていくための準備として児童生徒を教育するという州レベルの提言や政策には程遠いことに気づくかもしれません。つまり、あなたがリードする余地があり、伸びしろがあるということです！

　さらに、多くの州では、ネットいじめや児童生徒のデータプライバシーに関するデジタル・シティズンシップの「関連法」を設けています。これらは非常に焦点を絞った法律であり、そのほとんどがデジタル・シティズンシップの一つの要素に集中していますが、深く関連した政策として高く評価されるべきものです。ネットいじめや児童生徒データのプライバシーに関するあなたの州の法律を確認してみましょう。

》》地域施策のサンプル

　私たちはすでに、影響力を持つ可能性のあるかなりの政策層を特定し、包括的で持続可能なデジタル・シティズンシップ計画への道しるべを示してきました。しかし、あなたの学校地域が求めるものと、あなたが見出すギャップ（あなたが住んでいる州に基づいて）によっては、地元の学校区レベルの理事会方針または学校レベルの方針を策定する取り組みを主導する必要があるかもしれません。

　時には、方針の策定よりも重要なのが、その方針を支える詳細な手段の策定です。

学校における手段は、常にできるだけ当事者に近いレベルで開発されるのがベストであり、それは「どのように」「誰が」「いつ」という質問に答えるのに役立ちます。

　本章でいう「方針」とは、地域の教育委員会の公式方針と、承認された行政手続きの両方を包括しています。一般的にいえば、デジタル・シティズンシップに関する地域の方針や手段を毎年見直すことは賢明であり、非常に生産的です。これは、連邦政府や州政府の政策が実際に実行される段階にあり、まさに現場との接点と言えます。

　デジタルの安全性、学習者に向けた教育、児童生徒のデータ・セキュリティとプライバシーに関する国の政策を把握したところで、もし、あなたが政策のしっかり整っている州の学校（または学校区）の指導者であれば、次のステップとしては手段にテコ入れする必要があるでしょう。

　一方、連邦政府の政策と州政策との間にギャップがある州のスクールリーダーであるならば、地元の施策立案を担当する必要があるかもしれません。これは、地方の管理構造がよく定義されている州では非常に有効です。

必須条件

　ISTEの「必須条件」と「サポートポリシー」をチェックして、児童生徒の能力を高めることができます。iste.org/standards/essential-conditions

---

　学校の方針については、児童生徒の行動規範や校則ハンドブックを確認してください。スクールリーダーとしては、まず、インターネットの安全性に関する方針、利用規約（AUP）、適切な使用に関する方針、責任ある使用に関する方針（RUP）、あるいは生徒が一定の権限を持って使用するための方針（EUP）など、学校や学校区がどのように考えているかにかかわらず、インターネットの安全性に関する方針から始めましょう。それはあなたの学校の文化についてどのように述べているでしょうか？それは「してはいけないこと」のリストでしょうか、それとも「すること」のリストでしょうか。

ティム・バーナーズ＝リーは、90年代初頭にWorld Wide Webを発明しました（Andrews, 2013）。急速なインターネットの発展のなかで、学校や学校区が、連邦政府や州の強力な政策によって、児童生徒や教員がパワフルなインターネットで何を避けるべきかの規則を策定するまでに、10年もかからなかったのです。

　私たちリーダーは初期の「児童生徒に悪影響を与えること」リストとは対照的な「能力の積極的な育成」に焦点を移すまでに、すなわち、この本が書かれている今日まで約30年もかけてしまいました。

　多くの人が、最初に作られたインターネット安全ポリシーや利用規定（AUP）を「許容可能な使用（AUP）」から「責任ある使用（RUP）」へと成熟させる必要がある、と書いています。これらの方針や手段は、児童生徒や教員をデジタル・リーダーシップのテーブルに誘うか、恐怖と束縛のメッセージを送るか、のどちらかです。

　「許容可能な」Acceptableから「責任ある」Responsibleへの変更は、単なる言葉の入れ替えではなく、成長とパワフルな利用を目的とした、完全なマインドセットの転換です。その成長とパワフルな活用と同時に、具体的な学習体験を提供する必要があります（Bosco, 2013）。

　私たちの経験では、責任を持ち権限を与えられた使い方をするには、強力なデジタル・シティズンシップ学習方針と手段を必要とします。デジタル・シティズンシップの学習コンテンツへの接触を保証しなければ、児童生徒の「責任ある使用」に向けた方針や実践を確信できません。そして、デジタル・シティズンシップのスキルを学び、実践する（さらに、その学びを何らかの方法で測定する）重要性を本気で信じていなければ、仕事の大半をテクノロジー・ソリューション（フィルター機器やソフトウェア）に任せてしまうことになるでしょう。

　よく考えてみれば、もしそれが現在の行動様式になっているのであれば、児童生徒たちはテクノロジーによる学びの広がりで得られるはずの恩恵を受けておらず、実社会に対して十分な準備をしていないことになります。方針や手段がどのように浸透しているかを直接確認するには、全校集会や大人数の集会で「もし……なら手を挙げてください」という質問を取り入れてみましょう。

　児童生徒や教員が責任感を持って学習することに重点を置いて方針を見直すには、

児童生徒、教員、保護者、地域リーダー、企業や業界リーダーなど、すべての利害関係者との協力と関与が必要です。新しいデジタル・シティズンシップ・ポリシーを生み出すプロセスは、成果物（最終的な方針）よりもはるかに重要であることがわかってきました。

　アルバータ州の教育・学校技術部が見出したように、政策開発のプロセスに参加している利害関係者は、有意義な関わりによって策定されたデジタル・シティズンシップ政策への貢献する意識を持ちやすいといえます（Alberta Education, 2012）。

　多くの学校区が方針の実例を紹介していますが、地域のモデルとしては、ファイエット郡公立学校が新たに改訂した方針と手段には多くのものが示されています。利害関係者の委員会は、デジタル・シティズンシップとデジタル・トランスフォーメーション（DX）の行動様式に合わせて、政策と手段を再設計するために徹底的に労力を費やしました。詳細については、ファイエット郡公立学校のデジタル・シティズンシップのウェブサイト（fcps.net/digcit）をご覧ください。

　この時点で、あなたには地域施策に関する設計方法を始める準備ができているのです。ある人にとっては、以下の２つの異なるポリシーを持つことが正解かもしれません。1）概してテクノロジーを使用する際のルールや行動のコントロールを対象とする許容型利用規定（AUP）（または責任ある利用規定：RUP）、2）価値あるスキルを学び活用することに広く注目したデジタル・シティズンシップ方針。

　しかし、他のリーダーにとっては、アイデアを集約し、現在あるものを完全に廃止して、完全な再設計プロセスに取り組むことが最良の道となります。いずれにしても、あなたの次のステップは、他の多くのリーダーとの協働作業になるでしょう。思わずオフィスに入ってドアを閉め、一人で編集作業を始めたくなったとしても、そのような衝動は抑えてください。以下の簡潔にまとめられた資料は、地域の政策開発における研究を継続するためにおすすめです。

》 施策方針のためのリソース

● 新しいデジタル・シティズンシップ：主体的なデジタル学習者に力を与える（digcit.

life/ISTE-Empower） ISTEの強力なリソースであり、今日のデジタル市民のための新しい定義です。この定義は、あなたの方針策定プロセスに役立ちます。

● デジタル・シティズンシップ・施策開発ガイド（digcit.life/AlbertaDigCitPolicy）
ここでは、カナダ・アルバータ州の教育省が、最も包括的なポリシーガイドを発行するまでの過程を紹介します。この施策開発ガイドは、デジタル・シティズンシップの定義、一般的なシティズンシップとの関連性、施策開発の方法論、施策と指導の導入、そして9つの要素からなる施策フレームワークを特徴としています。

● デジタル学習を可能にする利用規約AUPの再考（digcit.life/CoSNaup） これは、児童生徒の保護と同時にデジタルメディアへの適切なアクセスを提供するという、関連しているようで異なる2側面の両立に頭を悩ませるスクールリーダーのための、綿密なガイドとなっています。CoSN（Bosco, 2013）は、この2つの次元は本質的に対立しないが、施策に欠陥がある場合は対立する可能性があると述べています。このガイドでは、方針と手段との違い、学校方針の策定方法、方針の更新時期と頻度、責任ある利用規定を推進する意義などの問いと、学校から寄せられたいくつかの事例を取り上げています。

● 許容型か責任委譲型か？あなたの利用規定をどうするか？（digcit.life/murray-sheninger） シェニンガーとマレーは、著書『Learning Transformed』（2017）の中で、2つの刺激的な問いかけをしています。1）児童生徒の行動を、単に許

容範囲内に留めたいのか？2）児童生徒が生涯残すデジタル足跡を、単に許容範囲内に留めたいのか？さらにマレー氏は、最大限のアクセスを確保するために、高品質なRUPの10の実用的な特徴を紹介しています。これには、デジタル・シティズンシップと個人のアカウンタビリティの基礎を築くこと、児童生徒と地域社会の声を大切にすること、児童生徒と教職員の利用についての当事者意識を促進すること、児童生徒の年齢に適した、理解しやすい言葉を使うことなどが含まれます。

● デジタル時代の学習のための権利章典と原則（digcit.life/BillOfRights）これは、政策を頭からひっくり返すような新鮮な発想です。学習者の権利について考えることは、あなたが方針を作るのに役立ちます。このリソースの原著者は、オンライン学習とは、老若男女を問わず、また単位取得、自己啓発、就職、または単なる楽しみのために学習する世界中のすべての学習者が、新しい形の学習を利用できるようにする強力かつ潜在的に畏敬すべき機会を提供するものであると信じています。更新されたバージョンは以下でご覧ください。digcit.life/BillOfRightsHacked

Part II 教室における デジタル・シティズンシップ

» 理論から実践へ

クリステン・マットソン（教育学博士）

　学校司書、教員、カリキュラム監督者、テクノロジーリーダーたちとの仕事の中で、私は、デジタル・シティズンシップが教育や学習の周辺に追いやられていることに気づきました。なぜ、そうしなければならないのでしょう？

　結局のところ、デジタル・リテラシー、倫理、コミュニケーションは、州や国のアセスメントには含まれていないからです。テクノロジーに対する助成金は、通常、機器やデジタル・サブスクリプションにとどまり、カリキュラムの作成、専門的な学習、実践、進捗状況の確認、修正などにまで及ぶことはほとんどありません。その結果、デジタル・シティズンシップの取り組み支援を目的としたカリキュラムは主に教育関係者以外によって作成・開発され、児童生徒がデジタル・シティズンシップのどのような側面を学ぶべきか決定する際に、しばしば独自の意図を持っていることがあります。

　現在までのところ、政府が資金提供しているインターネット安全カリキュラムはNetsmartz（2001-2018）のみで、これは米国司法省からの助成金によって支えられているのですが、National Center for Missing and Exploited Children（行方不明・搾取されている子どもたちのための国立センター）によって制作・運営されています。

　この団体は子どもたちの安全を守ることを目的としているため、授業は恐怖を煽るようなセンセーショナルなものが多く、子どもたちがインターネットで被害を受ける可能性を指摘しています。実際、彼らの使命は「子どもたちにインターネットの潜在的リスクを認識する方法について教える」ことであり、また、子どもたちが「悪

用されるのを防ぐ」ことや「被害に遭ったときに報告する」のを助けることなのです。

また、さまざまな営利目的のEdTech企業（Google、Nearpod、Peardeck、Brain-Popなど）があり、子どもたちに安全で機転の利く倫理的なテクノロジーの利用方法を教えることを約束しています。しかし、これらのリソースはブランド力が高く、約束したコンテンツの提供に加えて、教員や児童生徒にプラットフォームや製品を宣伝することが多いという課題があります。

さらに、カリキュラムの作成に取り組んでいる非営利団体もあります。最も有名な大手メディアのひとつであるコモン・センス・メディアは、幼稚園から高等学校までの児童生徒を対象に、デジタル・シティズンシップを学ぶための包括的なレッスンを提供しています。

これらのレッスンは、確かに充実した偏りがなく質の高い教材ではありますが、デジタル・シティズンシップが完全に独立したカリキュラムであるべきという前提で書かれているため、レッスン数や時間をかけてスキルセットを構築する程度には限界があることが大半です。

残念ながら、多くの学校現場では、デジタル・シティズンシップという言葉が個人の行動と同義になっています。インターネットを利用する人は、年齢に関係なく、一定のルールや期待される行動を学び、それに従わなければなりませんが、それはパズルのほんの一部に過ぎません。

デジタル・シティズンシップとは、機器利用に関するルールや期待される行動を教え、それらを強化することだと多くの人が主張していますが、私はデジタル・シティズンシップこそが今日、そして明日の人間性について教えるカリキュラムであるべきだと主張します。

ニューヨーク・タイムズ（2018）の論説で、寄稿者のカレン・スウィッシャーは重要な問いかけをしています。「誰がシリコンバレーに倫理観を教えるのか？」スウィッシャーは、テクノロジー企業がどのように意思決定を行っているかについ

て深く考えていました。製品を作り、データを収集し、人類に害を与えず、むしろより良くするための総合的な責任についてです。興味深いことに、SF作家たちは何世紀にもわたって同じような疑問を持ち続けてきました。だからこそ、私はいつも「この状況を改善するために、教育現場では何をしているのか」と自問しているのですが、現実にはあまりできていないのが現状です。

子どもたちにコーディングを教えようという動きや、学校図書館にものづくりのスペースを設置しようという動き、また、1人1台のコンピュータ、ブレンディッドラーニング、オンライン学習、個別学習などに利用可能な資金の引き上げ（Alliance for Excellent Education, Bill and Melinda Gates Foundation, Race to the Topなど）など、STEM（Science,Technology, Engineering and Mathematics）に関する取り組みが急速に進んでいる状況を見ると、社会がテクノロジーの未来に期待を寄せていることは明らかであり、我々を前進させ続けるために若者たちに十分な準備をさせたいと考えるわけです。

デジタル・シティズンシップを推進する教育関係者があふれるなか、教員やリーダーは、適切なタイミングでデジタルに関する話を自然に教室に取り入れる主体性を失ってしまい、代わりに、たとえその授業がカリキュラムの中で全く位置づけもなく、授業時に児童生徒に無関係だと感じてしまっても、あるいは、学校地域の大事にしているものと完全に一致していなくても、ただ「やり遂げる」ためのレッスンが山ほど実施されることになりました。では、どうすればよいのでしょうか？

1. コミュニティとして何が大切にされているかを把握しましょう。
2. 逆算して取り組んでみましょう。高学年の児童生徒に対して、どのようなデジタルスキル、社会情動的優先事項、デジタル倫理を身につけて卒業してほしいでしょうか？それを確保するためには、カリキュラムに何を取り入れる必要があるでしょうか？
3. 成功をどのように評価したらよいでしょう？デジタル・シティズンシップの取り組みが成功しているかどうかは、デジタルでの問題行為に関連した処罰件数が減っているかどうかで測ろうとする人が多いものです。スキルやマインドセット

に視点を移してみると、児童生徒が何を持っているのかを、どうやったら測れるのでしょうか？

　教育指導者は、デジタル倫理の多面性をカバーし、知的なデジタル消費者、協調的なコミュニケーター、デジタルコミュニティにおける生産的な貢献者となるために必要なスキルを児童生徒に教える、包括的なデジタル・シティズンシップ・カリキュラムを推進する重要な役割を担っています。

　デジタル・シティズンシップを教育者にとっての余計な「もうひとつのお荷物」にしないようにするには、教育指導者はどのようにすればよいのでしょうか？

1．目的を持った予算編成
　　a．技術的な取り組みの中で、デジタル・シティズンシップ教育のリソースを慎重に選択・統合することを優先させる
　　b．効果の測定
　　c．コンテンツ領域を横断する専門的な開発
2．カリキュラムの統合
　　a．常識を壊して、これらのトピックが自然に当てはまる場所はどこかを問う
3．学校司書、テクノロジーコーチ、その他教育指導者の意見を参考にする
　　a．彼らの周辺の役割を担うことで、カリキュラム全体の機会を見極め、授業の設計、実施、評価のパートナーとなることができる

　クリステン・マットソン（教育学博士）は、イリノイ州オーロラの高等学校図書館メディアセンター長です。Future Ready学校区の一員として、"Future Ready Librarians Framework"を採用し、学校の図書館の空間と実践を変えてきました。協議会での発表、専門的な開発の促進、drkmattson.comでのブログなどを通じて、同僚の図書館員をサポートしています。

第5章

ポジティブなつながりを創る：管理職のためのガイド

生徒とは、あなたが満たすべき器ではなく、火を点けるべき松明なのです。
——アルバート・アインシュタイン

　デジタル・シティズンシップにおける管理職の役割は、最も困難なもののひとつであると同時に、最もやりがいのあるものでもあります。学校でテクノロジーの利用が始まってから、管理職の態度は振り子のように揺れ動いてきました。

　当初、管理職は児童生徒の安全や問題の発生を懸念して、学校区がロックダウン可能な機器以外の利用を禁止しました。今日、教育指導者たちは、新しいカリキュラムの教材に、デジタル技術を駆使した機能（例えば、新しい科学カリキュラムの付属アプリで、児童生徒がログインすると実験経過を確認できるなど）が含まれていることが多いので、テクノロジーの重要性は理解していますが、いまだ慎重であるのが現状です。管理職試験をパスしたばかりの人でも、学校や学校区でのテクノロジー活用の程度については知識不足の人がいるかもしれません。

　管理職は、単にテクノロジーを持っているだけでは十分ではないことに気づいています。なぜ、そしてどのようにテクノロジーが校舎内で使用されているのか、あらゆる側面をサポートするプログラムが必要なのです。

　2017年の『*The Global State of Digital Learning in K-12 Education*』によると、管理者の優先事項トップ5のうち、「デジタル・シティズンシップ・プログラムの作成」が回答の25.77%を占めて第3位にランクインしています。デジタル・シティズンシップとその構成要素は、もはや単なる付加的な作業や年に一度の組み立て作業とはみなされず、日々実践され、適用されているのです。

　ISTE（International Society for Technology in Education）は、教育指導者支援の最前線に立ってきました。2001年以来、学校の指導者を念頭に置いて、テク

ノロジーの利用に関する基準や目標を見直し、アップデートしています。最近のアップデートでは、デジタル・シティズンシップに関する項目が追加されました。デジタル・シティズンシップに関する最新のISTE教育指導者スタンダードとその目標（指標）が一覧化されています。

1．公平性と市民権の提唱

　リーダーは、テクノロジーを利用して、公平性、包摂性、デジタル・シティズンシップの実践を向上させていきます。教育指導者は：

　　ａ．すべての児童生徒に対し学習ニーズを満たすためにテクノロジーを積極的に活用する熟練した教員を確保します。

　　ｂ．すべての児童生徒が、真正かつ魅力的な学習の機会に参加するために必要なテクノロジーとネットワークへのアクセスを確保します。

　　ｃ．オンラインリソースをクリティカルに評価し、オンラインで市民的な議論に参加し、デジタルツールを使用してポジティブな社会変革に貢献することによって、デジタル市民の模範となります。

　　ｄ．安全で倫理的かつ合法的なテクノロジーの利用を含め、オンラインでの責任ある行動様式を培います。

　残りの基準は、教育指導者が学校や学校区でテクノロジーを使用する際の指針となります。これらのトピックの多くは、デジタル・シティズンシップのトピックと相互に関連しています。

2．明確なビジョンをもったプランナー

　リーダーは、テクノロジーを使って学習を変革するためのビジョン、戦略的計画、継続的な評価サイクルを確立するために、他者の関与を必要とします。

3．権限を与えられたリーダー

　リーダーは、教員や学習者が、教授・学習を豊かにするために革新的な方法でテクノロジーを使用する権限が与えられるような文化を作ります。

4．システム・デザイナー

リーダーは、学習をサポートするためにテクノロジーを導入し、維持し、継続的に改善するチームとシステムを構築します。

5．接続された学習者

リーダーは、自分自身のため、そして周りのために継続的に学び続ける学習者としての規範を自ら示します。

　管理職がリーダーシップを発揮するようになると、課題として認識されるポイントがいくつか広がります。まず、テクノロジーを理解し、計画を立てましょう。教育現場のリーダーたちは、会議に参加したり、同僚の話を聞いたりしながら、コストと使用のバランスをとるためにツールを次々と使いこなしていきます。

　学校区でのテクノロジー利用が増え続けるにつれ、テクノロジーの「ルール」は情報技術部門に一元化されがちですが、そうするとしばしば、修理や次のアップグレード、次の資金上積みや機会（新規建設、学校区や地域の補助金など）を待つことになってしまいます。似たようなことを聞いた覚えはありませんか？

　学校に追加の資金、助成金、または贈り物が届き、それを使うことで、夢見ていたデジタルツールをついに購入できる、というシナリオもあります。しかし、このような機会に備えるだけでなく、最大限に活用するためには、十分な計画を立てる必要があります。指導者は、自分のアイデアをテクノロジー・リーダーと話し合う必要があります。

　多くの管理職にとっての２つめのポイントは、ソーシャルメディアの普及拡大です。この両刃の剣は新たな学校カレンダー（以前は子どもたちのランドセルの中に入れられていたプリントのお知らせだった）になりました。ソーシャルメディアが爆発的に普及する前は、重要なニュースを掲載したウェブページがありました（地区、学校、教室のいずれかの単位のもので、現在も多く存在します）。世間の注目がFacebook、Twitter、Instagramに集まるなか、学校側もターゲット層への最適なアプローチを図るためにそれに倣いました。

　保護者が日常的に使う情報源がそこにあるのなら、学校側もコミュニケーション

の基盤を広げたいと考えるでしょう。ソーシャルメディアでは、ウェブページとは異なり、組織や個人に対する質問や不安、あるいは個人的な意見などがある人たちのためのプラットフォームとなることを発見した管理職もいます。多くの管理職は、このような関わりを受け入れるだけでなく活用しているのです。

　管理職が次に理解しているのは、個人用の通信機器についてです。自分のスマートフォン、タブレット、ノートPCを持って登校する児童生徒が増えたことで、これまで以上に多くの選択肢が利用可能になりました。多くの学校が1人1台端末整備を目指し、児童生徒が個人端末を持ち込まなくて済むようにしようとしています。一方で、BYODやBYOT（Bring Your Own Device or Technology）を認めている学校がたくさんあります。

　学校内で機器を使用する際の方針や手段はどうなっていますか？児童生徒がこれらのデバイスを使って写真やビデオを撮ったり、情報収集したりした場合、学校関係者はそれをどのように褒めたり解決したりしようとするのでしょうか（特に、彼らが気に入りのソーシャルメディアサイトに共有された場合）。オンラインでの児童生徒間の対立に、管理職はどのように対処しますか？ネット社会でのいじめへの向き合い方は、これまでとどう違うのでしょうか？

　検索をしたり、他の児童生徒や教員とつながったり、作品制作、論文執筆、課題達成などを行ったりする学習者もいるので、多くの人にとってこれらの機器を利用できることは有益です。

　最後に、テクノロジーに対する見方が刻々と変化するなかで、管理職はその変化を理解し、教員の情報源となり、児童生徒や教員のロールモデルとなるために最前線に置かれます。教育現場だけでなく社会全体においても、テクノロジーは、どのような方向に導くべきかという議論の争点となるのです。

　リーダーは、教職員と一緒に仕事をする際にツールを使用する必要があり、また、教室での使用状況が評価されていると知る必要があります。そのためには、教育指導者もテクノロジーに関するリソースや専門的な研修（学習機会）を提供する必要があります。リソースのオンライン化が日々進むなか、その変化を理解し、どのように教職員をサポートできるかは、管理職にかかっています。

教育者がテクノロジーに関する話題を理解するために、その理解プロセスの支援モデルを作成しました。教育指導者は、デジタル・シティズンシップを教室に取り入れるための授業やコンセプトの説明に、このモデルを活用するとよいでしょう。

　振り返りのモデルには４つの段階があります：
　１．気づき
　２．ガイド付きの練習
　３．モデル化と実演
　４．フィードバックと分析

　リーダーは、教育者に学習環境における適切なテクノロジーの使用について理解させるために、このふりかえりのモデルを使用することができます。

ステージ１：気づき

　「気づき」の段階では、今日の学校における適切なテクノロジー利用をめぐるトピックについて、教育関係者の理解を深めることに重点を置いています。この段階では、単なる技術用語の基本的な知識といったレベル（それは議論に必要なものではありますが）を超えます。教育者はこれらの質問について考える必要があります。

● 特定のテクノロジーがどのように機能するのか、またそのテクノロジーを使用することで、児童生徒や他者にどのような影響があるのか、よく理解しているでしょうか？
● このテクノロジーを使用することによる将来性と、起こりうる問題や課題を理解しているでしょうか？
● どのようなルール（法的、倫理的）でこのテクノロジーの使用を認めるのでしょうか？

クイック・アクティビティ：議論を始めるための短編シナリオ

　これらは、教員同士が問題点や対処法について話し合うために場を和ませる質問です。これらは、デジタル・コンパスのアクティビティ（第１章参照）と同様のシ

ナリオです。これらはより自由度が高く、正解・不正解はなく、ただ、教育者がトピックに対してどのような状況にあるのかを測る機会となります。

シナリオ1　友達と遊んでいるときに、1人が携帯電話の着信を受け、グループ内で会話をします。*公共の場で携帯電話を使用するときの適切なマナーとは何でしょう？*

シナリオ2　ある生徒は怪しいリンク先のウェブサイトにアクセスし、悪質なスクリプトをダウンロードしたことで、学校のネットワークにウイルスを撒き散らしてしまいました。*ユーザーは、知らないサイトから素材をダウンロードする前に、疑わしいリンクを確認する時間を取るべきでしょうか？*

シナリオ3　家で、ある生徒が映画やゲームをコピーして友達にプレゼントするためのソフトを使用しています。*著作物を複製する際に注意すべきことは何ですか？*

シナリオ4　2人の生徒が、携帯電話・スマートフォンのメッセージングアプリで、授業中に情報交換をしています。*授業中にメッセージを送るのは悪いことですか？*

シナリオ5　ある生徒が、その生徒の課題すべてが入ったUSBメモリを学校に持ってきました。ドライブを学校のコンピュータに接続する前に、生徒は教員に接続してもいいか確認しました。*生徒が自分のハードウェアを学校のコンピュータに接続することは適切ですか？*

シナリオ6　生徒たちが教員のパスワードを使って、教員コンピュータから期末試験のコピーを入手しました。*教員の認証情報を利用して情報を得ることは悪いことですか？*

シナリオ7　学校がBYOD（Bring Your Own Device）プログラムを採用しているため、先生は、生徒が授業中使うために自分の情報端末を持ち込むことを許可しています。クラスには初対面の生徒がいますが、あなたはタブレットとスマートフォンの両方を持っているのに、相手は電子機器を持っていないことに気づきました。

情報端末を他者と共有する際には、どのような点に注意すべきでしょうか？

シナリオ8　あなたの親友が、あなたのクラスの女子の写真と性的なメッセージを受け取ったと言っています。写真の女子は全裸でした。**全裸や半裸の写真が共有された場合、どうすればよいでしょうか？**

シナリオ9　学校では、あなたがよく利用するソーシャルメディアの一部をファイアウォールでブロックしています。コンピュータ研究室で隣にいた人が、「ファイアウォールを回避してアクセスできるプログラムがある」と教えてくれました。ルールが間違っていると考えるのなら、あなたはやりたいようにやってかまわないのでしょうか？

　これらの質問をめぐる議論では、テクノロジーには学校の内と外で多くの価値ある用途があるという考えを受け入れる必要があります。この2つのバランスを見極めることが、学校内のリーダーにとって重要なのです。児童生徒がこの議論に参加していない場合は、シナリオをどのように組み立てるかについて、児童生徒の視点を考慮してください。

ステージ2：ガイド付きの練習（…いや、"遊び"と言ってもいいかもしれない）

　「気づき」の指導に続いて、指導者は教員にデジタル・シティズンシップのスキルについて学ぶ機会を提供し、適切な利用や責任ある利用の好事例を認識し判断できるようにしなければなりません。これは、探究とリスクを取ることが推奨されるような雰囲気の中で、デジタル・シティズンシップの原則を学ぶ機会となるでしょう。この段階では、間違いを犯したときに、教員がお互いにサポートし、理解しあう必要があります。これは、児童生徒と一緒に作業をすることや、自分がするかもしれない選択について考えるときに役立ちます。

　このガイド付きの練習の段階では、できるだけ教室で使用するのと同じテクノロジーを使用してください。これにより、児童生徒に求めているのと同じスキルをユー

ザー、すなわち教員が身につけることが可能になります。

　教育者は、児童生徒と同様、デジタル・シティズンシップ・スキルを学ぶためのガイド付き練習の機会を必要としています。ガイド付きの練習がなければ、教室外で起こりうる状況に対応するスキルを身につける機会はありません。誰もが安全な環境でスキルを身につける機会を必要としているのです。

クイック・レッスン：携帯電話を使ったロールプレイ

　公共の場（映画館やレストランなど）で携帯電話やスマートフォンを使う場面を教員に演じてもらいます。ここでの携帯電話の使用は、大きな声でひどく目立つように行う必要があります。ロールプレイの後、次のような質問をしてみてください。このような状況に直面した場合、どのように対応するのが適切でしょうか？同じような状況に直面した経験がありますか？そのとき何ができたでしょうか？

　教員は、児童生徒のテクノロジーの使い方を振り返る手助けとして、以下の質問ができます。

●自分がテクノロジーを使うとき、不適切な問題があることを認識していますか？
　そうする理由、あるいはそうしない理由は？
●自分の行動が適切かどうかを考えましたか？そうした理由、あるいはそうしなかった理由は？
●テクノロジーの誤用と乱用の例を区別できますか？
●テクノロジーを使うときに自分の行動を意識するには、何が必要ですか？

ステージ３：モデル化と実演

　リーダーは、ガイド付き練習から、教室での適切なテクノロジーの使用に焦点を当ててしっかり練り上げられた「モデル化レッスン」を提供するまで発展させる必要があります。もちろん、教員や大人たちは、自分たちが提唱しているように、よきデジタル・シティズンシップの習慣を実践すべきです。

　例えば、携帯電話やスマートフォンを使用している教員は、授業中は電源を切ったり、消音設定にしておく必要があります。生徒が日中、携帯で電話に出たりかけたりしてはいけないのであれば、教員も同じルールに従うべきです。

デジタル・シティズンシップを教えるために、保護者の協力を得るべきです。デジタル・シティズンシップのレッスンを自宅に送り、両親が同じ対話を子どもとすることは、デジタル・シティズンシップの原則を強化する素晴らしい方法です。子どもたちがお手本に倣えるように、大人自身がデジタル・シティズンシップのお手本となる必要があります。

クイック・アクティビティ：学校の許容型利用規定（AUP）の見直し

利用規定（AUP）に定められているように、学校や学校区でのテクノロジーの適切な使用と、誤用や乱用との違いについて教員間で話し合いましょう。責任ある利用と無責任な利用の例をあげてもらい、その違いを明確にしてもらいましょう。そして、これらの方針にどのような変更を提案するかを尋ねてください。

そして、スコット・マクラウド氏が提案した権限委譲型利用規定（digcit.life/EUP）を確認し、それらがどのように一致するか確認します。これらは似ている、あるいは似たような雰囲気を醸し出していますか？似ていない場合は、どのくらい違いがあるでしょう？学校の内外でテクノロジーを使用する際に、より敬意を払うように他者に教えるにはどうしたらいいでしょうか？

権限委譲型利用規定（digcit.life/EUP）

最後に、委員会メンバーはテクノロジー使用に関して原因と結果の因果関係を理解できるように指導を受けるべきです。あらゆる形態のテクノロジーの使用、誤用、乱用には結果が伴います。全員が日頃から適切なテクノロジーの使用方法を模範とすべきなのです。その際、教育指導者は次のような議題に焦点を当てなければなりません。

● このような方法でテクノロジーを使用することは、法律や方針、規範に違反しているでしょうか？その理由は？

- 似たような状況を見たり、読んだり、聞いたりしたことがありますか？その結果は？
- デジタル・シティズンシップは、自分の行動が適切であるか判断する指針になっていますか？それはどのように？なぜ？

ステージ4：フィードバックと分析

　教室はまた、児童生徒が学校内外のテクノロジーの利用について話し合い、より効果的で適切な使い方を理解する場であるべきです。児童生徒がテクノロジーを特定の方法で使用する理由の分析・探究を教員に奨励しましょう。不適切なテクノロジーの使用から生じる問題を回避または軽減する方法を児童生徒が見つけられるように、教員はフィードバックを共有してください。

クイック・アクティビティ：テクノロジーの振り返り

　ユーザーは、多くの場合、後から自分の行動を「戻って」考えることはありませんが、自分をふりかえる機会がなければ、不適切な行動が何度も繰り返されることになります。教育者は、テクノロジーによって何らかの変化が生じた状況について考えるべきです。教員に自分の行動をふりかえってもらい、次のような質問をしてみましょう。

- 自分の決断に満足していますか？その理由は？
- その結果に満足していますか？それはなぜですか？
- 自分の行動は他者に良い影響を与えましたか、悪い影響を与えましたか？それはなぜでしょうか？
- 後日、そのテクノロジーの使い方を評価してみましたか？
- そのテクノロジーをどのように使うか、代替案を考えましたか？

》管理職向けの重要な問い

　教育指導者が、デジタル・シティズンシップについて基本的な理解を持つことは重要です。いくつかの側面は、より身近に感じられるかもしれません。
　人格教育や共感性といったカテゴリーは昔からある概念ですが、インターネット

で育った世代に向けて、どのように捉え直せばよいのでしょうか。

　スキルは同じでも、あらためて方法論と様式に注目します。今日、人々は最も私的で無検閲な自分自身をオンラインで共有しています。一部の人にとっては造作もないことですが、一般的なユーザーにとって、重要な情報をそうでないものから選別することは困難です。

　児童生徒たちは、多くのメディア（主流派でかつ社会的なもの）を通じて、自分がどうあるべきか、何を考え、信じるべきかというメッセージを送りつけられています。24時間、映像やネガティブな発言、さらには嘘の情報が飛び交う中で、彼らの手助けやサポートをするのは困難です。

　デジタル・シティズンシップでは、ユーザー（特に子ども）がテクノロジーによって提供される機会に目を向け始めたときに、何が可能になるかに注目する必要があります。このような問題が存在するのは明らかであり、それがオンライン体験の一部であることは無視できません。しかし、注目する点を変えて、オンライン体験の良い面を理解し、他者に同様のことをさせることはできます。

　このように言うのは簡単ですが、実際にやってみるととても難しいものです。管理職経験者ならば誰でも（テクノロジーが爆発的に進歩する前の時代であっても）、全員で仲良くしようという考えは、甘くみても難しく、厳しくみれば不可能にさえ思えます。

　コミュニティが多様であればあるほど、衝突する機会も増えます。貧困、人種・社会問題、飢餓、ホームレスなど、管理職が対処しなければならない問題が山積している今日、オンラインでの調和に向けた思いやりを課題の山に加えることは、少し重荷のように思えるかもしれませんが、多くの学校にとっては現実に近い問題でもあります。では、何から始めればいいのでしょうか？まずはオンラインで始めて、徐々に外の世界へ向かいましょう。

　ジェイソン・オーラーは『*Digital Community, Digital Citizen*』の中で、「最高のフィルターは耳と耳の間（つまり頭脳）にある」（P.60）と語り、書き、伝えています。ネット上のすべてが良いもの、正しいもの、ポジティブなものではないと、子どもたちと早くから議論を始める必要があります。子どもたちに教える内容につ

いて、誰もがある種の偏りを持っていますが、子どもたちは私たちの願いを理解し、特に間違いを犯した時には、周囲から支えられていることを知る必要があります。

テクノロジーは、親たちが「何をすべきかわかっているはず」とばかりに子どもに譲り渡してきた、賛否両論あるテーマのひとつです。新しい技術はどれも、前の技術よりも直感的に、あるいは「使いやすく」しようとします。テクノロジー革命が始まった1960年代を見ると、マーシャル・マクルーハンは、すでに新しいテクノロジーの手軽さとそれがもたらす変化を批判していました。子どもがテクノロジーを理解するのは、生まれつきそうだというわけではなく、開発者が子どもでも使えるようなレベルの簡単なツールを提供しているのです（一部の国では多くの子どもが使っています）。

すべての情報、経験、アイデアが人生のすべての段階で適切であるとは限りませんし、すべての人が同じタイミングにそれらに触れる準備ができているわけでもありません。テクノロジーの利用に関するコミュニティ・アプローチにおいて、このような違いを理解し、特定の人がこれらのツールを使う準備ができていても、他の人はそうではない、と知る方法を理解することが重要です。

先に述べたように、RLとDL（リアルライフとデジタルライフ）の領域はますます絡み合い、ソーシャルメディアのような空間はさらにそれを加速させています。

米国小児科学会の報告書では、Facebookうつ病を「10代および10代前半の若者がソーシャルメディアサイトに時間を費やし、その後、オンラインの世界の強烈さからうつ病の典型的な症状を示すようになって発症するうつ病（2011）」と定義しています。これらの研究によると、これらのソーシャルメディアサイトにアクセスした若者は、実際にアクセスした後に気分が悪くなるそうです。それは、コメントを読むこともそうですが、他の人が楽しく過ごし、それをシェアしている投稿を見ることからも起こります。こんな体験を自分は楽しめないのだ、と感じたり、できる人を羨んだりすることで、ユーザーは落胆したり、うつ病になったりするかもしれません。

昔とは違って見えるかもしれませんが、全く新しいレベルの争いが起こる可能性があります。現在、ユーザー、特に若い成人は、オンラインで、これらの情報が常に目の前にあります。今日の管理職は、絶えず押し寄せてくる情報を処理できなくなっ

てしまう児童生徒たちの根本的な問題に焦点を当てる必要があります。

　児童生徒の行動は大きく変わっていませんが、プラットフォームは変わっています。今日のテクノロジーツールは、大きなチャンスを提供する一方で、さらに大きな問題を引き起こすこともあるのです。

　今日のリーダーは、利害関係者を支えるためにどのようなスキルが必要なのかを理解し、また、児童生徒のニーズに対応するためのリソースを提供する必要があります。子どもを育てるには「村が必要だ」という発想は、かつてないほど真実味を帯びています。安全に行動し、知識豊富で、社会性のある大人を育てるためには、教室内だけでなく、家庭でもみんなで協力していく必要があります。

ガイド・クエスチョン

1. あなたの学校や学校区でのテクノロジーに関する主な「問題」とは何でしょう？どのように対処すればよいのでしょうか？
2. デジタル・シティズンシップ・プログラムで学校や学校区をうまくリードできるかどうかの「差」はどこにあるでしょう？このニーズに応えるためには、個人で、あるいはコミュニティ全体で、どのような変化が必要でしょうか。
3. テクノロジー導入のプロセスにおいて、教育指導者としての自分の役割をどのように考えていますか？プロセスに参加する機会はあるでしょうか？

アクティビティ

1. 教室にテクノロジーを導入する際の潜在的な問題点について、教職員と話し合いましょう。違う方法でできることや、これらのニーズに対応するために支援が必要な分野を優先的にリストアップします。
2. デジタル・シティズンシップに関連して、すでに開始されているプログラムをどのように実施または構築するか、いくつかのアイデアを教職員と共有します。図書館やメディアの専門家、カウンセラーなど、デジタル・シティズンシップのリソースを使ったプログラムを持っているさまざまなスタッフと協力し、それらを教職員全体で共有する方法を検討します。

第 6 章

テクノロジー使用のコンセプトを理解する：教育者のためのガイド

教えることと学ぶことは必ずしも同じではない。そして、好きになることと学ぶことも同じではない。

──ウンモ・スンとリチャード・E・メイヤー

　スンとメイヤー（2012）が強調しているように、好きになることが必ず学習につながるとは限りません。これは、章のスタートとして、かなりネガティブな印象かもしれません。ですがかえって、スクールリーダーとしてそのような真理を早く謳えば謳うほど、リーダー・チームの成長もより早く促すことができます。

　リチャード・メイヤー博士は、マルチメディア学習のための認知理論の研究とデザインで知られています。今日、EdTechが豊富にある現状において、インストラクショナル・デザイン（ID／教授学習設計）で、教員がウェブサイトや無料／有料の学習管理システム（LMS）にコンテンツを設置することは比較的簡単です。

　しかし、教員は達成度や成長度を高める責任を負うことになるので、児童生徒の学習体験を設計する際には、単に、画面上で情報を見せたり動画を表示したりするのとは全く異なる、根拠に基づいた優れた学習方法を重視するようになっています。

　学習者は教育コンテンツ（ビデオ、アニメーション、解説画像、文章など）を楽しむことができますが、それが真の知識構築や意味づけに結びつくとは限りません（Morrison & Anglin, 2005）。

　この章では、すべての教員が主体的に選択し、学習をデザインする存在であることに注目し、デジタル・シティズンシップのカリキュラムとサンプル・コンセプトの展開を選択することで、すべての学習経験において自然な存在、パートナーとしてデジタル・シティズンシップを導入・定着させることを目指します。

》教員は壁になるより、解き放つことが大切

　学校において、学校改善と児童生徒の成果に最も影響力がある要因は教員であることは、わざわざスクールリーダーが指摘するまでもありません（Gut, Wan, Beam, & Burgess, 2016; Stronge and Tucker, 2000, as cited in Stronge and Hindman, 2003）。最初に注力すべき点は、教員が児童生徒のデジタル・シティズンシップの伴走者として、自信を持ち、心地よくいられるようにすることです。

　そのためには、個人の成長とコミュニティの成長の両方が必要です。デジタル・シティズンシップ・プログラムにおいて、教員の役割がいかに重要であるかは、いくら強調しても足りません。自分が教員について知っていることを棚卸ししてみてください。

- ●彼らは、児童生徒が指導を仰ぐ大人です。
- ●彼らは、先導するデザイナーであり、学習を統括する人です。
- ●彼らは、最前線のカリキュラム監修者です。
- ●彼らは、あなたのチーフ・エンゲージメント・オフィサー（人々の関与度を高める人）です。
- ●彼らは、学習者のリーダーであり、変革の担い手です。

　実際、ある州では、10万人以上の児童生徒と1万人以上の教員を対象とした5年間の縦断的研究を通じて、児童生徒がデジタル市民として参加する方法を学ぶ場合、「誰から学ぶか」が重要であるとわかりました。

　図6.1に示すように、児童生徒は、責任ある使用についてのアドバイスを、主に保護者から受けると回答しており、次いで教員や学校の他の大人たちから受けると回答しています。5年間の傾向を見ると、トップの2グループ間では入れ替わりがあります。教員がトップで保護者が2番目という年もありました。

　興味深いことに、コーチや地域の人々は、児童生徒にほとんどアドバイスをしないというかつての状況から、最新の調査では、3番目に重要なアドバイス提供者になっていました。図6.1には掲載されていませんが、友人・級友（22％）も重要な情報源となっています。情報サイト（18％）は、アドバイスの情報源としては下位に位

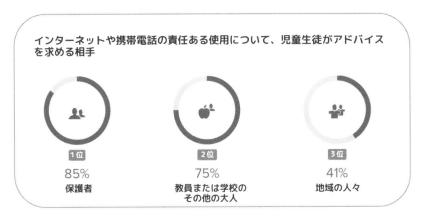

図6.1　児童生徒の報告による、責任あるインターネットと携帯電話の使用に関するアドバイス
提供者（BrightBytes, 2018）

置していますが、依然として重要であり続けています。

　この情報を得ると、スクールリーダーたちは、次の最適な質問をすることができ
なくなります。もし、児童生徒が、コミュニティ主導のデジタル・シティズンシッ
プの分野において、主要なアドバイス提供者として教員に大きく依存しているとす
れば：

１. デジタル・シティズンシップのトピックについて、教員にはどの程度知識があり、
それで十分だと感じているのでしょうか？

２. そもそも教員は児童生徒と同じ言葉を話しているでしょうか？

３. デジタル・シティズンシップのテーマについて、教員はどれくらいの頻度で児
童生徒と関わっていますか？

　同様の全米規模調査から、これらの問いに対する答えを探してみましょう。最初
は知識と満足度です。

　図6.2A〜Dは、教員が質問される具体的なトピックの一部を示しています。

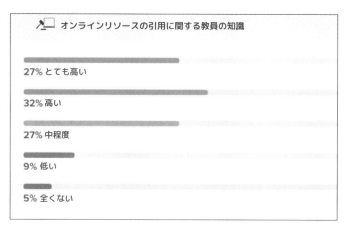

図6.2A　オンライン・リソースの引用に関する教員の自己申告知識（BrightBytes, 2018）

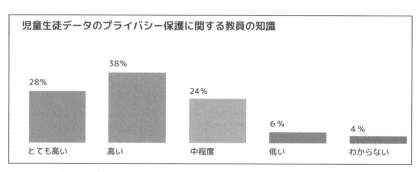

図6.2B　児童生徒データのプライバシー保護に関する教員の自己申告知識（BrightBytes, 2018)

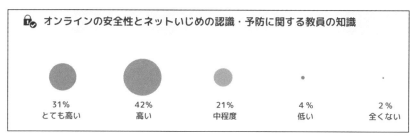

図6.2C　オンラインの安全性とネットいじめの認識・予防に関する教員の自己申告知識（BrightBytes, 2018)

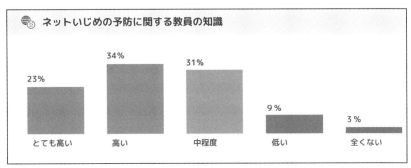

図6.2D　ネットいじめの予防に関する教員の自己申告知識（BrightBytes, 2018）

　多くのスクールリーダーは、「知識」の自己申告や認識ベースの調査を軽視するという罠に陥っています。優秀なスクールリーダーであれば、教員からの自己評価や振り返りを否定してはならないし、たとえ既知の現実に反していても、認識に基づくフィードバックを拒否してはならないのです。教員がどのようなレンズを通して学習に取り組んでいるかを理解することが大切です。知識（あるいは知識をもっているという認識）は自信につながります。これは、教員がデジタル・シティズンシップ経験の中で児童生徒と関わりをもつ際の基礎となります。

　しかし、デジタル・シティズンシップにおいては、学校内の教員や大人を、デジタルを教えられる唯一の存在にしてしまうべきではありません。それが講義をベースとした文化を生み出しているのでしょう。教員が答えを知っているときだけ関与するような、限定的なものであってはならないのです。デジタル・シティズンシップの要素に対する意識を高め、快適に過ごすためには、コミュニティでの学習のアプローチが必要です。

　自己申告された知識の次に重要な話題は、取り組む頻度です。取り組む頻度を正しく把握する一つの方法は、教える時間量についての教員の認識を理解することです。教授時間の長さの認識に関する教員の回答を見る以前に、明確な限界があります。教える（教授）とはどんなことでしょうか？

　学習指導案の作成や直接教授の講義のことだ、と捉える教員もいるでしょう。あまり複雑にする必要はありませんが、どこかで始めなければなりません。児童生徒と教員はどのくらいの頻度で、影響力の強いデジタル体験を通じて、最適な交流の

仕方をコミュニティとして一緒に学んでいるでしょうか？

　図6.3AとBは、デジタル・シティズンシップに関連する要素や下位概念のうち、「情報源の信頼性の評価」と「オンラインの安全性」について、年間で何時間教えているか示したものです。特筆すべきは、「情報源の信頼性評価」について全く教えていない教員の割合（20%）と、「オンラインの安全性」について教えていない、または、ほとんど教えていない教員の割合（78%）です。

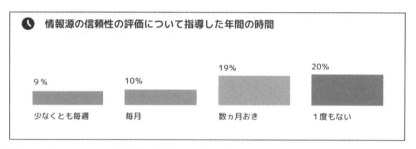

図6.3A　オンラインの安全性や情報源の信頼性の評価について指導した年間の時間
（BrightBytes, 2018）

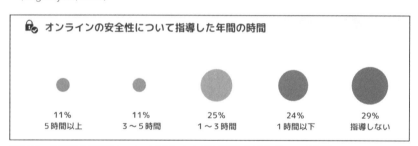

図6.3B　情報源の信頼性について指導した年間の時間（BrightBytes, 2018）

　それは、あなたが予想していたよりも、教員の中で大きな割合を占めているかもしれません。深呼吸をして成長について考え、「教える」ことを定義し、「今まで教えたことがない」カテゴリーにいるわずか数人の教員をアップグレードすれば、飛躍的なインパクトを与えることができると考えましょう。

　図6.4に示すように、長期的な成長を見れば、より多くの教員がデジタル・シティズンシップの要素に取り組み、児童生徒との貴重な時間を費やしていることがわかります。「教えるために費やした時間」とは、例えば、昼食に向かう廊下を歩きながら、

教員が携帯端末を取り出して、特定商品の「購入」ボタンをタップする前に、商品レビューがきちんとしているか判断する方法を児童生徒に教えることです（デジタル商取引）。指導にはさまざまな形がありますが、直接指導はその一つでしかありません。すべての児童生徒が共同執筆した文章をクラスで共有し、教員が建設的で生産的なコメントをした児童生徒を褒めることで、教育（学習）効果は生まれます。デジタル・シティズンシップをコンテンツ領域の学習の中心に組み込み、定着させる機会を逃さないようにしましょう。

　1人の教員がデジタル・シティズンシップを「教える」、あるいは、その「模範となる」機会を活かすことで、地域社会に飛躍的な影響を与えることができるのです。1人の教員が1週間に100人の児童生徒を見ることもあり、その子どもたちは他の子ど

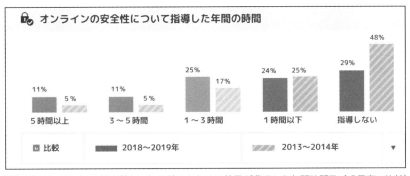

図6.4A　オンラインの安全性について教えるために教員が費やした年間時間数（成長率の比較）

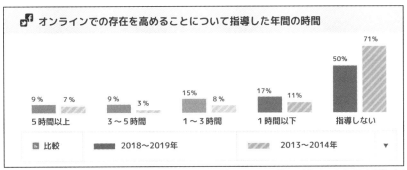

図6.4B　オンラインでの存在を高めることについて教えるために教員が費やした年間時間数（成長率の比較）

もたちに対して計算しがたいほどの潜在的な影響力を持っているのです。

　特筆すべきは、先ほどの話は州全体での話でしたが、地区や学校単位でも可能だということです。デジタル・シティズンシップに共通する要素は、まだ、ほんの少ししか紹介されていません。他には、協働、デジタル足跡、アクセスレベル、機器利用、デジタルスキルなど、多くの要素に関する情報認識、信念、頻度の報告を収集し、ストーリーの構築に役立てることができます。

》教材とカリキュラム

　教育者が児童生徒にデジタル・シティズンシップの概念を教える機会は無限にあります。しかし、最も重要な要素の一つは、指導内容と、それが児童生徒の日々の学習の中でどのように構成されているか、ということでしょう。教材の選択については、もっとサポートが必要です。教員にはまた、意識付け、共通語彙、スキルアップ、応用力など、レベルアップする機会が必要です。

　スクールリーダーとしては、教員の「遊びの文化」を育てることができます。私たちの極度にデジタル化された生活を考えれば、同じ言語を話し、同じ専門用語を使い、少なくとも教員と児童生徒が共同するデジタル市民として学び合う文化が非常に重要です。つまり、デジタル・シティズンシップとは、教員と児童生徒間の共通言語であり、絶対的な価値判断、願望、実践を必要とするものなのです。

　デジタル・シティズンシップに向けた高品質な教材、すなわち資料、内容、カリキュラム、ウェブサイト、アプリ、オンラインコース、授業計画の発見と使用に関する考察から始めましょう。

　教員であり、デジタル・シティズンシップの第一人者であり、作家でもあるクリステン・マットソン氏は、長年にわたり、指導方法とデジタル・シティズンシップカリキュラムの変革を提唱してきました。マットソン（2016）は、個人だけでなくコミュニティ全体に注目しており、児童生徒の発言、関わり、行動を重視し、望ましいオンラインのあり方構築に向けてシフトすること、従来のコンテンツ分野に組み込むこと、児童生徒に対して「問題より可能性、リスクより機会、個人的利益よ

りコミュニティの成功（マットソン、2017）」と呼びかけるデジタル・シティズンシップ・カリキュラムを提唱しています。

デジタル・シティズンシップの人気カリキュラム

- Common Sense Edu (+ Standards Alignment)
  (digcit.life/CommonSense)
- BrainPop (digcit.life/BrainPop)
- Google (Be Internet Awesome: digcit.life/Google)
- Learning.com (digcit.life/learning-com)
- Netsmartz (Lesson Plans) (digcit.life/NetSmartz)
- Simple K12 (digcit.life/simpleK12)
- Cyberwise/ Cyber Civics (digcit.life/CyberWise)
- Digital Driver's License for Digital Citizenship (iDriveDigital.com)
- Microsoft Edu—Digital Citizenship Course (digcit.life/microsoft)

マットソンの呼びかけをさらにサポートするために、The New Teacher Project（TNTP）は、児童生徒の学習機会を増やす鍵となる、4つのリソースを取り上げています。The New Teacher Project（TNTP）によるレポート「*機会の神話*（2018）」では、鍵となる4つのリソース——学年に応じた課題、強力な指導、深い関与、そして高い期待を抱く教員——を軸としています。

このレポートのもととなった調査は、従来型のコンテンツ分野で実施されましたが、鍵となる4つのリソースは、強力なデジタル・シティズンシップ・プログラムにおいても不可欠です。スクールリーダーとして、デジタル・シティズンシップの教材やカリキュラムをよく吟味するようチームを説得するには、もう少し説得力が必要かもしれません。

多くの研究者（Southern Region Education Board, 2017）は、児童生徒の達成度に直接影響する州基準に沿った、より質の高い教材を求めています。教材が児童生徒の学習に大きな影響を与えることについてはエビデンスが存在します。さらに、教材のよりよい選択は、教授学習改善に向けた州レベルでの他の取り組みと比較して、比較的安価で簡単であることが研究により明らかにされています（Chingos &

Whitehurst, 2012)。

　長い目で見れば、デジタル・シティズンシップ学習教材を精査することは、教員チームの新しい取り組み事項になるはずです。コンテンツを評価すると同時に、教員同士で学習内容をどのように体験できるか検討します。互いにわかり合うために、教員が児童生徒と同じ立場で学ぶ機会はあるでしょうか？

　ISTEは、その取り組みを支援するために「EdTechアドバイザー」を立ち上げました。ISTEのEdTechアドバイザーは会員限定のレビュー・評価プラットフォームで、教育関係者にツール、アプリ、リソースに関する知見を提供し、意思決定に役立つ情報を提供します。また、EdTechアドバイザーは、コミュニティにアプリや教材の点数付けの機会を提供することで、デジタルコンテンツを評価する動きをきわめて大きなコミュニティに拡大させています。

　この記事を書いている時点で、EdTechアドバイザー（**図6.5**）は、デジタル・シティズンシップ能力・スキルに注目した教材を分類したり、検索したりすることはまだできません。しかし、教員側に使用したい特定カリキュラムやアプリケーションがあるなら、EdTechアドバイザーは、採点、レビュー閲覧、比較分析などの形でサポートできます。

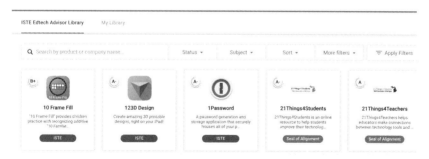

図6.5　会員限定のレビュー及び評価プラットフォームで、指導者にツールやアプリ、意思決定に役立つ情報リソースに関する知見を提供するISTEの「EdTechアドバイザー」

　さらに、ケンタッキー州教育省は、デジタル学習ガイドラインを発表し、こういったコミュニケーションの助けとなる5つの指針を強調しています。すなわち

●学校（または学校区）の教員がデジタルコンテンツを批評・推薦します。

- 教員またはコンテンツ担当者は、児童生徒の学習成果や披露された専門的技能を管理します（これは行動に焦点を当てたものです）。
- 学習者は、デジタル学習のメンターとして、高い能力を持つ教員、コンテンツのコーチ、または専門的に認められたコース分野の熟達者に会うことができます。
- 児童生徒の学習経験は、児童生徒の診断データ、学習スタイル、学習ニーズに基づいて個別化され、児童生徒自身の選択、発言、進捗管理を可能にします。
- 効果的な教育方法は、対面・デジタルの学習体験に同様に適用されます。

デジタル・シティズンシップの観点から、カリキュラムや学習デザインは、これらの指針に従うべきです。

》進行表のモデル

アスペン研究所（2018）は、「高品質教材へのアクセス改善」に関するレポートの中で、教員主導のレビュープロセスを通じて、教材の質を向上させるモデルを推奨しています。その意味で、先行学習者たちやカリキュラム監修者としてのプロフェッショナル・ラーニング・コミュニティ（PLC）を通じて、デジタル・シティズンシップ学習コンテンツの品質、ISTEスタンダードとの整合性、完成度について、教員間で話し合う機会を設けることは不可欠です。

建設的な会話を構成するための枠組みを持つことは、効率化につながります。学校の指導者にとっては、モデルとなる進行表があればスタートラインに立つことができます。

このハンドブックは、この生産的なプロセスに取り組み、垂直方向（K-12）と水平方向の連携を確保し、具体的なコンセプトが学校や学校区のどの部分に合うのか協議するためのツールを提供します。**図6.6**はデジタル・シティズンシップ9要素進行表のサムネイルです。

QRコードをスキャンするか、digcit.life/progressionにアクセスしてください（注意：このURLでは、このファイルをコピーしてGoogleドライブに保存する必要があります）。この進行表は100%完全なものではありません。これは、会話、意思決定、計画、行動を促すひとつのツールです。これを使って対話しながら、自分なり

主要素 (9要素)	S3	サブ要素	小学校 (幼稚園〜2年生) 動作動詞：記銘・理解	小学校 (3〜5年生)	中学校 (6〜8年生)	高等学校 (9〜12年生)	学習者の接点／他の主要素との度重なり	カリキュラム間のつながり	児童生徒のデジタル・シチズンシップ活動と学習の実践 適用・分析・評価・創造
1. デジタル・アクセス	Safe 安全性	デジタル包摂	☑	☑	☑	☑	デジタルエチケット、デジタル権利と責任	国語（言語技術）、社会科	
		デジタル排除	☑	☑	☑	☑	デジタルエチケット、デジタル権利と責任	国語（言語技術）	
		アクセス性	☑	☑	☑	☑	デジタルエチケット、デジタル権利と責任、デジタル・フルーエンシー（高機能）	社会科、キャリア・職業科	児童生徒は Google Read Aloud の「読み上げ」機能を使って電子書籍を読みます。
	Savvy 精通性	家庭からのインターネットアクセス／高帯域幅の格差	☐	☑	☑	☑	デジタル権利と責任、デジタル・フルーエンシー（高機能）	社会科、キャリア・職業科	
		支援テクノロジー	☐	☑	☑	☑	デジタルコミュニケーションと適合	社会科、キャリア・職業科	児童生徒は音声入力機能を使って、プロジェクト設計レポートを入力します。
		公正なアクセス	☐	☑	☑	☑	デジタルエチケット	社会科、キャリア・職業科	
	Social 社会性	平等の機会	☐	☑	☑	☑	デジタル権利と責任	国語（言語技術）	
		平等なデジタル権利	☐	☐	☑	☑	デジタル権利と責任	国語（言語技術）、社会科	児童生徒は、2つの教科におけるデジタル著作権を比較対照します。

図6.6　デジタル・シチズンシップ9要素の進行表：Chuck Austin, Amy Bussらによる。

に前に進んでいきましょう。

図6.6のモデルを分解してみましょう。

1. 9つの要素は、主要かつ大まかなコンセプトを表しています。

  （例：デジタル・アクセス、デジタル商取引など）

2. S3フレームワークは、9要素のそれぞれに、安全性・精通性・社会性の要素を重ね合わせたものです。

3. 下位概念の確認：下位概念のリストを作成するため、前述の一般的カリキュラムパッケージをレビューしました。これらは特定のスキルを意図したものではなく、実行可能で具体的な概念を表しています。

4. 学年レベルの進行：推奨される進行が提示されていますが、これらの進行は、現場チームで協議されることを前提としています。

5. 接点：大半の下位概念は9要素の中に織り込まれています。各スキルがどのように分断されず、相互に関連し合っているのかを知ることは参考になります。

6. 教科横断的なつながり：デジタル・シチズンシップの学習経験は、他の学習分野と統合されるべきです。そのため、事前にそのことを確認するのは重要ですし、そうすることでデジタル・シチズンシップが単なる「余計なお荷物」になるこ

とが防げるのです。

7. 児童生徒のデジタル・シティズンシップ行動と学んだことのデモンストレーション：児童生徒の事例では、制作作品やオンラインでのやり取りを通じて、学んだ概念の有用性を示す必要があります。

　この進行表の重要な特徴は、記憶・理解を深めるようデザインされた学習内容を通して、入門レベルの認知プロセスに焦点を当てていることです（Anderson et al., 2001）。一方、学習の実践と児童生徒の行動は、作品の創造（応用、分析、評価、創造）を通じて、より高いレベルの認知プロセスに引き上げられる必要があります。

》組み込みと統合

　教員はデジタル・シティズンシップ文化と児童生徒の成長のために重要な役割を果たしています。気づき・記憶・理解に向けた高品質なデジタル・シティズンシップ教材が重要なのです。デジタル・シティズンシップの経験を他のすべてのもの（例えば、コンテンツ領域、コース、課題、ブランド戦略）に組み込み、統合することが、成功への近道なのかもしれません。しかし、どうやって？

　これについては、すでに進行表ツールで簡単に触れていますが、さらに強調しておきましょう。クリステン・マットソン（2018）は、デジタル・シティズンシップを［コンプライアンスのために］児童生徒の一日に不自然に付け足された、独立し

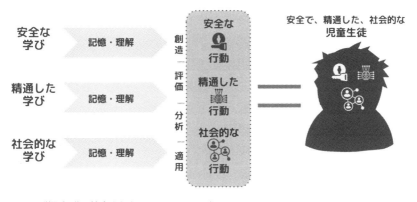

図6.7　学習行動に統合されたS3フレームワーク

たテクノロジー・トピックのように捉えるのではなく、むしろ、充実した人文科学のカリキュラムを通じた一般参加型のデジタル・シティズンシップ学習として考えるよう教員に呼びかけています。

はっきり言えば、デジタル・シティズンシップ自体を学ぶこともあれば、デジタル・シティズンシップを通じて学ぶこともあります。図6.7は、デジタル・シティズンシップ概念の学習（記憶・理解）と、デジタル・シティズンシップの行動を通じた学習との折り合いをつけることによって、合科的カリキュラムに着実に組み込み可能なモデルを示しています。

オレゴン州の3年生を受け持つ教員ヘザー・マーズは、バラバラな事象を教えることと、真正な学習を行うことを区別して、次のように述べています。「真正な学習の優れた点は、ある教科を学ぶために個別の単元を工夫する必要がないことです。実は、私の教室ではすでにデジタル・シティズンシップを教えていることに気づいたのです。もうこれ以上授業を増やす必要はないと思いました。教室ですでに教えていたテクノロジーの扱い方をもっと意図的にするだけでした。」（ISTE,2018）

デジタル・シティズンシップは、ツールやテクノロジー、流行を超えて、スキルやコンセプト（成果物、関係性、行動によって実践される）に注目するものです。デジタルテクノロジーのスキルに注目し続けてきた組織の一つがISTE（International Society for Technology in Education）です。ISTEは40年以上にわたり、テクノロジーに関する教育の変化について、教育関係者に語りかけてきました。このような現場のニーズ変化に合わせてISTEスタンダードを更新し、統合や組み込み型学習のアイデアに取り組んできました。それぞれのアップデートでは、教育者にとって重要な要素として、デジタル・シティズンシップを取り上げています。最新版は iste.org/standards でご覧いただけます。

ISTEの「教育者のためのスタンダード」は、デジタル市民であることを含め、教育者が将来の教育に何を期待しているかを明確にしています。これらのスタンダードは、教育者がテクノロジーの使用に焦点を当てるためのレンズを提供します。次のセクションでは、児童生徒たちのデジタル・シティズンシップへの関わり方に

フォーカスします。教員として、教室の教育的リーダーとして、児童生徒をサポートする情報やツールを理解する必要があります。児童生徒と一緒にデジタル・スキルを学ぶことは、これまで教室で知識の保有者・提供者とみなされてきた教員にとっては違和感があるかもしれません。デジタル・テクノロジーの領域では、教育者は児童生徒とともに学ぶことになります。これは、教員の準備不足ということではなく、むしろ、教育とは協働作業であり、生涯にわたる営みであると児童生徒に示すものです。児童生徒と教員のスキル一覧表と達成度や傾向を示すマップを作成するのもよい方法です（**図6.8**はその一例）。これは必ずしも評価である必要はなく、信念と確信の認識分析で十分です。

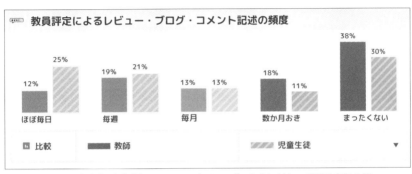

図6.8　教員と児童生徒がデジタル・シティズンシップスキルに対して感じる自信の例

注目すべき学校区：シェルビー郡公立学校

　アダム・ワトソン氏はシェルビー郡公立学校（SCPS）の学校区レベルのデジタル学習コーディネーターで、職員の教育技術専門家育成とさまざまなデジタル・プラットフォームの管理を継続的に監督するとともに、学校区IT部門と協力して、学術的ニーズとインフラ的ニーズとの明確なコミュニケーションとチームワークを展開しています。

　彼は、テクノロジーは児童生徒の学習に不可欠なツールでありながら、一方で、学問的な目標を達成するために「なぜ」という問いがある場合のみ使用すべきツールである、とも考えています。

　1人1台端末の取り組みを開始し、学校区で購入したデジタル機器を児童生徒に割り当てた直後、学校区のリーダーはすぐに、デジタル・シティズンシッ

プ学習のための包括的なアプローチが必要であると判断しました。

　SCPSのデジタル学習チームは、学校図書館リーダー、司書教諭を巻き込んで、既存のデジタル・シティズンシップ・カリキュラムの見直しを始めました。その結果、ほとんどのデジタル・シティズンシップ・プランの大きな弱点の一つは、毎年同じ活動や教材を繰り返していることだとわかりました。

　さらに、このチームのメンバーたちは、明確な範囲と順序で、幼稚園から高等学校までの全学年それぞれを対象とした魅力的な授業は、どのカリキュラムでも行われていないのではないかと考えました。せいぜい、学年を束ねた合同授業を提供する程度だったのです。一貫性と忠実性を確保するためには、各レッスンが一般的な授業時間内に統合されて、明確に収まる必要があることが明らかになったのです。

　チームレビューの直後、アダム・ワトソン氏はSCPS デジタル・シティズンシップ・カリキュラムの策定と適用のプロセスを開始し、2019年秋に完成・採用されました。そこにはコモン・センス・エデュケーションとGoogleのBe Internet Awesomeコンテンツから得た多くのリソースが含まれています。以下は、ワトソン氏がカンファレンスやイベントで定期的に話す内容をまとめたものです。

【参考リンク】

・デジタル・シティズンシップ：SCPSのスパイラル・カリキュラムについて（digcit.life/SCPS-Spiraling-Curriculum）

・SCPSのデジタル・シティズンシップ：概要・タイムテーブルとその挫折について（digcit.life/SCPS-Overview- Strands）

・SCPS Scope and Sequence（digcit.life/SCPS-scope-sequence）

　教員は豊富な教育知識を教室に持ち込んでいますが、テクノロジーがあれば、新しいツールを使い、その情報をさらに拡張することができます。教育者が学ぶと同時に、児童生徒も学び、そして今、両者は将来、互いに共有できる新たなスキルを手に入れられるのです。

　デジタル・シティズンシップは、教室における他のスキルと同じように、積み上

げていく過程を持つべきです。程度の差こそあれ、すでにテクノロジーに触れた状態で学校にやってくる児童生徒が増えているので、教員はこうした違いを認識し、すべての児童生徒が新しいスキルを習得できるよう、機会を広げる手助けをすることが重要です。

　ひとつ覚えておいてほしいのは、すべての子どもがテクノロジーを理解し、同じような経験をしている、と思い込んではいけないということです。教室にくる児童生徒たちはみな同じである、という思い込みがあるかもしれません。

　教育者は、数学や理科の知識についてはこのように扱うことはありませんが、なぜテクノロジーについては違うのでしょうか。次のセクションでは、S3フレームワークを使用して、デジタル・シティズンシップのトピックに焦点を当てるための系統立った計画を作成します。

　このデジタル・シティズンシップ・プロセスは、これらのスキルをコア・カリキュラムに組み込むことに注力する点で他と異なります。デジタル・シティズンシップは、他のプログラムでも、異なる教科課程のコアの一つとして位置づけられていますが、この計画では、教育プロセスの中に織り込まれる糸のように、より明確に位置づけられています。デジタル・シティズンシップが、すべてのカリキュラム分野をつなぐ要素となることが期待されているのです。伝統的な小学校の体制であれば、すべての主要教科授業が担任学級で行われるので、このほうがむしろ授業には合うのでしょう。すでに児童生徒を教科別に分けている場合は、もう少し難しいかもしれませんが、やりかたとしては、読書スキルを社会や理科に組み込むのと変わりません。

　また、このような授業には、人格や共感といった領域が含まれていることも特徴です。多くの教員は、児童生徒がこうした問題に対処できるよう、すでに現実生活で手を差し伸べていますが、今ではデジタルライフにおいてもこうした側面を加味することが求められています。リアルライフでもデジタルライフでも、誰もが相手に配慮し、自分の言動が相手にどのような影響を与えるか考えねばならない、という点は同じです。

　デジタルに囲まれた生活を送る児童生徒にとっては、相手と向き合えないことがしばしば問題になります。視覚的な手がかりがなければ、相手が何を考え、感じ、

理解しているかを言葉から読み取ることは難しくなります。ここで、共感と時間が必要になってきます。まず、「共感」とは、自分の言動を相手の目線に立って見てみることです。これは難しいことですが、他のスキルと同じで学ぶことができます。

このプロセスをより困難にしているのは、時間です。往々にして、何かが投稿されたり、ツイートされたり、メッセージが送られたりすると、人々はすぐに反応してしまいます。次のレッスンでは、STEP（立ち止まる、考える、共感する、投稿する）という考え方を取り上げます。最も重要なのは、最初のS、すなわち「Stop：立ち止まり一呼吸置いて、落ち着いてから反応する」です。

デジタルでつながっていることで多くの機会が得られますが、十分に活用されていないのが「時間」です。ユーザーは、自分が真っ先に投稿したい、意見を共有したい、面白いコメントをしたい、と思うものです。誰かが真剣にやりたいと思っているのに、あなたが侮辱したり貶めたりするような投稿をしてしまうと、想像以上の害が生じてしまいます。言葉には結果が伴いますし、煽動にもなるのです。一人がネガティブな発言をすると、他の人もそこに乗っかって、炎上してしまうことがあります。

教育者として私たちは、児童生徒が自分の言いたいことを言いながらも、それ以上の問題を引き起こさないような返事の組み立て方を手助けしたいのです。

テクノロジーの浸透によって、教員や保護者の教育プロセスに対する見方は変わりました。多くの保護者は、コンピュータがほとんどない時代に育ちました。経験豊富な教員も同様で、それが彼らの現実でもあるのです。この10年の間に、教室に大量のテクノロジーが導入されたことで、教員も保護者も、教室で何を優先すべきなのか、問うようになりました。

LoTi（loticonnection.com/loti-framework）は、テクノロジー統合を6つのレベルに分類しています。すなわち、不使用・探索・注入・ルーチン化（機械的統合）・拡張・洗練です。

多くの教員と接していると、たいていは主なカテゴリー3つ——*置換・統合・革新*——しかありません。これら3つのカテゴリーのうち、置換とは、従来のやりかたを単にテクノロジー利用に置き換えるものです。例えば、ワークシートをデジタル化して作り直すことができます。

統合とは、カリキュラムの中で、デジタルツールを使うことで同等以上の効果が得られる部分を探し出す段階です。例えば、科学実験の結果を紙やワープロ文書にまとめるのではなく、表計算ソフトを使用することで、データを新しい方法（グラフや表など）で表示するツールを使用できます。

最後に、3つ目のカテゴリーは革新です。これまでの教育者には難しかったことを、テクノロジーが可能にするのです。教室で教員がビデオやブログを作成したり、児童生徒がアクセスできるデータを以前よりもずっと簡単な方法で作成したりできるようになったのはその代表的な例です。また、児童生徒が質問をしたり、教員やクラスメートとリアルタイムや別々のタイミングでやりとりすることもできます。

どのような形態やモデルであっても、テクノロジーとその利用が学校から消えることはありません。ただ、教育指導者として、教育者は通常の授業の責任以外に、プロジェクトに影響を与えたり、サポートしたりすることはできますが、管理職とは違ってデジタル・シティズンシップのようなプログラムを導入する能力はないことを覚えておいてください。

デジタル・シティズンシップ・プログラムの成功は、管理職の関与度と、教育者が学校でどれだけ積極的に活動するかによって大きく左右されるのです。

》 教育を通じたデジタル・シティズンシップの役割

第8章から第10章では、幼稚園から高等学校までの教育にデジタル・シティズンシップをどのように組み込むかについて述べています。学校だけでなく、より広いコミュニティで児童生徒が責任を持ってテクノロジーを利用できるようにするプロセスとスキルに焦点を当てています。テクノロジーの多くの側面と同様に、これらのスキルはカリキュラム内のさまざまな部分に組み込むことができるのです。また、特別支援学級での指導や、学校図書館プログラムについても扱います。以下のセクションでは、両方を対象とした戦略と検討事項を紹介します。

特別な子どもたち、特別支援教育、そしてデジタル・シティズンシップ

デジタル・シティズンシップがあまり注目されていない分野のひとつに、特別な教育や多様なニーズを持つ学習者の存在があげられます。テクノロジーは、自閉症

から複数の障害をもつケースまで、さまざまな特別支援を必要とする児童生徒のニーズを満たす新しいツールを多数提供してきました。

例えば、ソーシャルメディアやフェイクニュースなどの問題についていえば、ネットで起きていることの微妙なニュアンスを理解できない児童生徒もいる一方で、これらが理解できアクセスできる子どもにとっては、これらの問題を丁寧に読み解くのは特に難しいものです。

理解力のある人にとっても十分難しいテーマですが、学習障害のある人にとっては、それがさらに深刻になる可能性があります。

デジタル・テクノロジーは、障害のある学習者にとって強力な味方になります。デジタルツールは、強力なコミュニケーションの唯一の解決策になることもありますし（例えば、ろう者の生徒がテクノロジーを使って耳の聞こえる生徒とやりとりする姿は感動的ですらあります）、一部の児童生徒にとってはデジタルツールが自立への唯一の手段かもしれません（例えば、盲目の生徒がスクリーン・リーダーやタブレットを使って今日のニュースを自力で知ることができれば、もはや他者の助けは要りません）。

障害のある児童生徒の活躍の場を広げるために、デジタルで高度につながるツールを頼りにすることは、安全で、精通した、社会的なデジタル市民として、教え、学び、生活することの必要性をさらに確信させるでしょう。ただこれまで、学習障害や身体障害のある児童生徒とデジタル・シティズンシップとの直接的な関連性については、あまり発表されていません。

デジタル・シティズンシップを通じて特別なニーズのある学習者に力を与える

マシュー・コンスタント博士とケリー・デイビス博士による共著

すべての学習者が同じ方法で知識を消化し、利用するわけではありません。デジタル・シティズンシップというテーマでは、教育者が授業や教室活動の計画を複雑にしたりいろいろな変化をつけたり、といったことはあまりありません。しかし、一方で人生の重要かつ長きにわたって影響が残るような決断が、ワンクリック、ワンスワイプ、ワンタッチで行えることも知っています。特別なニーズのある学習者

が自立した情報消費者となるには、デジタル・シティズンシップの概念の基本的理解を育む方法を見出す必要があります。

　私たちは、すべての学習者にデジタル・テクノロジーの卓越した能力を身につけさせる機会を与えられていますが、それは学校のリーダーや現場教員が意図的に行わなければ、得られないものなのです。学習障害があってもなくても、児童生徒がこれらのスキルを最初から知っている、と考えることは絶対にできませんし、そうすべきでもありません。

　実際、デジタル・シティズンシップの普及に関する学校・学校区全体の戦略を検討し、すべての児童生徒にこれらのスキルが必要であることを理解する上で、卓越した教育者以上にこの取り組みをリードできる人材がいるでしょうか。彼らは、実施に向けた戦略を策定する計画チームに参加できますし、そうすべきです。

　どこにサポートが必要なのかを理解することが最初のステップです。最初の活動として重要なのは、快適で使い慣れた設備を使って、「デジタル・シティズンシップのためのデジタル・ドライバーズ・ライセンス」（ケンタッキー大学教育学部のジェリー・スワン博士が作成、iDriveDigital.com）のアクティビティに取り組むことで、違いについて学ぶことです。これらの活動は、基本的な理解度を測るために使用され、教育者は障害のある児童生徒にどのような特別な課題があるかを判断することができます。児童生徒が認知障害だと明らかになった場合は、個別教育プログラム（IEP）に基づいて、評価の際に対応を行う必要があります。

　学校外のデジタルな世界を行き来するときに、これらの配慮が必ずしも含まれていないことは明らかですが、教育者にとっては、学習の発達指標が、児童生徒の学習課題を示すものというより、むしろ、児童生徒の理解度を正確に示すことが重要なのです。評価の結果に応じて、特別な学習者がより自立したデジタルサーファーになるためのロードマップを作成することができます。

デジタル・シティズンシップのためのデジタル運転免許証（iDriveDigital.com）

学習障害のある人はしばしば提示されたコンテンツを関連づけられないので、習得に困難が伴います。このような場合は、実社会の文脈と結びついた具体例が効果的であり、強くお勧めします。

　S3フレームワークを特別支援教育の学習者と関連づけて分解すると、よりよくより深く概念習得がなされるように、以下のような、いくつかの活動が提案できます。児童生徒に授業を提供する際、障害の程度にかかわらず、特別な学習者のニーズを考慮する上で、従うべき一般的ガイドラインがいくつかあります。

- 障害のある児童生徒が一般教室で障害のない児童生徒と同じコンテンツを利用しようとしても、アクセスできないことが多々あります。したがって、デジタル・シティズンシップに関する授業は、障害のある児童生徒が出席し、カリキュラムにアクセスできる時間帯に行う必要があります。
- すべての学習経験と同様、教員は、各児童生徒の個別教育プログラムにある学習上の配慮を知り、理解し、提供するか、または特別支援教育の教員と協力して、配慮がなされるようにする必要があります。
- 各授業の前に、一般教員・特別支援教育教員は、授業で提示される重要な用語について系統立てられた教育を与える必要があります。早くから用語に触れることで、児童生徒の理解力向上や授業への積極的な参加を促すことができます。
- 各授業後、個別教育プログラムを持つ各児童生徒に対して形成的評価を行う必要があります。その後、教員は児童生徒の理解度が障害のない子と同等であるか、あるいは、追加の指導が必要かを判断することができます。多くの場合、障害のある児童生徒は、習得のためにさらに多くのコンテンツに触れる必要があります。繰り返しの授業は、小グループまたは個人で行うことができます。少人数または個人で繰り返し指導することは、特別なニーズを持つ児童生徒が安全にふるまい、知識に精通し、社会的に行動するための学習・練習の時間を確保するためにも、特に有効でしょう。

　ここでは、教室にいるすべての学習者、特に学習障害のある学習者に役立つと思われる、小さな、しかしパワフルな可能性を秘めた例をいくつか紹介します。

学習材を切り分ける

　S3のフレームワークを教える際には、一度に多くの内容を児童生徒に教えすぎないようにします。障害のある児童生徒の中には、読解力に課題のある場合が多いので、難しい文章を切り分けることで、フラストレーションを軽減し、理解力を高めることができます。さらに理解を深めるためには、切り分けられた教材を自分の言葉で書き直してもらいます。

　時間を最小限に抑えながら、概念的な理解を最大限に高めるためのペース配分を決めましょう。例えば、社会の法的な側面から紐解くのは、圧倒的に難しいことです。習得を目指して、時間をかけて各課題を切り分けていきます。

明示的な指導

　特別な学習者、特に対人コミュニケーションに障害のある学習者は、オンライン社会を適切に渡っていく方法の理解が困難です。対面でもオンラインのデジタル空間でも、この行動を手本にできるよう、明示的な指導をしましょう。

　このような対面でのやりとりが、デジタルでのやりとりだとどうなるのかを明示します。まずは手本を示し（I）、一緒に練習し（we）、そして徐々に児童生徒に任せていきます（you）。障害のある児童生徒は、一般的に、明示的指導の「we do」の段階で長い時間を必要とします。明示的な指導では、教員が適切な行動を強化し、不適切な考えを修正できるので、行動上の課題を抱える児童生徒のサポートでは特に有効です。

視覚的・聴覚的な手がかり

　オンラインの世界では「ここをクリックしてください」「情報を入力してください」「簡単なスワイプで感情を示してください」など、私たちはさまざまな方法で誘導されています。教室で教員が反応を引き出すために合図を使うのと同じように、ソーシャルネットワークや商業的なオンライン業者が使う、こうしたオンラインの合図も教えなければなりません。学習者が絵文字の意味を理解していると思わないでください。「ここをクリック」という合図の手がかりや意味を理解させるようにしましょう。

ソーシャル・スクリプト

　特に自閉症スペクトラムの児童生徒には、ソーシャル・スクリプト（※訳者注：社会的台本。特定の状況や環境で予想される一連の行動・行為・結果のこと）を使って、SNSやテキストメッセージでの適切な会話の手本を示しましょう。実際、適切なスクリプトを用いた、ライブな協働はうまくいくでしょう。同僚と一緒に、テキストベースのシナリオを説明し、適切な反応の手本を見せることが目的です。

　クラス全体にテキストメッセージの画面を投影して「このテキストメッセージ・ソーシャルメディア投稿に対する適切な返信は何でしょう？」と児童生徒の反応を引き出してください。自閉症の児童生徒が習熟するには、さらに1対1の練習が必要な場合があります。

ロールプレイ

　特別支援教育の教員は、対面コミュニケーションの世界で見られるような、特定の性格を演じることに長けていますが、オンライン空間で見られる性格についても同じやり方を検討したことがありますか？　安全なインターネット・ユーザー、安全なデジタルショッピング・ユーザー、精通したコミュニケーション・ユーザーを演じることは、特別な支援を必要とする児童生徒が優れたデジタル市民になるためのサポートとして非常に有効です。

行動連鎖（チェイニング）

　チェイニング（chaining）とは、応用行動分析学（ABA：Applied Behavior Analysis）の理論に基づいた指導戦略で、タスク分析に基づき、タスク習得のために1タスクを小さなステップに分解して行うものです。チェイニングは、著しい認知的遅延のある児童生徒に具体的な特定のスキルを教える際によく使われます。

　児童生徒の障害の種類と症状に応じて、知識の習得と保持を助けるために、追加の戦略が役立つ場合があります。
- ガイド付きの練習／反復練習
- モデル化
- プロンプト記述

- 言い換え／要約
- 記憶術（ネモニック・ストラテジー）
- 先行オーガナイザー
- 頻繁な理解度チェック
- 頻繁なフィードバック
- 言い換え／簡略化
- 読み書きの補助技術
- ピア・チューター
- 足場かけ

　戦略の詳細と補足情報については、カンザス大学の「Instructional Accommodations」のページをご覧ください。(specialconnections.ku.edu/~kucrl/cgi-bin/drupal/?q=instruction/instructional_accommodations)

特別なニーズのためのアクセシビリティの選択肢

　2010年の米国国勢調査局によると、人口の約20％が障害をもって生活しています（census.gov, 2012）。これらの多くは、デジタル学習者によるテクノロジーの使用と結びついて現れ、交錯しうるものです。色の判別、文字の拡大、文字の読み取り、キーボードやマウスの操作などが難しいこと、キャプションの欠如などは、これらの分野で障害のあるオンライン消費者を悩ませる可能性が高い問題です。

　公民権局は、オンライン・アクセシビリティに関する特別基準を提供して、オンライン学習者や情報消費者を保護することを目的としています。連邦リハビリテーション法508条は、これらの問題を具体的に扱っており、現在作成されているほとんどのウェブサイト向けの基準を盛り込んでいます。これらの基準に関する詳細は、以下のサイトでご覧いただけます：digcit.life/508-standards。

　コンピュータ上でのコンテンツのアクセシビリティに特別なニーズがある学習者には、選択肢がいくつもあります。教育関係者は、児童生徒にアドバイスや指導を行うためのこれらの選択肢を知らないことが少なくありません。しかし、教育テク

ノロジーの分野とユーザ補助の販売会社が現在追求している選択肢は、デジタル市民を大きく支援する可能性を秘めています。

Apple、Android、Chrome、Windowsベースの製品にはそれぞれ独自のプロセスや名称がありますが、基本的な機能については機器ごとに調査する必要があります。各プラットフォームに関する具体的な質問については、以下を参考にしてみてください。

- Appleのアクセシビリティ（apple.com/accessibility）
- Windowsのアクセシビリティ（microsoft.com/en-us/accessibility）
- Google（ChromeおよびAndroid）アクセシビリティ（google.com/accessibility）

大半の機器プラットフォームに共通するアクセシビリティ機能を以下に示します。繰り返しになりますが、希望の機能が利用できるかどうかは、対象となる機器やモデルについて調べてください。

1. スクリーン・リーダー：画面に表示されている文字を正確に読み上げてくれる機能です。デジタル学習者は、アプリの使用やウェブの閲覧などを始められます。
2. 画面拡大機能：画面の解像度を変更することなく、テキスト、グラフィックス、アイコンのすべてを大きくすることができます。また、多くの機器には、画面上のテキストのみを拡大し、アイコンや画像は拡大しない「テキストオンリー」オプションがあります。
3. オン・スクリーン・キーボード：キーボードをスクリーン上に表示することで、従来のデスクトップ・キーボードを全く、あるいはほとんど使う必要がありません。画面に表示されるものは、ほとんどの場合プログラム可能で、身近なフレーズやキー操作などにショートカットやホットキーを割り当てることができます。
4. 音声認識：ほとんどの操作を音声で行えるようになってきています。この音声コマンドでは、コンピュータ上で必要な操作やタスクを実行したり、文書を読み上げたりすることができます。また、Bluetooth技術を利用して、視覚障害者の

ための点字ディスプレイを内蔵した機器もあります。

5．カラーコントラスト：テキストが読みにくい・区別しにくい場合、テーマや色を変更したり、フィルタリングやコントラストを提供したりする複数のオプションがあります。

6．ビデオ会議：すべてのプラットフォームにはビデオ会議オプションがあり、2人またはグループ間でライブの会話をすることができます。新しい機器に搭載される内蔵カメラは、クリアで鮮明です。双方のWi-Fi接続がしっかりしていれば、手話はもちろん、声もはっきりと聞き取ることができます。

7．入力機器：ほとんどの機器が汎用の端子に移行しています。つまり、これらの汎用端子に接続することで、障害のある学習者を支援可能な機器が数多く存在するということです。

8．字幕：人気の動画サイトには、字幕（クローズドキャプション）機能が搭載されていますが、その機能をオンにする方法はそれぞれ異なります。このような方法を見つけることは、多くのタイプの学習者にとって不可欠です。

特別なデジタル市民（DIGCIT）戦略と活動

S3フレームワークを使った戦略や活動の提案は以下の通りです。

安全性（明示的な指示）

私たちは児童生徒たちに、対面コミュニケーションで安全を感じられないときに何をすべきか、どう行動すべきか教えていますが、オンラインでも同様のスキルを教えることが非常に重要です。すべてのSNSには、不適切な行為を報告する手段があります。このアクティビティでは、戦略として明示的な指導を行います。

特定の学校区がInstagram、SnapChat、Facebookなどのブロック解除に協力してくれるのであれば、不適切な行動をどのように通報できるか、ワンクリックするごとのシナリオを示しましょう。フォロー解除、ブロック、通報の違いを説明してください。学校区でこれらのサイトのブロックを解除できない場合は、レッスン前にスクリーンショットを撮っておきましょう。詳しいガイダンスについては、connectsafely.org/abuse-and-privacyをご覧ください。

精通性（視覚的手がかり）

　メールを無差別に送りつけるスパムやフィッシング詐欺は、特に電子メールを介して弱者を標的にする手口がより巧妙になってきています。可能であれば、レーザーポインターを入手してください。児童生徒たちには、視覚的な手がかりやプロンプトを使って、詐欺師のメールのどの部分が危険なのかを考えさせてください。スクリーンに映し出されたメールを見ながら、生徒を 1 人選び、レーザーポインターを使ってフィッシングの手口がどこにあるのかを学級に示してもらいましょう。フィッシングメールの例については、digcit.life/phishingをご覧ください。

社会性（先行オーガナイザー）

　適切なエチケットのお手本となりそうなソーシャルメディアでのやりとりの実例（ただし教室での使用に適したもの）と、応答の型や口調についてより良い判断ができたと考えられる例をいくつか集めます。各児童生徒に 2 枚の回答カードを渡してください。「適切」は緑、「判断を要する」は黄色です。それぞれのシナリオを投影し、スクリーン・リーダーのオプションを使っているところを見せます。児童生徒が掲げたカラーカードに基づいて、児童生徒からフィードバックを得ます。アイデアが必要ならdigcit.life/huffpostを参照してください。

・マシュー・コンスタント（教育学博士）、クイーンズランド州オーエンズボロにあるオーエンズボロ公立学校の最高学務責任者

・ケリー・ディヴィス（教育学博士）、*Green River Regional Education Cooperative*の特別教育部理事長

図書館リーダーとデジタル・シティズンシップ
共著者：クリステン・マットソン

　学校では、しばしば図書館が一番大きな教室となります。体育の授業に匹敵するほどの資料や教材がぎっしりと詰まっています。それは学びのための遊び場であり、学習体験デザイナーにとっては遊園地でもあります。

　ひとつ強調しておきたいのは、図書館からリーダーシップを発揮するためには、図書館に最高の教員が必要だということです。残念ながら、全米の公立学校区では、2000年以降、司書やメディア専門家の20％が失われています（Sparks & Harwin, 2018）。この不幸な統計は、学校司書のリーダーシップ発揮の機会再活性化に向けた行動を呼び起こすものです。

　もう一度、簡単に棚卸しをしてみましょう。スクールリーダーとして、自分の学校（または自分が指導したいと思っている学校）を想像上で散策してみてください。一番大きな教室はどこですか？最も多くのリソースがあるのはどこでしょうか？教室や廊下を行き交う児童生徒の姿を思い浮かべながら、学びやデザインへのワクワク感を感じられる場所はどこでしょう？児童生徒がものづくりをしている姿を見ることができますか？あなたの学校で全児童生徒と教員を最も頻繁に見ているのは誰でしょう？

　もしあなたが現役のスクールリーダー、またはスクールリーダーを目指している人で、学校図書館の中で、その周辺で、あるいは学校図書館を通じて、何が行われているのかよくわからないと考えるなら、おそらくそれはあなただけではありません。しかし、それを早く解決しなければならないのは変わりません。

　スクールリーダーとは、校長の椅子に座っている人のことだけではありません。手っ取り早く言えば、校長は教育指導の課程から司書の仕事を学ぶことはないのです（チャーチ、2017）。学校図書館に関する記事が専門誌に掲載されることはほとんどなく、学会でも学校図書館員に関するセッションはほとんどありません。チャーチ（2017）は、92％の学校長が、一緒に働く図書館員から直接、図書館員の仕事を学んでいることも明らかにしています。

　もし、あなたやあなたが関わる他のリーダーたちにもこれが当てはまるのならば、そのギャップを埋めるにあたっては、学校図書館のリーダーにも責任があるのだと考えられます。フアレス（2018）が述べるように、図書館のリーダーシップは、示唆に富む会話やアイデアの共有によってさらによくなり、常に進化する実践です。

　一般的に言って、図書館のリーダーは、学習者の基準に関しては非常に高いハー

ドルを持っています。図書館の指導者は、図書館における学習者の基準を、複数学年の内容領域の基準と一体化させるだけでなく、厳格で深く関連している米国学校図書館員協会（AASL）の「学習者のための学校図書館基準」とも一体化させています。

　また、図書館のリーダーたちは、ISTEスタンダードを通じて児童生徒と教員を結びつけています。また、ほとんどの州では、司書教諭の資格要件が高く設定されています。司書教諭の仕事内容は、常に改革され、再考されています。図書館のリーダーたちは、共同教育とコラボレーションによって指導する学級担任や学習の専門家のよりよい指導方法を探しながら、デジタルに接続できる児童生徒と接続できていない児童生徒の両方に対応しています。

　司書教諭は、学校のリーダーシップチームの重要なメンバーとして位置づけられるべきです。もし、あなたが図書館リーダーであるなら、あなたはリーダーシップチームに位置づけられているでしょうか？あなたが学校で他の指導的立場にある場合、図書館員はあなたのリーダーシップチームの一員ですか？そうでない理由は何でしょうか？学校図書館員をリーダーとして強化する方法はたくさんあります。往々にして、多くの人がリーダーになりたいと思っていても、その権限が与えられていないことがあります。しかし、この状況をすぐに変えることができます。学校図書館員をリーダーとして推進するための意図的な方法をいくつか紹介しましょう。

- 学校図書館員を招いて、職員のための専門的な学習経験を指導してもらいます。
- 司書を委員会のリーダーやメンバーに任命します。
- 学年や教科ごとの専門学習コミュニティ（PLC）に司書が参加します。
- 図書館員がデジタル・シティズンシップ学習をコンテンツ分野に統合するための先導的な探究者になれるようにします。
- 教室の内部見学に司書が参加します。
- 図書館員が学校のソーシャルメディアキャンペーンやブランディング戦略を主導できるようにします。

　図書館のリーダーは、あなたの学校のデジタル・シティズンシップの文化形成に役立ちます。それを成功させるために、多くの学校のリーダーは、図書館のリーダーには柔軟で即応的なスケジュールが重要だと考えています（Gavigan, Pribesh, &

Dickinson, 2010)。AASLは、意見表明の中で、柔軟なデザインを通じて、学校司書が監修者、パートナー、そして児童生徒の発達に不可欠な能動的学習者であることを強調しています。

　　図書館プログラムは教育プログラムに完全に統合されており、児童生徒、教員、学校図書館員が学習のパートナーとなります。この統合により、児童生徒が学習プロセスを導き、継続的に評価する能動的な学習者となるよう、学習のための指導が強化されます。児童生徒が情報やアイデアをさまざまな形式で分析、評価、解釈、伝達するための重要なスキルを身につけるためには、質の高い学校図書館プログラムへの開かれたアクセスが必要不可欠です。探究スキルは、カリキュラムの中で教えられ、学ばれます。また、教室や図書館、家庭などで、さまざまなリソースやテクノロジー、サービスを24時間いつでも利用できる環境で養われるものです（2014）。

　AASL基準は、「共有の基盤」と「重要な約束」を中心に、3 ～ 5つの学習者の能力を通じてより詳細に説明されています。この基準では、「デジタル・シティズンシップ」という言葉は明示されていませんが、すべてのデジタル市民にとって重要な学習者の能力があげられています。ここではその一例をご紹介します。

- 学習者は、他の学習者とのつながりを確立することで、個人的、社会的、知的なネットワークに参加し、自分の予備知識を基に新しい知識を創造します（IIIB2）。
- 学習者は、情報、テクノロジー、メディアの倫理的利用について理解し、情報収集と利用のための倫理的・法的ガイドラインに従います（VIA2）。
- 学習者は、さまざまな学習者との交流を求めることで、グローバルな学習コミュニティにおける知識構築で共感と公平を実践します（IID1）。
- 学習者は、グローバルな学習コミュニティに参加する際、文化的妥当性の理解とその中での位置づけを説明することによって、バランスのとれた視点を獲得します（IIA3）。

》図書館資料

- ISTEスタンダードとAASL学習者基準の比較：digcit.life/aasl-iste
- ISTE Uコース ——未来を担う図書館員のためのコース：digcit.life/iste-u-course
- Future Ready Librarians® フレームワーク：digcit.life/FR-library
- Future Ready Librarians® AASL学習者基準との比較：digcit.life/aasl-futureready
- AASL基準の枠組み：standards.aasl.org/framework
- AASL管理職向け学校図書館評価ガイド：digcit.life/aasl-admin
- 図書館の革新：librariestransform.org

ディスカッション

1. あなたの学校や学校区において、デジタル・シティズンシップに最もふさわしい場所はどこですか？これは独立したコンセプトであるべきでしょうか、それとも統合されたものであるべきでしょうか？

2. デジタル・シティズンシップという言葉を聞いたことがない同僚に、どのように説明しますか？この情報をどのように他の教員や児童生徒と共有し、このテーマを理解できるようにしますか？あなたの説明から他者が受け取るべき指針を2つ示してください。

3. デジタル・シティズンシップには教育的な重点があり、カリキュラム全体に浸透していると見なされる場合、デジタル・シティズンシップが魅力的で、学校外でもそのスキルにも注目され、児童生徒の生活に直結するような学習環境の一部になるには、どうすればよいでしょうか？教員と児童生徒の役割の変化をどう捉えていますか？学校と地域社会の双方で、どのようにこれを展開できるか、アイデアを提供してください。

4. 現在、教育政策や学校・学校区の目標には、デジタルテクノロジーを反映した側面や、児童生徒の将来への備えに対する責任が明記されているでしょうか？これらの目標や方針は、テクノロジーに関連するニーズの変化を反映するために更新されるべきでしょうか？この変化は、個々の教室にどのような影響を与えるでしょうか？これら計画の一部は、行政だけでなく、教員による提案から始めるべ

きでしょうか？そうする、あるいはそうしないのはなぜでしょうか？

アクティビティ

1. 新しいコンセプトのもとでは、学校がある程度まとまった能力を発揮できるように、専門家の育成が不可欠です。デジタル・シティズンシップのようなスキルを学ぶ上で、どのような協働の方法が最も効率的でしょうか？デジタル・シティズンシップのトピックについて教職員向け教育プログラムを作成するにあたって、必要となるアイデアを2つか3つ提示してください。

2. プログラムの有効性を判断するためには、プログラムがその目標や児童生徒のニーズをどれだけ満たしているか、評価する方法が必要です。デジタル・シティズンシップのトピックを盛り込むために、どのような指導方法を行えばよいでしょうか。デジタル・シティズンシップの問題として特定されたトピックから、なされた変化によってどのような影響が生じたか報告します。デジタル・シティズンシップの侵害に関する質的（感覚）と量的（数値）の両方の情報を収集し、同様に成功例も収集します。

3. デジタル・シティズンシップに関する話題が、さまざまな組織（ISTE、コモン・センス・メディア、Common Core、国／州／地方など）の基準と一致する点を特定します。デジタル・シティズンシップを実践する上で、これらの接点が学校・授業・児童生徒にどのように役立つのかを明確にします。各基準から2つまたは3つの主要なアイデアを特定し、それがデジタル・シティズンシップの定義にどのように役立つかを説明します。

第 7 章

児童生徒の声は
4つの椅子を回転させる

（訳者注：人気オーディション番組「The Voice」のルールにかけた表現。4人の審査員が椅子に座り、挑戦者に背を向けた状態で歌声だけで審査を行う。「ぜひ自分がコーチしたい」と審査員が思ったタイミングでボタンを押せば、その審査員の椅子が回転して対面できる。）

子どもたちにカリキュラムを届けるのをやめなければなりません。
一緒に発見していくことから始めなければならないのです。

——ウィル・リチャードソン、
『なぜ学校なのか?—情報が溢れる時代に教育はどう変わるべきか』の著者

　すべてのテクノロジーユーザーの目標の一つは、誰もが干渉されることなく創造や交流ができる空間を作ることです。そのためには、オンライン上の人たちへの理解と感謝が必要です。

　テクノロジーとそれにまつわる約束事を現実世界と一体化して受け入れてきたデジタル社会において、バランスを取るための最良の道は、教育を通じ、私たちの違いを尊重することです。児童生徒たちはすでに未来への道筋を立て始めており、テクノロジーはその新しい方向性の一部となっています。このような未来を構築するために十分な情報を持った大人たちが求められています。

　ジェイソン・オーラー氏は「テクノロジーの利用システムを構築する際に児童生徒を参加させなければ、彼らはそのシステムをゲーム化してしまうだろう」と常に指摘しています。つまり、システム構築時に彼らが会話に参加していなければ、作られた規則や方針を回避する方法を見つけようとします。テクノロジーの活用には、潜在的な落とし穴があることは何度も指摘されています。

　優れたデジタル統合プログラムのポイントは、学校・家庭・地域からテクノロジーを排除することではなく、むしろ、そのパワフルな使用と、現実生活とのバランス

をユーザーに認識させることにあります。私たちが目指すのは「児童生徒市民のためのデジタル経験（Digital Experiences for Student Citizens, 略称DESC）」の基盤を作ることです。

DESCとは何でしょう？

これは、テクノロジーの利用とその社会的位置づけについて児童生徒を教育するための、地域に根ざしたプログラムです。作家でデジタル・シティズンシップの第一人者でもあるスーザン・ベアデン氏は、デジタル・シティズンシップ教育が多くの学校では範囲も対象者も限定されていることを指摘し、コミュニティベースのアプローチを呼びかけています（2016）。

DESCプログラムのねらいは、デジタル・シティズンシップ・プログラムを既存の教室に統合するプロセスにおいて、多くの主体が関与する（教室に余計な授業を追加するのではなく）、複数年にわたる多層的なプログラムを作成することにあります。

このアプローチには、学校関係者、法執行機関（学校総務担当者を含む）、公共図書館、市民団体、企業経営者などの支援組織に限らず、テクノロジーのユーザーで、かつ教育支援に関心のある人ならば誰でも参加できます。DESCの趣旨とはこのようなものです。

● テクノロジーを善く使う：自己を確立し、他者を助けます。
● 児童生徒が参加する：児童生徒を第一の応答者として権限を与え、モデルとなるようにします。
● 地域参加を通じたアクション：誰もが参加できる活動を目指します。

このようなプログラムを学校内に設置するのは、多くの場合、教育リーダーの仕事です。DESCのようなプロジェクトに教職員がどれだけ貢献できるかは、管理職の役割が鍵となります。管理職がプログラムに強い関心を示せば、それは教員にも伝わります。

また、これは児童生徒のリーダーが他の子どもたちと協力して、DESCのようなプログラムをサポートする機会でもあります。これらが委員会の会議で取り上げられるような話題であれば、他の人たちもそれを重要視するようになります。

デジタル・シティズンシップは、数学や国語のように長い歴史を持つ教科ではありませんが、このプログラムに組み込まれているスキルは、今日学校を卒業する人に必要とされるハードスキルとソフトスキルの両方を満たしています。テクノロジーの成長は、社会のほぼすべての分野（個人的なものから仕事上のものまで）で続いており、これらのツールを効果的に使用するために不可欠なスキルは、将来のためにも重要です。

　「児童生徒向けISTEスタンダード（ISTE Standards for Students)」には、次のようにデジタル・シティズンシップが第一の基準として盛り込まれています。

1. 児童生徒は、相互に接続されたデジタル世界で生活し学び働くことの権利・責任・機会を認識し、安全で合法的、倫理的な方法で行動し、模範を示します。
   a. 児童生徒は、自分のデジタル・アイデンティティと社会的評価を育成・管理し、デジタル世界における自分の行動結果が永続することを認識します。
   b. 児童生徒は、オンラインでの社会的交流やネットワーク機器の使用など、テクノロジーを使用する際に、積極的、安全、合法的、倫理的に行動します。
   c. 児童生徒は、知的財産の使用と共有に関する権利と義務について理解し、それを尊重します。
   d. 児童生徒は、デジタルプライバシーとセキュリティを維持するために個人データを管理し、またオンラインでの行動追跡のために使用されるデータ収集技術について認識します。

　本書と「児童生徒向けISTEスタンダード」で、デジタル・シティズンシップがどのように定義されているかを見れば、かなりの部分が重複していることがわかります。経験豊富な教育者の目標は、児童生徒がテクノロジーを効果的に使えるようにすることであり、また新しいスキルを学ぶ柔軟性をモデル化し、現実生活・デジタル生活を問わず、善き市民となるための支援を提供することにあります。デジタル・シティズンシップとは、単なるテクノロジーではなく、テクノロジーをうまく使うのは人間である、ということに注視し続けなくてはいけません。

　児童生徒は、テクノロジーの利用をどのように改善し、拡大していくかに取り組む必要があります。また、現実世界での関与とデジタル没入型のリアリティとのバランスを示す必要があります。小学校段階では、デジタル・ルールを教室の規則に組み込むことも一案です。また、「人にやさしく」のようなオープン・ルールのようなものは、デジタルの世界ではどのような意味を持つのでしょうか。この本には、これらのコンセプトを教室で実践するための資料やアイデアが掲載されています。

　DESCやデジタル・シティズンシップの考え方では、教室での一度きりの集会や講演ではなく、年間を通して共有されるものであることを強調しておく必要があります。デジタル・シティズンシップの分野で卓越した取り組みを行う学校・学級の活動を紹介する特別なイベントもあるかもしれませんが、本来それらは毎日実践されるべきものです。では、教室でどのようにはじめたらよいでしょうか？このプログラムによる成功要因は何でしょうか？

学校内（管理職や教職員）から賛同を得る

　あなたがこのプログラムに関心がなく、ただの「追加の余計なお荷物仕事」ならば、校内でもそのように扱われます。もし、あなたがこのプログラムを実践する予定ならば、そのために今ある仕事の何かを中断したり、脇に置いたりできるでしょうか？一度賛同が得られたなら、学校や学校区で公開される必要があります。また、来訪した人はDESCプログラムについて質問する必要があります。

利害関係者を巻き込む

　校内での賛同が得られたなら、それらを共有する必要があります。学校内で何が期待され、また学校外ではどのように支援できるでしょう？家庭でのテクノロジー利用について、保護者の方からの相談は絶えることがありません。本書や他の資料から得たアイデアを共有して、役立ててもらいましょう。保護者に学校を助けてもらったり、あるいは学校が保護者を助けたりする方法を考えておきましょう。利害関係者には、児童生徒も含まれます。彼らが議論したいことは何でしょうか？

地域に出かけて行く

　地域での電子機器の使い方について、児童生徒たちに何を伝えることができるでしょう？地域のリーダーや企業経営者らと共に、機器を使用するすべての人々に心得ておいてほしいことについて話し合ってみましょう。

ロールモデルになろう！

　子どもたちは常にあなたを見ています。今や、実際に周りにいなくても、ソーシャルメディアでフォローしたり、学校外での行動や発言を意識したりできるようになりました。あなたはオンライン上の自由が妨げられていると思うもしれませんが、実際に、オンラインで公開されたことは誰にでも知られてしまいます。修復に時間がかかるような大きな過ちを犯す前に、一度立ち止まって考えてみましょう。

》1年目

　学校や学校区がデジタル・シティズンシップ計画に着手する際は、（教室を超えて）児童生徒を参加させるよう計画する必要があります。もし、学校でデジタル・シティズンシップの考え方が広がっているのなら、デジタル・シティズンシップを記念して、1週間の活動を行うことができますし、デジタル・シティズンシップ・キャンペーンを開始することもできます。これは、デジタル・シティズンシップに注目した活動を行う多くの学校区の出発点となっています。1週間に学校が実施するアイデアとしては、児童生徒が公共サービス広告（動画やポスター）やプレゼンテーションを作成したり、外部講師を招いてデジタル・シティズンシップに関連する話を聞いたりすることもあります。

　学校や学校区がカリキュラム全体を通してデジタル・シティズンシップの導入を開始した場合、それはテクノロジーの使用に関するデータの収集を開始するよい機会となります。そして、教育リーダーがこのテーマを授業に取り入れることを検討し始めれば、教材を教室に普及させることができるのです。学校によっては、毎日のアナウンスにテーマやシナリオを盛り込み、教室でのディスカッションを始めるところもあります。教育リーダーが、児童生徒や教職員といくつかのデジタル・シティズンシップのシナリオを共有し、理解度を測ることもできます。

　児童生徒は、学校におけるデジタル・シティズンシップの方針や手順の策定に協力できるよう、声をあげるべきです。スクールリーダーは、児童生徒から直接フィードバックを得るためのメカニズムを見出すべきです。

　その際に役立つ、多くの素晴らしい選択肢は、無料または低コストです。スクールリーダーは、児童生徒と一緒に、直接意見を得るための年に一度の調査（Googleフォームなど）を作成するとよいでしょう。プロジェクト・トゥモローの「SpeakUp Survey（digcit.life/SpeakUp）」も使用できます。「SpeakUp」は、デジタル・シティズンシップに注目し、毎年学校・学校区に直接データを提供してくれます。ブライトバイツ社によるツール「テクノロジーと学びの明確化」（brightbytes.net/techlearning/）も、学校でのデジタル・シティズンシップの学習・経験・文化に関する児童生徒からの直接のフィードバックを収集するための優れた選択肢です。

　以下のシナリオは、１年目の取り組みを導くのに役立ちます。

シナリオ１　ミッシェルはTwitterやInstagramに投稿するのが好きです。彼女は、毎日２〜３時間、これらのソーシャルメディアに時間を費やすことがよくあります。彼女には400人以上のフォロワーがいて、友人や家族もいれば、友人の友人もいます。１日に何度も投稿し、多くの友人のサイトにもつながっています。ミッシェルのお母さんは、Twitterのフォロワーはせいぜい20人くらいだと思っているようです。これにより、どのような問題が発生するでしょうか？

シナリオ２　サラは誕生日にスマートフォンをもらいました。一般的なスマートフォンと同様、彼女は写真や動画を撮ることができます。数学の授業中、ホワイトボードに向かって作業をしている代理のエバレット先生に背を向けて、彼女は写真を撮ろうと思いました。サラはその写真を自分のFacebookにアップロードし、授業がいかに退屈だったか語りました。さて、どんな問題があるでしょう？

シナリオ３　ジェイミーは両親を説得してGoogle Hangoutを使う許可をもらい、それを通して友達と話せるようになりました。Hangoutのルームにいる人の多くはジェイミーの友人ですが、中には知らない人もいます。数日前から、その中の一人が友人たちに話しかけているのが気になっていました。徐々に、この人物はジェイミー

に対して、ジェイミー自身のことや容姿を尋ねるメッセージを送り始めました。ジェイミーは不快になり、ルームからログアウトしてしまいました。その日の夜、彼女は両親に話をし、チャットルームにいた人のことや、どのように感じたのか伝えました。彼女の両親はどう反応するでしょう？

シナリオ4　ケビンは最新のビデオゲーム「Too Fast '22」を購入したばかりです。彼と友人たちはゲーム機でゲームを楽しんでいます。親友のビンスもゲームが好きですが、最新のゲームを買うお金がありません。ケビンは親友として、自分のゲームのコピーをビンスのシステムにインストールしようと決めました。ゲームや音楽、映画を共有することは、誰かを傷つけることになるでしょうか？

シナリオ5　スミス先生は、自分はかなりコンピュータに精通していると思っています。彼女は5年間コンピュータを使った仕事をしており、授業でも普段からコンピュータを使っています。スミス先生は、知らない人からのメールを受信したので、とりあえずそのメールを開いてみました。メールを開封すると、無料プレゼントの宣伝が書かれていたので、そのメールを削除しました。数日後、彼女は自分のコンピュータで作業をしていると、インターネット・ブラウザの動作が非常に遅いことに気づきました。ウイルス対策プログラムを使ってコンピュータをチェックしたところ、コンピュータがウイルスに感染していることを発見しました。彼女は、数日前に受信した電子メールがウイルスの感染源であると判断しました。オンラインの危険から身を守るには、どのようにすればよいでしょうか？

シナリオ6　マットはデジタルカメラで写真を撮るのが趣味です。彼の写真はとても個性的で、すぐに彼の作品だとわかります。彼は自分の写真を他の人にも見てもらいたいと思い、自分のウェブサイトに写真を掲載しました。数ヵ月後、彼はネットをあちこち見ているときに、他人のウェブサイトに自分の写真が掲載されているのを発見しました。最初は、自分の写真を喜んでくれたことに喜びを感じましたが、よく見ると、サイトのどこにも撮影者として自分の名前が書かれていませんでした。画像の掲載方法は、あたかもこのサイトの所有者が撮影したかのように見えます。オンラインで誰かの情報をコピーしても問題ないのでしょうか？また、オンライン

のすべてのものは勝手に使ってもよいのでしょうか？

シナリオ7　ハッチンソン先生は、保護者に教室での活動を知ってもらいたいと考えています。Twitterの投稿を利用することについて、技術系の協議会で聞いた覚えがあります。ハッチンソン先生は、いろいろ調べてみると、教室でのTwitter使用に関して肯定的な意見と否定的な意見の両方があることに気づきました。彼は、自分がやりたいことは、子どもの日々の行いを保護者に伝えることなので、これらの投稿は適切であると考えています。とはいえ、Twitterを設置する前には、校長やテクノロジーサポート担当者と相談し、法的に問題がないか確認することにしました。両者とも、彼がやりたいことは全く問題ないと言っています。ハッチンソン先生はその後、専用のTwitterアカウントを立ち上げ、どこで情報が得られるかを児童生徒や保護者に知らせました。ソーシャルメディアは情報を共有するのに適しているでしょうか？

シナリオ8　マックスはいつもパソコンに向かっています。学校にいるときを除いて、マックスは常にSNSや動画サイトを見たり、ウェブサイトを閲覧したりしています。SNSやメールで多くの人とコミュニケーションを取りながら、家から出ることはほとんどありません。彼のお母さんは、彼が友達と会ったり、外出したりしないことを心配するようになりました。マックスのお母さんはどうすればいいでしょうか？

シナリオ9　ケリーは運転免許を取得したばかりです。彼女の両親は、彼女が学校やアルバイト先に車で通うことを許可しています。彼女は運転できる自由を楽しんでいます。ある夜、彼女の両親は、友人のサリーを車で迎えに行って二人で映画を見に行くことを許可しました。ケリーは運転しながら、別の友人のリサと映画の後に会う約束をしていたことを思い出しました。彼女はリサにメールを送ることにし、そのままサリーの家に向かって車を走らせました。ケリーはリサへのメールを打つことに夢中になっていて、前の車がブレーキをかけたことに気づきませんでした。ぎりぎりのところでブレーキを踏み、彼女は事故になる前に車を止めることができました。運転中にデジタル機器を使うのは適切でしょうか？

シナリオ10　ディール先生は、すべてのアカウントに異なるパスワードを付けることが気に入りません。あまりにも数が多いので、忘れないようにパスワードをモニターの付箋に書く習慣がついています。彼女がオフィスを離れている間に、以前クラスで問題を起こした生徒のジョンがオフィスにやって来ました。彼はディール先生のパスワードを見て、メールアカウントのパスワードを書き留めました。ジョンは別のコンピュータでディール先生になりすましてログインし、他の職員を侮辱するメールを何通か送りました。この事態はどうすれば回避できたでしょうか？

》 2年目

　デジタル・シティズンシップ・ウィークから遠ざかっている学校はほとんどありませんが、逆にこの機会を利用して、校内でアイデアを錬成している学校もあります。一部の学校区では、デジタル・シティズンシップへの理解と知識をアピールするような活動を1ヵ月間行うように拡大しています。もし、指導者がデジタル・シティズンシップの授業に意欲的であれば、さまざまなグループが協力し合うチャンスです。

　デジタル・シティズンシップを学んだ1年目が終了した後に、児童生徒は他学年とペアを組み、学んだことや遭遇した問題、それにどのように対処したかを共有することもできます。目標は、これが重要なトピックであることを認識しつつ、通年で扱うべきだ、ということを示すことです。

　また、デジタル・シティズンシップのプロセスで、児童生徒が自分の考えを共有し「声」を広げる機会にもなります。アイオワ州の事例では、生徒（West High Bros）が率先して、全生徒がデジタルの変革に参加し、その一員であることを実感できるようにしました。詳しくはdigcit.life/west-highをご覧ください。彼らには、学校でのテクノロジー利用のルールを決めたり、学校区のAUPやEUPの作成を支援する機会が与えられるべきです。

》 3年目

　学校や学校区がS3フレームワークの実施を進めている場合は、より多くの教訓が共有されるべきです。デジタル・シティズンシップ・ウィークは、これまでの成果

を評価し、来年に向けた新しいアイデアを共有するために開催することができますし、またそうすべきです。もし、本当にデジタル・シティズンシップに対する地域の取り組みがあるのなら、この週は地域のメンバーが、自分たちの事業でテクノロジー・ツールがどのように使われているか、テクノロジーを扱う従業員に期待していることを話す機会です。また、地域のリーダーたちは、年間を通して学校を訪れ、児童生徒たちの活動や新しいデジタル作品を見ることができます。

》》４年目

４年目までには、デジタル・シティズンシップの考え方は、すべての関係者に浸透しているはずです。保護者、児童生徒、教職員との十分な意見交換が行われていれば、宿題作業や委員会会議で議論されたときにも、枠組みのみならず、その細かい要素についても理解されているでしょう。このプロセスを通じて、児童生徒だけでなく、教員、職員、保護者にも期待目標に沿った適切なテクノロジーの利用が望まれているのです。また、地域では、デジタル・シティズンシップとは何か、そして、児童生徒が学校を卒業して次の段階に進むとき、デジタル・シティズンシップが何をもたらすかについて、高いレベルでの理解が求められます。

》》５年目

これでデジタル・シティズンシップ委員会のサイクルは終了しますが、教室でのデジタル・シティズンシップ授業が終わりにならないことを願っています。５年間のプロセスを経た後も、デジタル・シティズンシップは児童生徒だけでなく、学校や地域で働く人たちにとっても重要なテーマであり続けることでしょう。

DESCに期待されているのは、すべての人のオンライン経験を改善することです。それは、個人のニーズを満たすと同時に、他者への共感を持つという絶妙なバランスで成り立っています。現実生活・オンライン生活を問わず、どんな社会においても、生きていくためには責任を持つことが求められるのです。児童生徒はもちろん、大人であっても、オンライン上では何十億人ものユーザーに囲まれているのに、孤立し、

孤独を感じることがあります。

　大切なことは、子どもたちに力を与え、デジタル社会で必要とされるスキルは何か、といった厳しい問いを自分たちに投げかけることです。このような質問は対立を招くかもしれませんが、その対立を乗り越えることで、誰もが日々直面する問題について、真の意味での議論ができる道があるはずです。

　テクノロジーはこれらの問題のすべてを解決するものではありませんが、問題を理解し、解決するための手段となります。子どもたちがデジタル社会のツールを理解しやすいからといって、それを前提とすることはできません。研究によれば、テクノロジーはそれ自体に引き寄せられるよう設計されている、と児童生徒は考えているといいます（コモン・センス・メディア、2018）。そのため、ユーザーはすぐにテクノロジーに依存し、テクノロジーから離れようとしないのです。児童生徒たちは、数分ごとに状況確認するほどに依存するのではなく、むしろ、テクノロジーから距離を置いてもよい、ということを学ぶ必要があります。彼らは、自分の自尊心が「いいね！」や「返信」の数で決まるものではないことを理解する必要があります。DESCは、テクノロジーの適切な位置づけと、現実生活とのバランスを学ぶ機会となります。

　DESCのようなプログラムを実施するには、すべての教職員、保護者、コミュニティの責任ある協力が必要です。テクノロジーの発展は、学校や家庭のドアの前でとどまらず、どこまでも追いかけてきます。このプログラムの願いは、児童生徒、教員、保護者、その他の人々が、テクノロジーは創造のために使われることもあれば、他者を傷つけるために使われることもある、ということを理解してもらうことです。道具は、使う人がいて初めて成り立つものだからです。

ディスカッション

1. デジタル・シティズンシップのような教育のプロセスには、児童生徒の積極的な参加が重要ですか？それはなぜでしょうか？

2. 学校には他にもさまざまな要求がありますが、デジタル・シティズンシップは優先されているでしょうか？もしそうであるとすれば、それはなぜでしょう？このテーマに取り組むために、すでに何か準備しているでしょうか？

3. デジタル・シティズンシップは、年に１回程度取り組んでおけばよいものですか（デジタル・シティズンシップ・ウィークなど）、それとも年間を通じて実践する必要があるものですか？

アクティビティ

1. 児童生徒が善きデジタル市民であるために、必要なことに集中できるよう、教室に導入可能な小さな変化を１～２つあげてください。アイデアを他の人と共有し、類似のアイデアを発見するよう促します。

2. デジタル・テクノロジーを使用する際に、児童生徒が他者への共感を示す方法は、どのようなものがあるでしょうか？それらを教室でどのように発揮できますか？次年度それを見てもらうための方法を２～３つ考えてみましょう。

第 8 章

テクノロジー利用のための基礎固め（小学校）

何を信じているかではなく、何をしているかが重要なのだ。

——ロバート・フルガム、
『人生に必要な知恵はすべて幼稚園の砂場で学んだ』の著者

　デジタル・シティズンシップの初期の議論では、小学校レベルの記述はほとんどありませんでした。当時は、ゲーム機やスマートフォンなどのテクノロジーを与えられている中学・高等学校の生徒にばかり焦点が当てられていました。その後、テクノロジーは低年齢層に向けて販売されるようになり、親たちはこれらのツールを低年齢の子どもに与えるようになりました。

　米国コモン・センス・メディアの調査によると、50％以上の子どもが6歳までに何らかの形でデジタル・テクノロジーに接しています。今後もこの傾向が続くことは間違いありませんが、これを基準にすると、子どもたちはすでにさまざまな経験をして学校に来ていることがわかります。幼稚園入園時に携帯電話やスマートフォンを持たせている保護者もいます。これは、安全のための措置でもありますが、保護者が子どもと連絡を取り合うための利便性でもあります。

　また、これらのテクノロジーを子どもに与えることがステータスシンボルになったり、親同士の競争になったりすることもあります。これは、教育者にとっては難しいことです。というのも、子どもたちは高価で高度にネットに接続された電子機器をランドセルに入れて登校しているからです。

　また、テクノロジーにアクセスできる人とそうでない人の分断も始まります。低学年のうちは大きな問題として現れませんが、将来の潜在的な購入のパターンがすでに始まっているわけです。

　また、親たちが購入の際に子どもにどのような情報を与えたかという問題もあります。スマートフォンを使用できる時間帯や使用できない時間帯といった制限を設

けているでしょうか？そのテクノロジーを責任を持って使いこなすスキルを教えてもらっているでしょうか？

　他のスキルと同じように、教員もやはり基本から始めて、すべての児童と情報共有することが必要です。繰り返しになりますが、他教科と同様、優秀な児童もいれば、スキル習得のためにさらなる時間やリソースが必要な児童もいます。

　児童に役立つ初期のスキルとしては、テクノロジーの基本的な管理と操作があります。初等教育の教員には、カートや棚から機器を取り出し、自分の机に持ち出す方法について話す人もいます。また、機器の近くで飲食をすることについて議論されることもあります。

　教室のルールを考えるとき、教員はテクノロジーがどのように組み込まれているかを考え始めるでしょう。例えば「教室でも、校内でも、オンラインでも、クラスメートと仲良くしましょう」というような簡単なものもあります。児童は、善き隣人や市民であることは、必ずしも相手を知ることではないと理解する必要があります。

求める児童像を考える：デジタル時代の５つの心構え（５つのBE）	
BE INVOLVED	参加する——他者と交流し、理解する。
BE AN EXAMPLE	模範となる——自分の行動に何を期待されているかを示す。
BE CURIOUS	好奇心を持つ——質問し、答えを探し、互いに教え、学ぶ。
BE A FRIEND	友達になる——協力し合って助け合う。
BE UNDERSTANDING	よき理解者になる——人は誰でも間違いを犯すのだから。

　幼少期は、オンラインの多くの学習、娯楽、創造の機会を理解するだけでなく、理解できないこと、不快感や好奇心を抱くことについて、児童と共有する必要があることを認識しておかねばなりません。安全を確保するため、オンラインでは年齢に関係なく利用してはいけない場所があることを知っておく必要があります。

　子どもたちは幼い頃から安全のための良き相棒（バディ）をもつべきです。つまり、

道を渡るときに手をつないでもらうように、ウェブで検索するときにも誰かに見守ってもらう必要があるということです。何人かで協力して作業している場合、何が適切で、何を大人に知らせるべきなのか、バディ同士でお互いに助け合うことができます。

　保護者は早くから子どもに文字や数字を教え始めます。言葉や形を認識するリテラシーは、子どもの成長にとって重要です。多くのテクノロジーツールは非常に直感的で、子どもたちはタブレットやスマートフォンの使い方をすぐに覚えますが、それでも、どのようなアプリやサイトを選べばよいか、与えられたツールをどのように使えばよいのか、それが適切な時間・場所なのかを理解するためには、大人からの指導が必要です。

　語彙力を鍛えるのと同じように、保護者がこのプロセスを手助けすることで、子どもたちが教室で責任あるテクノロジーのユーザーになるための準備が整います。また、あなたがどのようにテクノロジーを使っているのか、子どもたちに見られていることも忘れてはいけません。

　学級内ですべて賄える自己完結型のクラスであれば、カリキュラム全体を通じてデジタル・シティズンシップを取り入れるのに適しています。一般的には幼稚園から小学校低学年がそれにあたりますが、学校によっては5〜6年生まで続けてから教科別に分けるところもあります（※訳者注：アメリカの小学校では、一般的には高学年から教科担任制を採用）。これらの教室では、権利・責任・エチケットなどのトピックを柔軟に導入することができます。

　このような教室では、独自のルールが設けられていることがよくあります。「お互いに親切にしよう」などの基本的なものもあれば、教員や子どもたち自身が作ったルールのリストもあります。

　これらのルールは、デジタル生活にも適用されることを子どもに伝えましょう。初めてテクノロジーを使用する際には、機器の持ち運びから、食べ物や飲み物をこぼさないようにする方法まで、基本的なことに重点を置く必要があります。これらのルールは教育課程を通じて強化する必要がありますが、早い段階から始めて、頻繁に思い出させることが重要です。

　テクノロジーの統合は、学習プロセスにおいてさまざまな形で行われます。単なる置き換え（第2章のLoTiモデル参照）であれ、課題の拡大であれ、教育者はその授業への影響を意識する必要があります。まず、そのテクノロジーがどのような要素に対応するのかを明確にします。テクノロジー使用の流暢性を示すために動画を扱いますか？それとも、やりとりや協働に注目した学級のソーシャル・メディア・アカウントを使いますか？それを理解してはじめて、さらなる支援を行うことができるのです。

　2つめは、教室内の他の方法とテクノロジーとのバランスをとることです。それは、小グループでの共同作業であったり、全グループ合同で行う課題の読み合わせであったりします。現実生活・デジタル生活の双方が学校生活全体に統合される必要があります。

　最後に、課題のパラメータを定義します。児童が課題要件を満たすためにあらゆるツールの使用を許可された場合、教員と児童の双方がそのテクノロジーの使用方法を理解しておく必要があります。小学校段階で選択肢があれば、2つ、3つと選択肢が増えていくかもしれません。子どもが学校に通うようになると、教員の都合に合わせて、より多くの選択肢を提供することができます。

　またテクノロジーに早く触れることで、オンラインでの社会性を理解することも大切です。その中でも、デジタル社会で求められる社会的規範としてのエチケットに注目しましょう。デジタル・シティズンシップのようなテーマでは、1つの国やグループという小さな枠にとどまらず、グローバルな規模でどのように交流していくかが注目されています。また、人格や共感といった分野の探究も始めたいところです。

　これらのスキルを幼い子どもたちに見せるには、どのようなことから始めればよいでしょうか？クラスに1人1台の機器がない場合、教育者は児童が機器を共有できるようにし、全員が機器を使えるようにする必要があります。また、児童がテクノロジーを使うべき時と、他の経験をするべき時とを理解していることを確認します。特に身体を動かす時（体育や休み時間など）は「デバイスを使わない」時間帯を設定します。

児童には、ネットでは自分は一人ではないということを理解してもらう必要があります。画面とにらめっこしていると、他者とは関わりがないと思えてくることがあります。オンラインでのコミュニケーションに慣れてきたら、教室内と同じように、オンラインでも相手に親切にすることを理解してもらいます。そのために、児童が学級のメンバーについて肯定的な話をする時間や機会を作ります。子どもたちは1年を通して互いにインタビューしたり、素晴らしいお話を互いに共有したりします。

　このように、子どもたちが「オンラインでも一緒に」という考えを強化するちょっとした方法を見つけましょう。まず教員が「オンラインでは…」のように呼びかけ、子どもたちに「まず、他の人のことを考えよう」と応答させる、コールアンドレスポンスの形を取ることも一つのアイデアです。

》》小学校低学年のディスカッション

1．デジタル・シティズンシップ教育は、どこで始める必要があるのでしょう？家庭ですか？学校ですか？
2．デジタル・シティズンシップ教育の初期段階では、どのようなスキルに重点を置くべきでしょうか？
3．児童が基礎的スキルを理解するための入り口はどこにあるでしょう？
4．小学校レベルでのデジタル・テクノロジー利用の目標は何ですか？
5．「機器の先の世界を見通す」方法にはどのようなものがありますか？例えば、オンラインの他者をどのように認識させ、どのように扱うべきかを児童に教えるにはどうしたらよいでしょうか。

》》小学校低学年の導入授業

権利と責任

1．テクノロジーツールの責任ある適切な使用方法を説明し、実践します。
2．善きデジタル市民とは、物理的・仮想的なコミュニティでのルールを守る人であることを、教室での児童間でのやりとりで示します（例：教室のルール）。
3．現実生活の「知らない人と話さない」と、デジタル生活の「知らない人にメッセー

ジを送らない」という考え方について、児童に比較検討してもらいます。

4．学校と家庭の両方で、テクノロジーが提供する新しい機会を共有します。

5．児童がネットで何をするかについて保護者と一緒に話し合えるようにします。

コミュニケーションとコラボレーション

1．さまざまなデジタルコミュニケーションの形態とそれぞれの利点や問題点を説明し、探索します。

2．クラスプロジェクトのために双方向通信やオンラインリソース（電子メール、オンラインディスカッション、他のウェブ環境を介した情報交換、ウェブカメラなど）を使用することが、どのように有益なのかクラスで議論します。

3．オンラインでのコミュニケーションと対面でのコミュニケーションの共通点や相違点を児童に理解させます。

流暢性（フルーエンシー：情報に対する適切な判断と活用）

1．新しいアイデアを理解するために、インターネットが学校、家庭、地域の情報源になっていることを共有します。

2．ネット情報を精査して研究に活用する方法を共有します。

3．画面上の指示の読み方、従い方を指示します。

エチケット

1．利用可能なテクノロジー・リソースを、他者と進んで共有しようとする児童を支援します。

2．機器の適切な取り扱いについて説明し、実践します（例：食べ物、飲み物、磁石を機器に近づけない、手を清潔にする、機器を破損させない）。

3．適切なデジタルエチケットに関する情報（他人を刺激しない言葉遣い、社会的に微妙な発言や侮辱を避けることなど）を提供します。

4．テクノロジーを使用する際に、善きクラスメート（市民）であるとはどういうことかを議論します。

1. デジタル・テクノロジーの理解（流暢性）

中心的な問い：子ども同士は、デジタル・テクノロジーを使ってどのように助け合うのでしょうか？

関連する問い：児童がテクノロジーの扱い方を学ぶことはなぜ重要なのでしょうか？テクノロジーのユーザーは、テクノロジーの使用を取り巻く問題について、どのようにすれば最もよく学ぶことができるでしょうか？

目的：ユーザーがデジタル・テクノロジーの新しい使い方を発見する。

必要なリソース

Cyberlearning World——Bookmark：初登校時のアイスブレイク活動
(digcit.life/firstday)

活動内容

　セッションを開始するにあたり、クラスのメンバーを3～4人のグループに分けます。

　校内外で使用しているテクノロジーについて児童に尋ねます。彼らが使用しているアプリの種類とその利用の理由を調べます。

　さまざまな概念の理解を助けるために、お互いに教え合うことができるテクノロジーツールを3つあげます（例：理科や算数を教えるのに使えるもの）。

　いずれかのグループが発表して、クラスで共有できる時間を設定します。

アイデアの拡張

　授業でテクノロジーをより効果的に活用する方法について、児童にブレインストーミングをしてもらいます。なぜそのような活動が授業をより有意義なも

のにするのか、その理由を説明してもらいます。高学年の場合は「マルチタスキング」（例えば、メールをしながら運転すること）がなぜテクノロジーの最善の使い方ではないのか、について議論させます。

指導のヒント

アイデアの多い分野、表現力を高める必要がある分野を明確にします。

メンバーが創造性を発揮して、ツールを使うだけでなく、テクノロジーを適切に使用する方法も含めて、新しくて面白い方法を考え出せるようにします。これらの活動をどのようにして達成するのか、具体的に説明することを求めます。

２．デジタル社会での調査スキル（流暢性）

中心的な問い：児童はインターネットから質の高い情報を得る場所を知っているでしょうか？

関連する問い：インターネットで質の高い情報を見つけるために、教員はどのようなリソースを必要としていますか？インターネットのリソースを教室でどのように使うべきでしょう？

目的：学習のための情報源として、児童のインターネット利用を改善すること。

必要なリソース

フロリダ教育技術センター──リサーチツール（digcit.life/FCIT）

UC Berkeley──ウェブページを評価する：適用するテクニックと質問すること（digcit.life/eval-resources）

Lifewire ―誰もが知っておくべきウェブ検索のコツトップ10
(digcit.life/search-tricks)

活動内容

　インターネット検索の基本について時間をかけて説明します。検索エンジンを使ったことがない児童は、経験豊富な児童に手伝ってもらいます。

　インターネットの借り物競争シートを作り、児童にシートのマス目に合ったサイトを見つけてもらいます。授業での重要なトピックを扱います（例：国語の授業では、品詞、本のタイトル、著者など、何を取り上げるか調べさせます）。

　クラスでは、検索した内容と共通するものを比較させます。ただし、外れたものについては、なぜ、あるいはどのようにそれを思いついたのかを説明してもらいます。

アイデアの拡張

　テーマに関連する情報をインターネットで探す授業を作ります。見つけた情報がなぜ授業に適しているのか、児童に説明させます。グループごとに異なる条件で検索させます。同じトピックを調べるために、新しい別の単語やフレーズを探してもらいます。

指導のヒント

　ウェブサイトとその構成を理解し、児童が情報の出所（著者、スポンサーなど）と更新日を特定できるようにします。

　ウェブサイトの信頼性や正確性を確認するためのポイントを教えます。

　ウェブ検索経験が豊富な児童もいることを認識しましょう。一人がグループを独占しないように、全員に参加してもらいます。

3．不適切なテクノロジーの使用（権利と責任）

中心的な問い：テクノロジーが責任を持って使われているか、それとも、不適切に使われているのか、どのような基準で判断できますか？

関連する問い：なぜテクノロジーの不適切な使用に注意を払わなければならないのでしょうか？テクノロジー・ユーザーが、適切なテクノロジー使用について合意するには、どのようにすればよいでしょうか？

目的：児童が、テクノロジーの適切・不適切な使用に関するさまざまな視点を探究すること。

必要なリソース

教育界──責任ある倫理的なデジタル市民の育成
(digcit.life/responsible-student)

活動内容

　教室での不適切なテクノロジーの使用について、上位３つの例を書き出してもらいます。些細なことであっても、参加者全員が懸念を共有できるようにします。これらの事例を１つのリストにまとめ、上位３つの課題についてグループ内で投票してもらいます。グループとして、これらの問題に対処するための戦略を明らかにします。例えば、クラスのルールにトピックを追加する、クラスの会議でテクノロジーのニーズや問題について話し合うなどです。

アイデアの拡張

　児童には、家庭でのテクノロジーの使用について家族で話し合い、どのような点を変更したのか報告してもらいます。

指導のヒント

児童には、なぜこれらの問題が教室にとって重要と考えるのか、その理由を述べてもらいます。個々のクラスの問題以外にも、学校や学校区全体に影響を与える問題についても議論しましょう。問題そのものではなく、問題の解決策に焦点を当てます。

》小学校中・高学年段階（3～5年生）

スキルを身につけるという継続的なプロセスは、次のS3サイクルでも継続されます。この学年段階では、権利と責任、リテラシー、エチケットに加えて、セキュリティとプライバシー、コミュニケーションとコラボレーション、アクセスを扱い強化します。児童は教員の助けを借りて、テクノロジーの効果的なユーザーになるために必要なスキルを身につける必要があります。

それぞれの分野では、さまざまな角度から検討することができます。例えば、コミュニケーションの分野では、児童が自分の意見を見出し始める必要があります。これは言語能力なので、そのカリキュラムで強化することができますし、オンラインで自分自身や他者のことを共有するときにも強化することができます。

子どもたちがテクノロジーを使う年齢が早まっている中、テクノロジーのスキルを身につけることはますます重要になっています。これには「共感」の理解も含まれます。デジタルの成熟期において、なぜ「共感」が重要なのでしょうか？自分の情報を保護するスキルを高めることは、オンラインで交流する他者を認識することにもつながります。

古い格言にもあるように「鎖の丈夫さはその中の一番弱い輪の丈夫さと同じにすぎない」という言葉は、この文脈にぴったりあてはまります。児童が適切なパスワード、不審なメールの開封、オンラインでの情報共有について学んでも、理解していなければ、自身が危険にさらされるだけでなく、つながっている相手も影響を受けたり、アカウントが侵害されたりする可能性があります。デジタルの世界はコミュニティであり、私たちはすべてつながっているのです。

　テクノロジーツールを使って他者と交流することを考え始めるとき、まず、児童たちは、さまざまな選択肢と、対象者それぞれがどのように違うのかを理解しなければなりません。この年齢レベルでは、児童たちは自分たちのコミュニティ内で、協力だけでなく、交流やコミュニケーションも始めています。

　この機会に、オンラインでの基本的なスキルについて、さらに知識を深めましょう。文章を書いたり、クラスのソーシャルメディアのアカウントで何かを投稿したりすることは、他人のことを考える機会になります。児童は、メッセージの受け手がどのように反応するかを考え、自分のコミュニケーションのスタイルを改善していく必要があります。

　テクノロジーを使うときは誰もが平等である、と思い込みがちですが（デジタル・シティズンシップの国際的側面に関する第15章を参照）。多くの人にとって、テクノロジーへアクセスできる機会の格差は、自分の学校や地域にまでは目を向ける必要のないことです。学校や学校区によっては、デバイスを提供しさえすれば（例：1人1台）状況が解決すると考えているところもあります。

　自宅にインターネット環境がない児童数を調査するために十分な時間をかけましたか？多くのプログラムがインターネットに接続されているので、機器を自宅に持ち帰る際にはこれが大きな問題となります。学校や学校区は、このような状況に対して、ネット接続、オプション、または低コストの解決策を提供しているでしょうか？もしそうでなければ、教員全員がネット接続されていると仮定した場合、児童はどのようにして作業を完了できるでしょうか？教員がすべての授業を変更する前に、これらのトピックに対処するようにしましょう。

》小学校中・高学年の導入授業

SAFETY（安全性）

権利と責任

1．疑わしい、あるいは意図しないウェブサイトにアクセスした場合の対処法と連絡先を記述します。

2．ネットで不愉快な状況に置かれたらどうすればよいか、信頼できる人に相談す

る方法を説明します。

3. そして、不審な行動や脅威的な行動を報告する際の連絡先を共有します。

セキュリティとプライバシー

1. 授業に適したウェブサイトの例を示します。

2. 現実生活・デジタル生活それぞれのコミュニティのルールを比較対照します。

3. デジタル生活の世界では、見知らぬ人が友達のふりをすることがあることを示します。

4. インターネットの安全に関するスキルのリストを作成します(例：写真を送るのは、実際に知っている友達や家族だけで、大人の助けがない時は会ったことのない人には絶対に送らない。知っている人からのメッセージは開いてもよいが、クリックする文書やリンクには注意する。知らない人からのメッセージには、自分を傷つけるようなものが含まれている可能性があるので注意する。意地悪なことや気味の悪いことが起きたら、すぐに大人に知らせる、など)。リストの例は、コモン・センス・メディア（digcit.life/CS-safe）を参照してください。

コミュニケーションとコラボレーション

1. 認可されたアプリやサイト（例：読み上げ絵本、音声合成ソフト）で、教員、家族、児童のパートナーのサポートを受けながら、情報を特定したり、共有したり、交換したりします。

2. オンラインツール（例：コンテンツ／課程管理システム、ビデオ会議、ブログ、Wiki、クラスまたはグループフォーラム、他者とのコラボレーションやコミュニケーションのための電子メール）を使用した問題解決型の協働学習プロジェクトを主導します。

3. 良いオンラインコミュニケーションと悪いオンラインコミュニケーションの例を示します。

流暢性

1. コンピュータやその他のテクノロジーが学習環境で使用される場面を説明します。

2. テクノロジーの利用と現実生活の活動とのバランスをとる方法を共有します。

エチケット

１．テクノロジーを使用する際に善き市民であることの重要性を定義し、サポートを提供します。自分がどのように扱われたいかは、他者への扱いに影響することだと理解させます。

２．適切なデジタルエチケット例と不適切なデジタルエチケット例を提示します（携帯電話の使用、電子メール、ソーシャルメディアなど）。オンラインでも良い手本となることが重要な理由を共有します。

SAVVY（精通性）

権利と責任

１．デジタル素材の倫理的な使用方法を確認します。他人の作品を使用する際に許可を得る方法を説明します。著作権法について説明します。

２．電子リソースの適切な書誌引用方法を説明します（例：ウェブページ、データソース、画像、音楽、ビデオ、雑誌記事など）。

セキュリティとプライバシー

１．オンラインで個人情報を提供することがなぜ危険なのかを明らかにし、議論します。

２．パスワードを秘密にすべき理由を説明します。

コミュニケーションとコラボレーション

１．デジタルコミュニケーションの方法を特定し、それをどのような場合に使用すべきかの例を示します（電子メール、テキストメッセージング、ソーシャルメディアなど）。

２．ソーシャルメディアはいつどのように扱うのが適切かを明確にします。

３．教員が監修したオンラインコンテンツ（動画、プレゼンテーションツールなど）のデザイン、作成、公開でクラスをリードします。

流暢性

１．児童がテクノロジーに関する知識を身につけられるようにします。

a．ファイルの基本（開く、閉じる、メニューオプションの使用、保存、印刷、矢印／ポインタ、Enter／Return）を理解します。

　　b．基本的なトラブルシューティング技術（例：すべての機器の電源が入っているかどうか、電源を入れているかどうか）を習得します。

　　c．さまざまなプログラムやアプリなどで、発達段階に応じたメニューやツールバー、機能を識別して使用できるようにします。

　　d．校正と電子編集のスキルを用います（例：バックスペース、カーソルを動かして単語や文字を挿入する、スペルチェック）。

2．授業の目的に応じて適切な機能を持つソフトウェアを児童に選択させることを含むようなプロジェクトを開発します。

3．児童がテクノロジー・ツール（マルチメディアやプレゼンテーションのオーサリング、DTP、ウェブツール、デジタルカメラ、スキャナーなど）を使って、教室内外の読者に向けて共同で作品を制作し、公開できるように支援します。

4．文書処理（ワードプロセッシング）

　　a．書式の用語を紹介します：太字、斜体、サイズ、文字色、フォントスタイル、左／右／中央揃え、ワードラップなど。

　　b．編集用語を紹介します：アンドゥ、バックスペース、削除、カーソルを動かして単語や文字を挿入、スペルチェックなど。

　　c．適切なデジタル語彙を共有します（例：カット、ドラッグ、ドロップダウン、ファイル、ハイライト、挿入、ペーストなど）。

5．マルチメディア・プレゼンテーション

　　a．プレゼンテーションの適切なレイアウト（タイトルスライド、箇条書きのリスト、クリップアート付きの箇条書きのリスト）を決めさせます。

　　b．児童が簡単なプレゼンテーションを作成するレッスンを行います。

6．スプレッドシート

　　a．セルデータの使用方法を紹介します。

　　b．セルの書式設定（フォント、サイズ、カラー、スタイル）を説明します。

　　c．セル、行、列を選択してデータ操作を共有します。

　　d．語彙（セル・アドレス、アクティブ・セル）を示し、定義します。

　　e．レッスン中に簡単なチャートやグラフを作成します（例：理科や算数の授

業で数字を集める）。

7．どのような場合にインターネット検索が有効なのか、クラスで話し合います。

8．電子情報が正確か、それとも単なるユーザーの意見（フェイクニュース）なのかを判断する方法について話し合います。

9．問題解決と批判的思考のために、教員が作成したウェブ・アクティビティを使用します。

エチケット

1．適切なデジタルエチケットとは何かを定義します（例：英語の電子メールで大文字ばかり使わないのは、オンラインでは大声を出すのと同じことだから）。

2．現実生活・デジタル生活における優しさや共感の意味について議論します。

3．良い性格、社会情動的な幸福とデジタルエチケットとの関連について考えを共有します。

アクセス

1．ユーザーの違いを識別し、特別なニーズをもつ人を支援するために使用できるテクノロジーの種類について話し合います。

2．児童ごとにデジタル・アクセスがどのように異なるかを議論します。小さなコミュニティ、さまざまな家族でのニーズ、さらには他の国でのニーズを特定します。

3．特別なニーズを持つ人、身体の不自由な人、外国語を話す児童などをどのように支援できるかを示します（例：改良されたキーボード、テキストから音声への変換、画面の拡大など）。

小学校中・高学年での活動

1．STEPプロセス（コミュニケーションと協働）

中心的な問い：テクノロジー・ユーザーが送信前にメッセージや受け取る人のことを考えるのをどうやったら促せるでしょうか？考える前に投稿してしまう思考回路を変えるには、どうしたらよいでしょうか？

関連する問い：児童が、送信前にメッセージや受け取る人のことについて考えるための工夫はありますか？児童が投稿する内容を適切に判断できるようにするには、大人はどのように支援すればよいでしょう？

目的：意図した通りの情報が相手に届かない可能性があることを意識すること。

必要なリソース

ティーンの脳：知っておくべき6
つのこと
(digcit.life/teen-brain)

共感力：大学生は以前ほど多く
の共感力を持っていない
(digcit.life/empathy)

共感は実際には選択
(digcit.life/empathy-choice)

デリ・ラティマー —— 話 す 前 に
T.H.I.N.K.する （digcit.life/t-h-i-n-k）

活動内容

　STEPの戦略では、ユーザーが投稿や文字、画像などでネットのやり取りをする際に、そのプロセスをスローダウンさせます。ユーザーが、送信または応答される情報に対して行動または反応する前に、これらの習慣を身につけることが期待されます。

　STOP（立ち止まる）

　これはどんな活動にも有効なスキルです。一旦、時間を置いて、一息ついて、状況を考えてみましょう。状況に応じた対応をする前に、自分の考えをまとめることが大切です。何も考えずに行動すると、問題が大きくなってしまうことがよくあります。

THINK（考える）

　この5文字の頭字語は、かなり以前から存在していました。ジョセフソン研究所（charactercounts.org）では、オンラインに接続される以前からこれを共有しています。その情報が「真実か(True)」「役に立つか(Helpful)」「元気づけるか（Inspiring)」「必要か（Necessary)」「親切か（Kind)」と自問自答することが大切なはずです。投稿前の心得として、これを守れば、ネット上のトラブルは減るはずです。

EMPHATHIZE（共感する）

　自分の欲求を満たすことが他者への配慮よりも優先される場合、それはしばしば共感性の問題だと言えます。オンラインでも現実でも、まず自分を大切にすることが重視されています。私たちの社会は変化しており、ミシガン大学などの調査では、過去40年間で共感度が低下していると言われています。Journal of Patient Experienceの研究では、共感は他者の行動を通じて学ばれサポートされることが示されており、これはデジタル・シティズンシップの推進目標とすべきものです。

POST（投稿する）

　最終的に、情報を掲載するかどうかは、上記のトピックを考慮し、かつ自分自身を理解した上で決定する必要があります。これは、デジタル・シティズンシップとREP（※訳者注：Respect, Educate, and Protect〈尊重、教育、保護〉の略）（特にRespect：自己と他者を尊重すること）を理解することになります。社会の一員である私たちの行動の結果は、自分自身と他者に反映されます。真のデジタル市民になるためには、これを考慮しなければなりません。

活動内容

なぜ人はオンラインになると他人を貶めるのでしょうか？ソーシャルメディア、ニュース記事（または関連コメント）、メッセージアプリやサイト（Yik Yak、Whisperなど）から、ネット上でのネガティブな発言の例を2〜3個探してきてもらいます。

- ネガティブなコメントを共有したり投稿したりすることを、どこで学ぶので
しょうか？
- たとえ自分に向けられたものでなくとも、これらをどう感じますか。
- このようなコメントは、現実の生活よりバーチャルの方が多いでしょうか？
- なぜ人はこのようなコメントを投稿するのでしょうか？

どんなポジティブな発言がネットでできるでしょうか？　Kindr（kindr.
grindr.com）など、さまざまなサイトに掲載できるようなポジティブな発言を
参加者に考えてもらいます。コメントを表にリストアップします。

グループで話し合う：
- このようなコメントが掲載されているのを見たら、あなたはどう感じますか？
- 上記のネガティブな（炎上するような）コメントとは対照的に、これらをサ
イトで見たら他の人はどう反応するでしょうか？
- 隣の人にポジティブな発言を一つ伝えましょう。

アイデアの拡張

児童たちには、ネット上でのポジティブな出来事とネガティブな出来事の両
方について日記を書いてもらいます。その状況でSTEPのプロセスがどのよう
に役立ったでしょうか？STEPプロセスは将来的にどのように役立つでしょう
か？

指導のヒント

児童たちはしばしば、本来はきわめてデリケートな情報や状況をシェアして
しまうことがあります。ソーシャルメディアでは多くの児童たちが相互に接続
しているため、プロセスを重視する必要があります。たとえ誰の情報や状況で
あるかがわかっても、名前や特定可能な内容はシェアしないようにする必要が
あります。方針や法律上の問題がある場合には、管理職や警察に相談するよう
に勧めます。

２．偽情報・誤情報（コミュニケーションと協働）

中心的な問い：ネットで検索するとき、どんな情報が正しいのでしょうか？

関連する問い：ユーザーは、自分が見たり読んだりしているものが真実だと、どのようにして確かめるのでしょうか。最も効率的な方法で最良の情報を提供するにはどのようなリソースが必要でしょうか。

目的：テクノロジー・ユーザーが、課題に取り組むために、あるいは、情報を他者と共有するために、どのような情報が最も信頼できるか調べ、識別できるようにすること。

必要なリソース

ディスカバリーエデュケーション——事実、意見、またはフェイクニュース？
(digcit.life/discovery-fake)

デジタル市民性におけるフェイクニュースのクラウドソーシング
(digcit.life/crowdsourcing-fake-news)

スタンフォード大学による市民的なオンライン推論に関する研究
(digcit.life/civic-online-reasoning)

バロニー検出キット
(digcit.life/baloney)

活動内容

　フェイクニュースの注意点について話し合った後、児童に自分でフェイクニュースの記事を書かせます。情報が事実でなくなるためには、大幅な変更は

必要ではないことを児童に説明しておきましょう。最高の「フェイクニュース」の記事はたいてい、正しい情報に微妙な変更を加えただけのものなのです。

アイデアの拡張

　教員が本物であるかのように見せかけたウェブサイトを使って、児童たちに「ノースウェストの木のタコ」（zapatopi.net/treeoctopus/）について調べさせるというのもアイデアのひとつです。また、インターネットが普及する前から存在するフェイクニュースの歴史について調べてみるのもひとつです。オーソン・ウェルズの『宇宙戦争』のラジオ放送と、それが制作後にもたらした影響についてのトピックを見てください。

リソース

ニュー・サイエンティスト──ティム・バーナーズ＝リーとフェイクニュース（digcit.life/berners-lee）

2017年SXSWでのVint Cerfパネル：フェイクニュースについて（digcit.life/vint）

指導のヒント

　ソーシャルメディアで"フェイクニュース"が流された場合、どのような結果になるか（あるいはなったか）を児童に話してもらいます。その誤った情報が、自分や他者にどのような問題を引き起こすでしょうか。

3．メッセージの誤解（コミュニケーションと協働）

中心的な問い：さまざまなコミュニケーション・テクノロジーを使用する際に、児童が誤解を避けるためにはどうすればよいでしょうか？

関連する問い：電子メールやテキストメッセージは、受け取った人にどんなふうに誤解を与えるのでしょうか？メールやテキストメッセージを送る際に、意

図を誤って伝えないように、児童ができることは何でしょうか。

目的：電子メールやテキストメッセージの正しい書き方、読み取り方を学ぶこと。

必要なリソース

Axero──チャットやテキストの
コミュニケーション障壁を回避
する方法
(digcit.life/barriers)

アメリカン・マネジメント・ミディ
アム──コミュニケーションの誤
解メディア
(digcit.life/medium)

活動内容

　クラスを２つのグループに分けます。２つのグループを向かい合わせに並べ
ます。一人ひとりに小さな紙と鉛筆を渡します。各グループの最初の人に文章
を伝えます。 例えば、「ミスコミュニケーション問題を解決するには、優れた
デジタルコミュニケーションとふりかえりをすればよい」といった具合です。

　各グループの最初の人に文章を書いてもらい、次の人に渡すように指示します。
２人目の人は、その文章を暗記して、３人目に向けて暗唱し、３人目はそれを
書き留めなければなりません。このプロセスをずっと続けます。最後の人が文
を聞いた後、それを書いて教員に返してもらいます。それぞれのグループがど
れだけ原文に近いかを確認します。

　口頭でのメッセージから書面でのメッセージに変えることがいかに難しいか
について話し合いましょう。特に同じ部屋にいないときに、メッセージがどの
ように誤解されたり、伝わらなかったりするかについて話してください。

　アイデアの拡張

　児童に、何らかのテクノロジー（Eメール、テキストメッセージ、スマートフォ
ンなど）を使ってミスコミュニケーションを起こしてしまった個人的な経験を

共有してもらいます。ミスコミュニケーションを回避するために、何ができたのかを明らかにしてもらいます。

指導のヒント

　グループのメンバーは、隣の人が何をしているか聞こえたり見えたりしないように、お互いに離れて立つようにします。抑揚をつけずに復唱します。この身近な練習と、デジタルメッセージが誤って伝わってしまうことの関連性を児童に理解させます。

４．個人の安全を守るために（セキュリティとプライバシー）

中心的な問い：ユーザーはどのようにして個人情報やデータを保護できるのでしょうか？

関連する問い：テクノロジーを利用する上で、人々が注意しなければならないセキュリティ上の問題とは何でしょう？個人情報の安全を確保するにはどうすればよいでしょうか？ユーザーが自分の情報を守るためにできる簡単な手段は何ですか？

目的：児童がデジタル社会における個人のプライバシーの問題について理解を深めること。

必要なリソース

iKeepSafe-GenerationSafe——
デジタルセキュリティの実現
（digcit.life/iKeepSafe-security）

全国サイバーセキュリティ連盟
——StaySafeOnline.org
（staysafeonline.org）

活動内容

　家庭や学校のセキュリティについて話します。このような状況下で、自分や家族を守るためにはどうすればよいでしょう？オンライン・セキュリティの共通点と相違点について説明します。どのような情報をいつ共有するのが適切でしょうか？

　ウイルス、ランサムウェア、ファイル破損などの問題について話します。テクノロジーを使用する際に、どうすれば自分自身（あるいは他者）を守ることができるのか、話し合いをリードしましょう。

　グループメンバーが現在取り組んでいるセキュリティ活動のリストを作成します。何をクリックしたらいいのか、何をクリックしてはいけないのか、アイデアを共有します。自分や他者をより安全にするためのあらゆる方法をリストアップします。現在行っていること、今後行うべきことに共通するテーマを明確にします。

アイデアの拡張

　個人情報のセキュリティを向上させるために行った新たな取り組みを定期的に共有してもらいます。

指導のヒント

　ユーザーの中には、デジタルセキュリティ（ウイルスやスパイウェア対策プログラム、サージや電源の保護、パスワードプロトコル、暗号化されたデータやインターネット通信など）とデジタルヘルス＆ウェルフェア（ユーザーの身体的および心理的な幸福の保護）の違いを理解していない人もいるでしょう。

　これらの違いを最初に明確にし、それぞれの例を示すようにします。グループメンバー全員が参加し、デジタルセキュリティで優れている点（または遅れている点）を共有する機会を設けます。

第 9 章

中学校段階におけるスキルの強化

私は物質界で育って英語を話し、
次世代はデジタルの世界で育ってソーシャルを語る。

——アンジェラ・アーレンツ

　中学校レベルのデジタル・シティズンシップは、ややこしくなることがあります。また、小学校で学んだスキルを強化し、さらに発展させる機会にもなり得ます。

　米国では、多くのソーシャルメディアサイト（他サイトも同様）が、13歳の生徒に自分のアカウント作成を利用規約で認めています（それ以前にアカウントを作成した例もありますが）。この年齢になると、生徒たちはソーシャルメディアのツールを使い始め、家族のつながり以外の交流にも目を向けるようになります。

　生徒が不正確な情報（年齢など）を使ってアカウント作成した場合、のちにこれらのサイトが不正確な情報をずっと保ち続ける可能性があると覚えておく必要があります。例えば、Facebookアカウントでは、Facebook上で与えられた虚偽の情報を利用して、Tinderなどのアダルト素材を扱うサイトで新しいアカウントを作成することさえできます。

　生徒が年上に見えるように生年月日を選択した場合、他のサイトでもその情報が使用されます。欧州連合（EU）などの他の国では、さまざまなソーシャルメディアサイトでアカウントを作成するための成人年齢を16歳に引き上げています。

　S3フレームワークでは、多くの6～8年生が「社会性」の段階に移行し始めます。また、フレームワークに関連する要素の構築作業も継続して行われます。健康と福祉、商取引、法律などの要素について、相互作用するカリキュラムの他のトピックに触れることで、生徒の理解が深められるでしょう。このサイクルなら、生徒が新しい用語や概念に触れる体験は完璧です。

　権利と責任、セキュリティ、リテラシー、コミュニケーション、エチケット、アクセスなどのトピックは、健康福祉、商取引、法律の概念を統合しているとはいえ、まだ網羅し、強化する必要があります。他のセクションでも述べたように、これらのトピックは活動やカリキュラムの中で互いに影響しあっています。

　このように3つのサイクルに分けることで、すべての生徒がさまざまなトピック分野に触れられると同時に、それらがさまざまなカリキュラム分野とどのように相互作用するかを確かめることができます。

　他の教育分野と同様に、デジタル・シティズンシップも継続的に強化する必要があります。これらのテクノロジーを使用している教育者は、生徒のサポートに向けたテクノロジーの応用について議論する時間を取らなければなりません。

　国語の言語表現のコースで、学習管理システムを使って他生徒の作文を検討する際に、コミュニケーションと協力に焦点を当てたり、科学の授業でスプレッドシートを使ってデータを収集する際にスラスラと使いこなせているかについて話し合ったりすることができます。

　これらのスキルは、コンピュータ室やメディア室に追いやられるものではありません。デジタル・シティズンシップとは、ユーザーとテクノロジー、そしてそれらのつながりを意味します。これをすべてのユーザーの一般的な市民権要件の一部と考えるならば、これらの概念はつながっています。

　テクノロジーには、すべてのユーザーにとって「セイレーンの歌」（※訳者注：魅惑的で人を誤らせるもの。ギリシャ神話に基づく）のような魅力がありますが、中学校段階の生徒にとっては、それ以上に危険な問題があります。

　スマートフォンやInstagramが登場する前でさえ、この年代の子どもたちは、身体的、社会的、感情的な変化を受けやすかったのです。これらのデジタルツールのほとんどは、問題を起こそうとして作られたものではないので、倫理的には中立であることが多いのですが、この年代のユーザー（およびその他のユーザー）は、ほとんど何も考えずに、残酷なことをしてしまいます。ほとんどすべての（現実の、あるいは想像上の）罪について、他の生徒に対して自傷・自殺するように言うのは、表面上でも理解し難いことです。

また、これらのアプリやサイトは、若い男性や女性に「完璧な人」と思わせるような、現実離れした鏡を見せています。多くの場合、これらのサイトでは、人々を「完璧」に見せるためにデジタル修正するテクノロジーが使われています。この年齢で対話を始め、維持するのは難しいことですが、この年齢の子どもたちの健康と幸福のためには、大人が勝手に判断するのではなく、子どもたちの言い分を聞く姿勢が重要です。

　ネットの世界では「欲しいものは欲しい時に買え」というメッセージがユーザーに浴びせかけられます。子どもたちは幼い頃から、親たちや友人、地域の人々が、自分たちの必要なものや欲しいものをオンラインで購入しているのを目にしています。これは、多くの家庭の玄関先に荷物が置かれるホリデーシーズン（※訳者注：11月後半から12月の、感謝祭、クリスマス、年末年始などが含まれる期間）に顕著に見られます。

　ギフトカードやオンラインでの購入は、プレゼント選びの手間を省いてくれますが、必要のないものを買ってしまったり、「プレゼントをするため」だけのプレゼントになったりする可能性もあります。

　お金のやりとりが少ないところでは、必要なものを手に入れるために、一生懸命働いてお金の価値を学ぶ必要があると子どもたちが理解するのは難しいことです。ボタンをクリックしたり、「Hey Siri、友達の誕生日プレゼントを注文しておいて」と言ったりする世界では、こういったことは難しいかもしれません。

　オンラインの世界は、デジタル・テクノロジーの黎明期から変化してきました。ひとつの分野は、オンラインでの法的交流です。デジタルコミュニティには、かつては独自のポリシーや手続き、さらには法律が存在していました。そのコミュニティのルールを知っているかどうかは、ユーザー次第だったのです。

　このようなデジタル・テクノロジーがメジャーになるにつれ、それに伴う問題が現実の世界にも波及してきました。その後、都市、州、さらには国がオンラインユーザーに許容することを決めるようになりました。生徒は教室から地域に至るまで、学校での方針や手続きが何であるかを理解する必要があります。そして、学校を卒業した後は、所属するコミュニティを支配する別のルールを学ぶ必要があります。

車を運転するのと同じように、オンラインの世界を操るためのルールがあります。また、車の運転と同じように、これらのルールは自分のためだけではなく、道路上での他者との関わり方にも関係してきます。オンラインの世界では、私たちの周囲にある「トラフィック（情報流通量）」を意識しなければなりません。

多くの中学校では、この段階のカリキュラム領域は分割されています。これは、課題であると同時に、これらの科目ですべてのトピックが導入され、強化されていることを確認するための機会でもあります。カリキュラムを見直す際には、科目内での具体的なデジタル・シティズンシップ・スキルを特定する必要があります。テクノロジーが科目に組み込まれるようになると、これらのアイデアを学校や教科担当者間で検討し、議論する必要があります。

》中学校段階における議論の問い

1. デジタル・シティズンシップの議論は、中学校レベルではどのように変わりますか？またその必要はあるでしょうか？
2. デジタル・シティズンシップの学問分野として、中学校レベルの生徒はどのようなスキルを示せるべきでしょうか？
3. この段階では、どのカリキュラム分野でデジタル・シティズンシップに重点が置かれていますか？
4. 多くの中学校レベルの生徒にとって、この時期は過渡期と言えます。デジタル・シティズンシップは、このプロセスをどのように支援できるでしょう？
5. 教育者はどのようにして、この年齢でのソーシャルメディアの利用増加と、デジタル・シティズンシップ強化との間にバランスをとれるのでしょうか？

》中学校段階の授業導入

SAFETY（安全性）

権利と責任

1. ネット上で不審な行動を見聞きしたときに、どうすればよいかを生徒に共有さ

せます。

2．他者への悪影響を最小限に抑えるためのテクノロジー利用方法のリストを作成します。

セキュリティとプライバシー

1．生徒が他人のプライバシーを尊重する方法を明確に示します。

2．自分の個人情報を守るための方法を生徒にシェアさせます。

健康と福祉

1．さまざまなデジタル機器に使える適切な安全機能を説明し、実践します（例：携帯電話のケース、機器が破損しないようにするための運搬装置）。

2．生徒に協力してもらい、オンラインアクセスの適切な量の決定方法を見極めます。このプロセスを支援するアプリやアプリケーションを探します。

商取引

1．違法コピーの問題（ソフトウェア、音楽、映画など）とテクノロジーやエンターテインメント業界への影響を調査し、個人と社会の両方に起こりうる影響を認識します。

2．海賊版がどのように社会的、文化的、政治的、経済的な問題を引き起こすかを示します。生徒がオンラインリソースについて十分な情報を得た上で判断する方法を明らかにします。

法律

1．責任委譲型利用規定（RUP：Responsible Use Policies）や許容型利用規定（AUP：Acceptable Use Policies）がなぜ学校で重要なのかについて議論します。家庭でのルールと比較検討します。

2．許容型利用規定（AUP）と権限委譲型利用規定（EUP：Empowered Use Policy）の違いを確認させます。どちらがより効果的であると考えるか、理由を話し合います。

SAVVY（精通性）

権利と責任

1．ウイルス、ハッキング、攻撃的な内容、破壊行為の社会的な意味を議論します（攻撃を受けた学校や企業への経済的な影響など）。

2．生徒が適切な資料を見つけたり、動画、音声、画像、文字を含む他者の知的財産を引用したりできるようにします。

セキュリティとプライバシー

1．あらゆる種類のメディアや機器を扱う際には、適切な注意を払う必要があると認識します。

2．メッセージや電子メールが、責任の所在がはっきりしている情報源からのものかを見分ける方法を共有します。疑わしい内容を見つけた場合、ユーザーがどうすべきかを明確にします。

健康と福祉

1．特定の状況下でデジタル機器を使用する際の潜在的な危険性について議論します（例：メールをしながらの運転、夜間に機器を部屋に置きっぱなしにするなど）。

2．デジタル機器を使用する際の正しい姿勢や方法を考えさせます。

3．テクノロジーの使いすぎの懸念があるかどうかを議論します。これは問題になりそうでしょうか？問題があるとしたら、どのように対処すべきでしょうか？

流暢性

1．デジタルの情報源にある偏りを、文章や視覚的な手がかりから判断できるよう促します。

2．オンラインの情報源における事実と意見の違いを見極め、説明します。

3．生徒がデジタルツールに自覚的になり、いつ使うのがベストかを理解できるように促します。コンテンツ領域のプレゼンテーションを作成するために、適切なオンライン協働ツールを選択し、その使用方法を説明する課題を作成します。

4．文書処理（ワードプロセッシング）

　　a．ワード処理文書を編集します。

  b．適切な句読点（ピリオド、疑問符、カンマ、感嘆符、引用符、括弧、セミ
   コロン、コロン）を使用します。

5．マルチメディア・プレゼンテーション

  a．プレゼンテーションの目的を説明します（例：コミュニケーション、コン
   テンツのテーマに関する知識を示す、情報を共有する）。

  b．聴衆を想定して情報を企画・整理し、テンプレートや以前に作成したプレ
   ゼンテーションを使います。

  c．適切なスライド・フォーマットを使用します（例：背景、スライドを隠す、
   スライドマスターを変更する）。

6．スプレッドシート

  a．スプレッドシート独特の語彙を使います（例：入力バー／数式バー、ソート、
   範囲、相対参照、印刷領域／印刷範囲、統合、中央ぞろえ、挿入、絶対参照、
   セル番地など）。

  b．セルデータの編集と移動をします（例：行と列の挿入、行と列の削除）。

7．グラフツールを使用して、スプレッドシートのデータを操作します。

8．情報を得るために、キーワード検索やブール検索など、適切なネット検索のや
り方を適用します。

商取引

1．テクノロジーの動向とその世界的な経済・政治・社会への影響を分析し、新た
なテクノロジーの影響を予測します。

2．IoT（The Internet of Things：モノのインターネット）のアイデアを調査し
ます。これらのツールは、教育全般、特に生徒たちにどのような影響を与えるで
しょうか？

エチケット

1．ソーシャルメディアサイトでの適切な行動について、生徒に話し合ってもらい
ます。

2．オンラインで共有する際のSTEP（立ち止まる、考える、共感する、投稿する）
の考え方について議論します。

アクセス

1. 生徒に支援技術（※訳者注：障害のある人の日常生活のサポートのための技術）について調べさせ、どのようにすれば、支援技術が学習を支援する新たな機会となり、ユーザーが教室や社会でより生産的になることを保証できるのかについて探究させます。

2. テクノロジーがすべての生徒にどのような影響を与えているか、クラスで話し合います。

法律

1. マルチメディアプロジェクトのための素材選択と使用に関する問題点（生徒や他者の個人情報、著作権法、情報の妥当性と正確性など）を生徒に認識させ、議論させます。

2. テクノロジー使用に関する規則や方針の必要性について、議論を引っ張っていきます。生徒たちには、オンライン利用に関する重要な方針を明らかにしてもらいます。

SOCIAL（社会性）

権利と責任

1. オリジナル作品がネットで他人に利用された場合の、作者への影響を生徒に理解させます。

2. オンライン資料へのアクセスが、自分のオリジナルなアイデアを生み出すきっかけになることを示します。責任ある方法で他者の作品をどのように活用できるか確認します。

セキュリティとプライバシー

1. 現実生活とデジタル生活とを比較対照します。デジタル・シティズンシップの用語を用いて、類似点と相違点を説明しやすくします。

2. 最近の、ソーシャルメディア企業が営利目的で個人情報を他団体に提供している状況について議論します。これらの企業は、ユーザーに対して何か責任があるのでしょうか？

コミュニケーションとコラボレーション

１．テクノロジー・リソースを使用して、生徒が現実の作品を設計、開発、公開、発表する授業を作成します。学んだカリキュラムのコンセプトを教室内外の聴衆に向けて実演し、共有してもらいます。

２．どのような場合にオンラインでのコミュニケーションが適切でないかを生徒に認識させます。

商取引

１．過去20年間の情報テクノロジーの変化を調べ、議論し、視覚的に表現する機会を提供します。このような変化が、学校、職場、社会にどのような変化をもたらしたかを明らかにします。

２．生涯学習をサポートするために、地域社会や国際社会のニーズを支える仕事やキャリアで、テクノロジーがどのように利用されているかを生徒に探究・議論させます。

エチケット

１．ネットでの良い行動リストを作成して生徒を導きます。何が適切で何が不適切かを生徒に確認させます。

２．テクノロジーを利用する社会で、何が社会的模範とされる行動なのかを確認します。この考え方は時間の経過とともに変化すると思うか、生徒に議論させます。

アクセス

１．「先進国」にはテクノロジー・ツールを制限された、あるいは全く利用できない他国のユーザーを助ける責任があるかどうかについて、クラスで話し合いをします。

２．自国においてデジタル・アクセスを制限されている、あるいは全くできないユーザーがいるという状況を認識させます。国内で機器もネット環境もない人たちにどう対応するか、議論します。

法律

1. 生徒に、著作権法がどのように知的財産の所有権を保護しているかを調べさせ、議論させます。そして、誤った使用（音楽、ビデオ、画像、ゲーム、テキスト文書の違法ダウンロードや共有など）がもたらす結果や、クリエイターに与える影響について話し合ってもらいます。

2. 著作権保護の考え方と、それを世界中に拡大すべきかどうかについて議論します。これは、すべての国に受け入れられるのでしょうか？それは、世界中の誰にとっても重要なことなのでしょうか？また、その理由は何でしょうか？

中学校段階での活動

1. 教室でのソーシャルメディア（流暢性）

中心的な問い：デジタル社会において、なぜソーシャルメディアが重要なコミュニケーション手段なのでしょうか？

関連する問い：教員は教室でこのようなテクノロジーの使用を奨励すべきでしょうか？これらのテクノロジーはすべての教室に適しているのでしょうか？

目的：教職員が、最新のデジタルコミュニケーションツールについて学び、実践すること。

必要なリソース

アプリを利用する教師たち——教室でソーシャルメディアを活用するための10の素晴らしい方法
(digcit.life/dj4)

Academia Apps——教育において学生がソーシャルメディアを使用する利点
(digcit.life/usv)

Edutopia——教室でのソーシャルメディア活用ガイドブック（digcit.life/b8e）

活動内容

　まず、生徒にソーシャルメディアを利用しているかどうかを尋ねましょう。その場合、いつ頃からそのサイトやアプリを使い始めたのでしょうか？学校や学校区がこれらのテクノロジーを学校で採用しているかどうかを確認してください（学校のソーシャルメディア・アカウントなど）。

　これらのツールが教室でどのようなメリットをもたらすか尋ねましょう。授業に役立ちそうなアプリやその他のテクノロジーを確認してください。使用する場合、どのような基本的な手続きが必要でしょうか？適切に使用しなかった場合、どのような結果になるでしょう？

　教室でのソーシャルメディアの使用について、どのようなルールがあるかを管理職と話し合いましょう。教育をテーマにした例をいくつかあげながら、このようなテクノロジーの基本的な紹介をする準備をしておいてください。これらの資料を保護者、地域住民、他のスタッフと積極的に共有しましょう。

　教室内だけでなく、学校全体で情報を共有するために、どのような計画を立てるか生徒に尋ねます。

アイデアの拡張

　ソーシャルメディアサイトがうまく立ち上がったら、必要に応じて学校コミュニティの人々（保護者、管理職、在校生）に公表します。定期的にサイトをチェックして、教員がどのようにこのツールを使っているかを確認します。

指導のヒント

　簡単に使える例を教員に提示します。最初の例はできるだけ簡単にしましょう。聞き手が理解できるような用語や専門的な説明を使用してください。

２．Twitterと情報収集（リテラシー）

中心的な問い：時事問題や特定トピックに関する最新情報を収集するにはどうすればよいでしょうか？

関連する問い：コストをかけずに新しいコンテンツやリソースを生徒に提供するには、テクノロジーはどのように活用できるでしょうか？

目的：生徒がTwitterをはじめとするソーシャルメディアとその教育的応用について学ぶこと。

必要なリソース

Tech & Learning――Twitterが
どのように強力な教育ツールに
なり得るか
（digcit.life/nx1）

教室でTwitterを活用する50の方
法（digcit.life/tj8）

活動内容

　Twitterは、多くのソーシャルメディアサイト／アプリと同様、無料のサービスであり、簡単にアカウントを作ることができます（詳細は「Twitterの基礎知識」〈次頁〉をご覧ください）。

　Twitterやその他のソーシャルメディアのアカウントを使用することで、生徒は学校内や世界中のリソースにアクセスすることができます。これらのアカウントを作ると、生徒は文学、生物、歴史など、自分の興味のある分野を検索することができます。これにより、教員は自分の質問に対する生徒の回答をすぐに受け取ることができます。

　Twitterのアカウントで、現在の学校情報を載せることができます。最新情報や資料、質問などを見るために、教職員にページのフォロワーになることを

勧めましょう。

アイデアの拡張

　生徒同士でお気に入りの教育系Twitterアカウントを共有してもらいます。ベストなものに投票をして、そのリストを別のサイトに掲載します。

指導のヒント

　生徒たちで協力して、自分のTwitterアカウントを作り、自分のテーマに応じてフォローする人を探してもらいます。特定のソーシャルメディアに興味を示さない生徒がいることを考慮し、忍耐強くサポートすることを忘れないようにしましょう。Twitterがどのように機能し、教室に何をもたらすかを時間をかけて説明します。

　生徒が、授業の課題サポートのためにTwitterやその他のソーシャルメディアの利用を取り入れられるようにしましょう。日頃から、生徒たちがどんなことをしてきたか、何が一番効果がありそうかを話してもらいます。

　学校やクラスのTwitterアカウントは、生徒にテクノロジーに挑戦するよう説得するのに最適な方法ですが、普段から使っていないと生徒は興味を失ってしまいます。

Twitterの基礎知識

　Twitterのいいところは、ユーザーが質問でき、他のユーザーから数分のうちに（オンラインになっている人によっては、もっと短い時間で）情報を受け取ることができることです。ユーザーは、複数の情報源からツイートを受け取り、地域や世界で起きている変化を常に把握することができます。Twitterは一方的なものではなく、ユーザーが会話に参加できます。

　教育現場にとってのメリットは明らかです。教員は、現在授業で取り上げているトピックのアカウントやフィードを登録し、最新情報を随時受け

取ることができます。また、学校は教員、保護者、生徒に向けた独自の
Twitterページを作成できるので、何百通ものメールを送信する必要があ
りません。同じ志を持つ教育者や同じ分野のリーダーをフォローすることは、
Twitterでは当たり前になっており、教育現場でTwitterを利用する最大の
理由の一つとなっています。

　現在これは、専門的学習ネットワーク（PLN：Professional Learning
Network）の構築と呼ばれています。デジタル・シティズンシップについて、
他の人がどのように関わっているかを知るには、#digcitのハッシュタグ
が一つのきっかけになります。

この他にも、Twitterを知るのに役立つ優れたリソースがあります。

- makeuseof——教員が教育現場においてTwitterを利用するための驚
  くべき10の方法：digcit.life/2nc
- Scribd——Twitterを教育活動に活用できるか：digcit.life/dc6
- Big Think——もしあなたがTwitter上にいるなら：digcit.life/
  bigthink-twitter
- The Future of Education is Way Beyond Twitter ——教育の未
  来はTwitterの先にある：digcit.life/dr9

3．テクノロジー依存（健康と福祉）

中心的な問い：生徒はデジタル・テクノロジーに依存しやすいのでしょうか？

関連する問い：テクノロジー依存症を見極めるにはどうしたらいいですか？

目的：テクノロジー・ユーザーが、テクノロジー依存の兆候や危険性について
の認識を深めること。

必要なリソース

addiction.com——テクノロジー
依存
(digcit.life/tech-addiction)

Computer Weekly——テクノロ
ジー中毒が10代の学習を妨げる
(digcit.life/tech-addiction-
teens)

BBC——私たちはテクノロジーに
依存しているのか？
(digcit.life/r-we-addicted)

WebMD——テクノロジー中毒が
生活を支配する時
(digcit.life/webMD-tech-
addiction)

活動内容

　健康や福祉に関する話題の中で、生徒たちの校内外でのテクノロジー使用状
況を非公式に調査します。インターネットの利用時間、ゲームの利用時間、携
帯電話の利用時間、動画の視聴時間などの質問を含めます。このような使用の
傾向が、生徒の学校での取り組みや成績に問題を与えると考えるか議論させます。

　カウンセラーなど他の職員を巻き込み、テクノロジー依存の問題を抱えてい
る可能性がある生徒をサポートします。学校／地域委員会でこれらの結果を共
有し、保護者、教員、生徒と協力してテクノロジー依存の問題に取り組むため
の計画を作成します。

アイデアの拡張

　生徒にいくつかの行動の変化（例：夜間に携帯電話を部屋に置かない、24時
間携帯電話の電源を切るなど）を試してもらい、その変化によって健康やウェ

ルネスにどのような変化があったかを報告してもらいます。

指導のヒント

　デジタル・テクノロジーの利用と他の活動とのバランスをとる戦略を明らかにします。テクノロジー依存症の定義を考え、一般的な使い方との違いを説明します。このような情報がないと、教員は一般的なテクノロジーの使い方についても過度に心配してしまう恐れがあります。

４．デジタルエチケットの問題（Etiquette）

中心的な問い：テクノロジーを使ってはいけない時はありますか？

関連する問い：ユーザーはどのようにしてテクノロジーを使うタイミングを決めるのでしょうか？ユーザーは、自分のテクノロジー使用が他者に及ぼすかもしれない悪影響を、どのようにして抑えられるでしょうか？

目的：生徒にテクノロジー使用に関するエチケットについての資料を提供すること。

必要なリソース

Common Sense Media——子どもたちにオンラインのエチケットを教えるための7つのルール
(digcit.life/CS-7rules) [login required]

あなたはデジタル市民ですか？——デジタルエチケットの紹介
(digcit.life/d7m)

RudeBusters!（digcit.life/rudebusters）

活動内容

　生徒をグループに分けます。他者のテクノロジーの使い方にイライラした例を共有してもらい、そのような状況で自分が何をしたか（あるいはしてほしかったか）を説明してもらいます。このような挑発行為や悪い"デジタルマナー"の例に対して、適切な対応策をグループで考えてもらいます。

　デジタルマナーが学校や家庭だけでなく、地域社会全体でどのような意味を持つか、大きなグループで話し合ってみましょう。このような態度や行動が、テクノロジーを抜きにしても誤った判断につながる可能性があるかどうかを尋ねます。

アイデアの拡張

　数ヵ月後にこのテーマを再検討します。デジタルエチケットを向上させるためにどのような工夫をしたか、また実際の行動にどのような効果があったかを生徒に尋ねます。

指導のヒント

　オンラインでの行動が現実世界での行動に反映されることを生徒に理解させるために、他学校区からのアイデアを紹介します。デジタルでのやり取りを少なくすることで、規律上の問題が減少するかどうかを議論します。対処できた状況の例を示します。

　違反行為よりも悪質な行動について話し合います（例：他人のことを別ツイート・テキストで伝えたり、不適切なメッセージや画像を大勢に送りつけたり）。これらの問題に対するよりよい回答を生徒に考えてもらいます。ネット上での行動に関する問題を、単にテクノロジーを禁止するのではなく、どのように対処できるかについて、生徒たちに独自のアイデアを出してもらいます。

多くの組織では、施設内（映画館など）でのテクノロジーの使用について、利用者に対してポリシーを定めています。テクノロジーの不適切な使用に対して、社会はどのように対処しているのでしょうか。

5．オンラインでの商品購入（商取引）

中心的な問い：ユーザーがオンラインで商品を購入する際の注意点は何でしょう？

関連する問い：教員がオンライン購入に関心をもつべき理由は何でしょうか？

目的：教員が、インターネットで商品が売買されるさまざまな方法について学ぶこと。

必要なリソース

PC——オンラインショッピングのための11のヒント
(digcit.life/pc-mag-online-shopping)

Privacy Rights Clearinghouse——オンラインショッピングのヒント：Eコマースとあなた
(digcit.life/shop-tips)

活動内容

プライバシー・お金など、関連するトピックを話し合うときは、オンラインで商品購入をしたことがあるかどうかを生徒に尋ねます。購入した商品について、良かった点や悪かった点などを話してもらいます。購入する前に他の人と話し合ったかどうかを尋ねます。

オンラインで購入する際の注意点（評判の良いサイトや会社であること、URLバーにロックアイコンやhttps:がついていること、適正な価格で購入するために複数のサイトを検索することなど）について、主なアイデアを確認します。

また、プライバシーの問題やどのような情報を共有すべきかについても議論します。これらのサイトでは、購入のためにかなりの個人情報を必要とします。クレジットカード情報を入力するよりも、PayPalのようなサービスを利用した方がよいかどうかを話し合います。安全で十分な情報に基づいたオンライン購入について長所と短所を議論します。

アイデアの拡張

　生徒にオンラインで買い物をする際の注意点をリストアップしてもらいます。この情報をより大きなグループ（保護者、教職員、地域住民など）に伝えるにはどうしたらよいか、話し合います。未来の買い物について生徒に考えてもらいます。

指導のヒント

　生徒がサイトの評判を調べたり、見極めたりするのに役立つリソースを提供します。日常的に使わない用語の意味を明らかにします（例：セキュア・サイト、PayPal、オンライン・オークション）。生徒がデジタル商取引の問題にクラスメートと取り組む前に、基本的なことを理解しているかどうかを確認します。

　学校や学校区で消費者教育の授業を設ける計画があるかどうか、また、このトピックがその議論にどのように組み入れられるかを管理職と話し合います。個人情報の盗難、10代の子どもがネットで使う金額、消費者行動の変化に関する情報を示します。

第 10 章

高等学校段階におけるデジタル・シティズンシップの考え方の統合

人は成長できるところへ行くものです。
——セス・ゴーディン、『トライブ：新しい"組織"の未来形』の著者

　テクノロジーに関連して高等学校での経験を見ると、変化の可能性が非常に顕著な分野であることは間違いありません。高校生は、自分の生活を反映したテクノロジーを使い続けています。テクノロジーが、新たなレベルの機会と、新たなレベルの混乱やつまずきの両方をもたらすと理解するのは難しいことです。

　先に述べたように、子どもたち（そして多くの大人たち）は、良い意味でも悪い意味でも、その可能性を十分に理解することなく、これらの新しいテクノロジーに惹かれてしまいます。10代の若者にとってこれは、社会化、自由な感覚、あるいはこれらのテクノロジーツールがもたらすちょっとした危険なのかもしれません。

　多くの親たちは「私が高校生の時に○○（スマートフォン、タブレットなど）がなくてよかった」と言います。そう言った後も、親たちはこれら機器を持たせて子どもを学校に送り出しているのです。多くの保護者は、安全の必要性を認識していますが、一方で、自分の子どもが特別視されたり、他の人と違ったりすることは望んでいません。

　その上で、子どもたちがテクノロジーを効果的に活用できるようにするには、どのような問題に対処し、機会を増やすべきでしょうか？

　学校や学校区がS3フレームワークに従っていれば、生徒が高等学校に入学した時点で、安全性・精通性・社会性の３つのレベルを通過しているはずです。すべての生徒が同じではありませんが、少なくとも９要素とそのカリキュラム内での位置づけについては紹介されているはずです。すべての生徒が同じようにテーマを理解しているわけではありませんが、教育者は低学年で示されたアイデアをもとに議論を

続けることができるはずです。

　また、テクノロジーが変化し続ける中で、新たなアイデアを模索する機会にもなります。ヴァーチャルリアリティは、デジタル・シティズンシップのどこに位置づけられるでしょうか？それは「流暢性」なのか、「コミュニケーションとコラボレーション」なのか、あるいはその両方なのか。テクノロジーには多面的な能力があります。ある方法で議論すれば、一つのスキルに見えるかもしれませんが、別の視点から見れば、全く違うものに見えるかもしれません。

　高等学校や高等教育機関では、教育者こそがデジタル・テクノロジーの授業導入を支援する機会となります。教育者は、生徒がテクノロジーを使用して、カリキュラムの要件を満たす創造的な方法を見つけることに集中できるよう支援できます。

　また、教育者は、テクノロジー・ツールを使って誤った判断をする生徒がいることを覚悟しなければなりません。規則や方針が明確に理解され、それが守られていれば、生徒はテクノロジーをどのように使用すべきか、という条件を学ぶことができます。

　生徒たちは、学校生活の中で、現在および将来に影響を及ぼす可能性のあるデジタル問題について議論する機会を必要としています。彼らは、自分たちにもプライバシーなどの権利があることを理解する必要があります。

　しかし自分たちの利益のために他者にアクセスを許可しなければならないときがあり、自身の権利のバランスについて考えなければなりません。例えば、Fitbitのようなウェアラブル健康機器から情報共有することを選択すれば、利便性の名のもとに、これらの権利が放棄されてしまうことが多々あります。

　（利用規約／プライバシーポリシーを無視して）これらの情報が収集された場合、どうなる可能性があるでしょう？このデータが持ち出されたり売られたりした場合、保護策はあるのでしょうか？オンラインでのコミュニケーションは、対面でのコミュニケーションと同じでしょうか？これらは、生徒の質問に大人側が回答できるように備えておくべき問いのほんの一部です。

　教育指導者はプロセスの早い段階で、教室でのテクノロジー利用の目標を決める

必要があります。第3章では、デジタル・シティズンシップを導入するための最初のステップとして、学校や学校区委員会の設立をあげました。

　テクノロジーが教室にもたらす機会はたくさんあります。教員は補習ではなく、アイデアの拡大に注力できます。これらのテクノロジーを用いることで、生徒が自分なりのペースや興味のあるトピックを選択して、課程要件を満たすことができます。テクノロジーは、将来的に教育が生徒のニーズをよりよく満たすための触媒となり得るのです。

》高等学校段階のディスカッション

1. 高等学校レベルでのテクノロジーは、複雑な議論になることがあります。デジタル・シティズンシップの要素が、これらの問いに答える際に役立つでしょう。
2. デジタル・シティズンシップは、高等学校レベルのメディア・リテラシーのアイデアを拡張するためにどう使われるでしょうか？
3. 高等学校卒業時の生徒に期待されることは何でしょうか？デジタル・シティズンシップと同様、テクノロジーの知識はどうあるべきでしょうか？
4. 高校生は、たいがい大人として扱われることを望んでいます。その際、デジタル・シティズンシップはどのように役立つのでしょうか？
5. この年齢になっても、判断を誤る生徒もいます。9つの要素やS3フレームワークに関する知識を早くから身につけることは、このプロセスに役立つでしょうか？デジタル・シティズンシップは、これらの問題に対処するために活用できるでしょうか？

》高等学校段階における授業導入

SAFETY（安全性）

健康と福祉

1. デジタル機器の変化が、健康問題（心臓病、糖尿病など）にどのような影響を与えるかを生徒に議論させます。
2. 生徒に自分のテクノロジーの使い方を確認してもらいます。使い過ぎについて

懸念があるでしょうか？もしそうなら、どのように対処すべきでしょうか。

商取引

1. 生徒にビットコインとブロックチェーンについて調べさせます。なぜユーザーがこれらを知る必要があるのでしょうか？それらは私たちの日常生活にどのような影響を与えているでしょうか？

2. 自分の情報がウェブやディープウェブ（※訳者注：検索エンジンが検出できないあらゆるウェブページのこと）で公開されることに不安はないか、生徒に聞いてみます。自分の個人情報が持ち出されたり、売られたりした場合、どのような問題が発生する可能性がありますか？

法律

1. 生徒に、学校区のAUP（またはテクノロジーに関連するその他の学校区方針）を読ませます。生徒は何が重要だと捉え、何を変更しようとするでしょうか？

2. ファイル共有、ソフトウェアや映画の海賊版、ネットいじめ、性的内容の通信など、さまざまなデジタル法の問題について議論します。これらの法律は、オンラインの人々を保護するために重要でしょうか？

SAVVY（精通性）

セキュリティとプライバシー

1. 生徒に多要素認証を定義させます。それはどのような仕組みになっていますか？全員に使用を義務付けるべきでしょうか？

2. 生徒がよく利用するウェブサイトや授業で使用するウェブサイトのプライバシーポリシーを確認してもらいます。彼らは何を見つけたでしょうか？

流暢性

1. テクノロジー・ツールを使って、オリジナル作品（電子音楽、アート、ビデオ、ウェブサイト、その他の電子フォーマットなど）を創造・制作させます。

2. デジタル情報を倫理的に入手・利用する模範となり、適切に出典を引用し、必要に応じて許可を求めます。

商取引

1. 知識ベースの経済において、技術革新がどのように起業の機会につながるかを明らかにします。
2. 他国の子どもたちが学校でテクノロジーに関する情報を米国よりも多く受け取っていることについて、生徒は懸念を抱いているでしょうか？

エチケット

1. 生徒に共感を定義させます。どうすれば、それをオンラインで示すことができるでしょう？
2. リアルライフとデジタルライフの双方で他者を助ける方法をクラスで考えてもらいます。

SOCIAL（社会性）

コミュニケーションとコラボレーション

1. 学習管理システム（Canvas、Schoologyなど）やブログサイトで作業をする際、オンラインの対話で他生徒を助ける方法についてアイデアを共有させます。
2. 自分の意見を他生徒に伝えるには、リアルライフとデジタルライフのどちらがいいか、話し合ってもらいます。なぜそのような違いがあるのでしょうか？

エチケット

1. 生徒たちに、自分が考える良いデジタルエチケットを共有してもらいます。
2. 自分が投稿した記事に対して誰かが否定的なコメントを投稿した場合、生徒はどのような反応をするでしょうか。

アクセス

1. 生徒に他国のテクノロジー利用について調べさせます。他国でも、十分なテクノロジー・アクセスが必要かどうかを話し合ってもらいます。また、そのように考える理由は何でしょうか？
2. 生徒に自宅でのオンラインアクセスについてアンケートを取ります。彼らは何をもってアクセスと定義しているのでしょう？スマートフォンのデータ、自宅の

Wi-Fi、それともその他（例：地元企業、図書館、放課後の学校）で利用できることでしょうか。これは、学習管理システム（Canvas、Schoologyなど）の使用にどのような影響を与えるでしょうか？

法律

1．生徒にネットいじめに関する州法を確認させます。生徒は、ネットいじめが法的にどのような影響を及ぼす可能性があるか認識していたでしょうか？
2．スクールカウンセラーと協力して、生徒間で性的内容のオンライン上でのやりとりについて話し合う方法について考えます。現在の調査項目でこのトピックについて尋ねているものがあるかどうかを確認します。10代の若者を取り巻くこの問題を取り上げた文献をレビューします。

高等学校段階での活動

1．画像のデジタル加工（リテラシー）

中心的な問い：デジタル加工はいつ、どこで、どのように行うのが適切でしょう？

関連する問い：写真が加工されていることを知ったとき、私たちは幻滅するのでしょうか？それとも好ましいと思うでしょうか？

目的：生徒が、デジタル加工をする理由と、それがいかに重要であるのか、またオリジナル情報を見る必要があるのかを考えること。

必要なリソース

写真の加工：
社会と広告業界への影響
(digcit.life/photo-manipulation)

The Art Institute──完璧な写真
──デジタル画像の加工倫理
(digcit.life/picture-imperfect)

写真のデジタル加工の倫理とは何か？

(digcit.life/digital-manipulation-ethics)

活動内容

　この活動は、まずデジタル加工された写真の例を生徒に見せることから始めます。

　フォトジャーナリストの中には、Photoshopによる「ビフォー／アフター」を記録し、この作業に対する理解を深めるという、素晴らしい仕事をした人もいます。

　まずは、自分の写真から始めてみましょう。Photoshopなどの写真加工ソフトを使って、写真B（変更後の写真）を作成します。生徒は元の写真よりも加工した写真の方を好むでしょうか？これら修整をどのように正当化するでしょうか？もし、この写真が掲載されることを知っていたら、撮影時の表情は変わっていたでしょうか？写真の加工は、写真をより正直にするのか、それとも正直さを損なうのか、どちらでしょうか？

　生徒への質問は次のようなものです。「自分の写真を加工する権利はあるのか？何か問題があるのか？改造された写真が特定の出版物に掲載された場合、一般の人々に警告すべきか？」学校の出版物でしか起きないようなことならば、生徒たちは興味を持つかもしれません。しかし、この話はすぐに世界的な問題に発展する可能性があります。結局のところ、彼らが学校生活で目にする写真のほとんどは、学校外のメディア情報源から来ているのです。

アイデアの拡張

　これを発展させて、世界全体のメディアを扱うこともできます。一つの提案として、ジャーナリズムの仕事に格付けシステムを導入するのもいいかもしれません。写真家や報道機関は、写真がどの程度変更されたかを示すような1～10の数字を付けることを義務付けられるべきでしょうか？おそらく、写真の右

下に番号が表示されることになるでしょう。報道機関は、読者が写真をクリックしてオリジナルを見たり、写真がどのように加工されたかの説明を読んだりするための機会提供を、義務付けられるべきでしょうか？

　写真評価者にはどのような資格が必要ですか？評価者は、写真は３点か４点かをどのように判断するのでしょうか？別のサブグループでは、どのように評価するか、その方法を検討することもできるでしょう。評価が１点とはどのような状態でしょうか？では５点はどうでしょうか？10点とはどんな場合に付けるのでしょうか？

　いくつかの事例を示して評価方法を検討することを提案します。誰かの瞳にあるフラッシュを消すのが１点、エルヴィスの体にクイーンの頭を乗せて飛んでいるように見せるのが10点といったところでしょうか。また、変更された画素数で評価したり、写真の意味をどの程度変えているかで評価したりすることも考えられます。

指導のヒント

　写真の意味についての会話は貴重なものになります。このような問題はどこにでもあり、新しい技術が生まれるたびに新しい問題が出てきます。現在のカリキュラムのやり方では、これらの問題に取り組む時間をどこで確保するかが問題です。

（これはジェイソン・オーラー氏の研究に基づく授業です）

2．DeTECHtiveであること（健康と福祉）

（※訳者注：DeTECHtive〈デテクティブ〉は「Detective〈探偵〉」と「Technology〈テクノロジー〉」を組み合わせた造語。テクノロジーやデジタル世界に関連する調査や問題解決を行う人のこと）

中心的な問い：生み出された技術に監視の目を向けるべきでしょうか？

関連する問い：企業は消費者に対して、新技術が生み出す可能性のある問題を評価する責任があるでしょうか？

目的：新しいテクノロジーのすべての側面を理解し、ポジティブな影響と潜在的なネガティブな影響を生徒が理解できるようにすること。

必要なリソース

テクノロジーは社会的相互作用にプラスとマイナスの影響を与えうる（digcit.life/ex4）

新技術導入の10の課題

（digcit.life/924）

活動内容

　仮に、科学技術庁（STA）があったとします。STAは、新しい技術の採用を検討する前に、その技術がもたらす社会的、環境的、対人的な影響を判断することを仕事としています。STAはどのような種類の評価を行うのでしょうか？

　STAの視点を教育活動の基礎とし、より探索的・長期的な方法で技術導入を検討できるようにします。STAは、文字どおりどのような学習分野でも試金石にすることができ、どのような教員でもデジタル・シティズンシップの教員になることができます。適切な課題が発生したら、教員は生徒に対して「では、STAはこれについてどう言うだろうか？」と尋ねることができます。

　また、企業や組織の責任者にとっても、日頃から直面する無数の倫理的問題を整理するため、STAの視点は非常に有効であると考えられます。

　STAの参加者は、イノベーター、STA調査員、そして審査員の３つのサブグループに分けられます。イノベーターは革新を擁護し、調査員は疑問を投げかけ、審査員は社会がその改革にアクセスすべきかどうかの判断を下すのです。

　一般的に、イノベーターは既存の技術や現代の技術をあたかも新しいものであるかのように提示したり、ある時点で存在が予想される技術を提示したりします。そして、評価には７つの基準を用います。この基準は、活動の準備のために生徒と私が話し合って決めたものです。

1．物理的特性：そのテクノロジーはどのように作られているのか、何ででき
 ているのか、どのように使われるのか、壊れたら誰が直すのか、などなど。
2．増幅／縮減：どのようにそれを増やしたり、減らしたりするのか。
3．先行するもの／次のステップ：既存の何と置き換えたのか、それは何を暗
 示しているのか。
4．社会的文脈：入手欲求を生み出す社会的期待とは何か。
5．バイアス：それは誰を優遇し、誰を排除するのか。
6．メリット：このテクノロジーの創造と普及の原動力となる特質は何か。
7．影響：それが接続するものと分断するものは何か。

　評価は「受容」「拒否」「修正付きの受容」の3つの勧告に限られます。

アイデアの拡張
　一例をあげれば、評価者は情報過多な世界に対する不安を表明する一方、イ
ノベーターたちが鉛筆を擁護し、最終的には、このような安価な筆記具の流通
に行き着くことになるわけです。その他の例としては、バーチャルリアリティ
のシミュレーションは歴史的に正確であるべきか否か、私たちの遺伝子プロファ
イルは公開されるべきか否か、神経強化テクノロジーは教育の場で認められる
べきかどうか、その他多くの顕著なトピックが含まれます。

指導のヒント
　現実的には、3つのサブグループ（イノベーター、STA調査員、審査員）に
分かれて活動するには十分な時間がないことが多いため、全員に3者の立場か
ら考えさせることがよくあります。

　　　　　　　　　（これはジェイソン・オーラー氏の研究に基づく授業です）

3．自分だけの未来学者になるために（流暢性／リテラシー）
中心的な問い：テクノロジー・ユーザーは、未来の潜在的なテクノロジーをど
のように捉えているでしょうか？

関連する問い：次に出現するテクノロジーとは何でしょうか？今はまだ現れていないが、明日には明らかになっていることとは何でしょうか？

目的：今は想像し得ない何ものかを想像すること。

必要なリソース

テクノロジーではなく行動に注目
し、新たなトレンドを見極める
(digcit.life/behavior-not-tech)

テクノロジーの次の大きなトレ
ンドを把握する方法
(digcit.life/next-tech-trend)

活動内容

　テクノロジーの未来を予測する2つの方法を生徒に提示します。直線的なアプローチ、漸進的かつ破壊的なアプローチ、そして交差円のアプローチです。直線的アプローチとは、「古いテクノロジーがある種の仕事をこなしていたとして、今日のテクノロジーが新しい方法でその仕事をこなすには、将来どんな革新的アプローチで行うか」という単純な問いです。

　例えば、スーツケースは、長年にわたって進化してきたテクノロジーのひとつであり、将来にわたって発展し続けることが約束されているのです。若い人たちは信じられないかもしれませんが、かつてスーツケースは持ち運ぶものでした。つまり、重力に逆らって実際に地面から持ち上げ、取手を使って運んでいたのです。

　では、テクノロジーの進化を段階的な変化の順に分解してみましょう。そうすることで、次に起こりそうなステップが見えてきます。インクリメンタル・チェンジ（増分的変化）とは、テクノロジーを根本的に刷新するのではなく、現在の技術の進化を延長することです。スーツケースの未来を予測すると、ホバリングするスーツケース、パワーアシストするスーツケースの車輪、スマートデバイスから操作するスーツケースなどが開発されるかもしれません。

次に、「破壊的変化」について見てみましょう。これは、変化によってビジネスモデルが根本的に変わり、主要な市場プレーヤーの優位性に挑戦するような、これまでとは異なるものが生み出される状況を指す言葉です。スーツケースの例で言えば、おそらくUberが荷物をピックアップして預かってくれるので、もはや、スーツケースの車輪の数にこだわる必要はないでしょう。リーズナブルな価格で荷物をホテルに預けられる特別な配送サービスがあれば、そのサービスがホテル代の一部になるのかもしれません。

　もしかすると、変化はスーツケースではなく、その中に入れるものに起こるのかもしれません。もしかしたら、私たちが収納するアイテムは、より軽く、より運びやすいように特別に作られるかもしれません。この傾向はすでに始まっています。

　イノベーションを理解するもうひとつのアプローチは、交差円法です。テクノロジーはまったく新しいものではなく、ほとんどの場合、既存の技術を組み合わせた結果として生まれるものです。これは数学の集合を表すベン図から考えるとよいでしょう。簡単に言うと「2つのテクノロジーを重ね合わせると何が生まれるか?」ということです。

　昔ながらのスーツケースとワゴンを重ね合わせれば、車輪のついたスーツケースになります。例えば自動車について言えば、香水瓶がキャブレターになり、ニューコメンの蒸気機関がエンジンになり、ファラデーの発電機がオルタネーターになったようなものです。最近では、車にGPSや動体認識を組み合わせると、体の動きで操作可能になっています。そしてこのテクノロジーは急速に発展しています。もしかしたら、他国の専門家が私たちの動きを読み取って、治療のための分析を行うことも可能になるかもしれません。

アイデアの拡張

　この演習の拡張アイデアとして、マイケル・ダートウゾスの「古代人」論、イノベーションのナラティブ・アーク、マクルーハンの「メディアの4法則」など、技術革新についての推進要因についても考察しています。

指導のヒント

　生徒に未来を想像させることは、デジタル・シティズンシップのスキルを身につけるのに最適な方法です。その目的は、生徒にテクノロジーの生産量を減らすように説得することでもなければ、生産量を増やすことでもありません。その目的は、彼らがより人間中心に、目標に向かって革新することを考えられるようにすることです。この活動により、テクノロジーという「媒体」を見て、新しい未来を想像し、新しいテクノロジーがどのように私たちを繋いだり切り離したりするのかを理解し、最終的には自分のリアルライフとデジタルライフを創造的かつ積極的に融合させる方法が考えられるようになります。

（これはジェイソン・オーラー氏の研究に基づく授業です）

４．感謝の相互作用（コミュニケーションとコラボレーション）

中心的な問い：テクノロジーを利用して、全員が利用可能なテクノロジー・リソースを上手に活用していることを認識するにはどうしたらよいでしょうか？

関連する問い：テクノロジーは、誰もがより感謝されることに貢献できるでしょうか？テクノロジーは、コミュニケーションを深めるための適切なツールでしょうか？

目的：ユーザーが、共通の目標に向かって同僚とやりとりや協働をするために、デジタル・テクノロジーをより快適に使えるようになること。

必要なリソース

「社員表彰」に関する記事（digcit.life/employee-motivation）

効果的な社員表彰のための５つのヒント（digcit.life/employee-recognition）

活動内容

　生徒への賛辞を共有するには、どのようなプラットフォームが最適か、生徒と話し合います（例えば、特別な仕事をした生徒、他者のために力を尽くした生徒、困っている人を助けた生徒を公表・表彰するために、学校や学級がすでにTwitterアカウント、Facebookページ、あるいは学校サイトを持っている場合）。生徒の簡単な経歴を記載し表彰理由を説明します。

　ユーザーにコメントを求め、生徒個人に関する情報を共有します。例えば、誰が読んでも理解できる内容にするとか、内輪ネタはダメだとか、投稿の基本ルールを決めておきましょう。

アイデアの拡張

　保護者や地域の人々とサイトを共有します。外部のコミュニティメンバーを招待して、サイトで回答や共有をしてもらいます。

指導のヒント

　ソーシャルメディアサイトは、生徒とコミュニティのつながりをより結びつける手段になることを生徒に理解してもらいます。サイトに情報を追加できる人を決める際には注意が必要です。書き手のアクセス権を制限することも重要です。

　しかし、生徒やコミュニティのメンバーにサイトへの閲覧権を付与することはよいことです。サイトを外部の読者に公開する場合は、必ず生徒にその旨を伝え、生徒がサイトに投稿する内容を自分で管理できるようにします。

5. スマートフォンによる妨害行為（コミュニケーションとコラボレーション）

中心的な問い：公共の場でスマートフォンを使う際のガイドラインはありますか？

関連する問い：スマートフォンを無音設定にしたり、電源を切ったり、全く使用しない方がよい場所はあるでしょうか？特定の人だけは携帯電話の電源をオ

ンにできるようにすべきでしょうか（例：医師、救急隊員、病気の親戚を抱えている人）。

目的：スマートフォンの使用がいつ、どこで適切かを判断すること。

必要なリソース

Inc.—スマートフォン利用における10の重要なルール
（digcit.life/smartphone-etiquette）

マナーの問題——スマートフォンのマナーガイド
（digcit.life/smartphone-guide）

活動内容

　フルタイムでスマートフォンを利用している生徒数を把握します。データ通信（通話やメール以外の利用）を利用している人は何人いるでしょうか？スマートフォンやその使い方について、保護者とどのような話し合いをしたでしょうか？スマートフォンを使用する場所に制限はあるでしょうか？テキストを読みながらの運転はどうでしょうか？

　生徒に自分の気持ちをクラスで話してもらいます。他の場所（礼拝所や映画館など）でスマートフォンで通話することが問題でないかを尋ねます。

アイデアの拡張

　授業中にスマートフォンを使うかどうかを生徒に話してもらいます。その場合、どのくらいの頻度で使用しているでしょう？スマートフォンの問題について、友達と話し合ってもらいます。学校や公共の場でのスマートフォンの使用について、自分や友達がどう思うか、クラスに戻って発表してもらいます。

スマートフォンユーザーが通話のエチケットを向上させるためのポジティブな方法に注目してもらいます。場所や話題に応じた適切な携帯電話の使い方を指導します。生徒に携帯電話を使用した時間を記録させ、特定の状況でなぜそれが問題になったのかをふりかえらせます。

不適切な携帯電話の使用に対処する方法を生徒に提供します。スマートフォンユーザーを怒鳴りつけたり、黙らせたりすることは、通常、問題の解決にはなりません。あなたが生徒にとって良いテクノロジー利用のロールモデルになれば、彼らはあなたを見習うでしょう。

6．デジタル著作権の管理（法律）

中心的な問い：デジタル著作権管理（DRM）とは何ですか？

関連する問い：なぜ学校にとってデジタル著作権管理が重要なのでしょう？

目的：生徒がDRMと教室内での影響について学ぶこと。

必要なリソース

American Library Association
——デジタル著作権管理（DRM）
(digcit.life/ala-digitalrights)

電子プライバシー情報センター
——デジタル著作権管理とプライ
バシー
(digcit.life/drm)

活動内容

教室での課題としてプロジェクトに取り組む際、教員は剽窃とDRMに関する情報をカバーする必要があります。生徒は、公正利用（フェアユース）ポリシーの下で伝統的に保護されてきた領域が、デジタル素材の場合は必ずしも同じで

はないことを理解する必要があります。

　すべてのテクノロジー・ユーザーは、この情報がコンテンツ消費者または創作者を保護するためのものであると理解する必要があります。場合によっては、素材には「タグ」が付けられており、使用された場合には使用者を特定することができます。アクセス可能な素材であっても、それは追跡される可能性があることを誰もが理解する必要があります。

アイデアの拡張

　アクティビティやレポート作成の際には、教育目的で利用可能かどうかを調べさせます。疑問がある場合は、コンテンツの所有者に連絡を取り、具体的理由をあげて使用してよいか尋ねてみましょう。

指導のヒント

　これは法的な領域に属するので、教員はこれが生徒と担当教育者である自分自身にどのような影響を与えるかを理解する必要があります。これらの問題は、時間の経過とともに、また世界のさまざまな地域で変化していくものであるため、最新の情報を共有するようにしましょう。

Part III 初中等教育を超えた思考とアイデア

2018年6月24日、ISTEのCEOであるリチャード・キュラッタ氏は、毎年恒例のISTE Conference & Expoの第1回一般セッションの冒頭で、教育でのデジタル・シティズンシップの重要性についてコメントしました。彼は次のような話で演説を締めくくりました。

これは、クリステン・レインの物語です。当時高校3年生だったクリステンは、3年生のときのプロムドレス（※訳者注：高校生や大学生などが卒業記念イベントやダンスパーティーで着るための特別なドレス）を売って、4年生のときに着るプロムドレスを買うための資金を得ようとしていました。そのため、彼女はオンラインで写真を投稿し、ドレスを買ってくれる人を募りました。

残念ながら、彼女が受け取ったのは、彼女の体重や容姿をバカにする、ひどく憎悪に満ちたコメントでした。彼女は可能な限り適切な方法で対応しましたが、それは容赦なく、止まりませんでした。そのコメントの数々は彼女を何度も何度も、しつこく苦しめ続けたのです。

ある生徒（もしかしたらあなたの生徒の一人かもしれません）がシンプルに「あなたは美しいと思う」と投稿したことで、状況が変わりました。そして、その生徒が他の人にも同じように投稿するよう促し、いつの間にか彼女に対して「素晴らしい」「美しい」というコメントがあふれるようになったのです。

そして人々は、ネットいじめに対する声明として、寄付を始めました。クリステンのもとには結局5,000ドルが集まり、彼女はそのお金を使って、お金に余裕のない人たちのためにドレスを買ってあげました。すべては一人の人間が、善きデジタル市民であることの意味を理解していたからです。

優れたデジタル市民となるための学習は、積極的に教えなければ起こらないもの

であり、次世代の優れたデジタル市民を育むことは、未来の民主主義を守るために最も重要なことなのです。

　そこで、皆さんにお願いです。1分ほど時間をとって、この1年間にデジタル・シティズンシップを推進するためにできることを1つ考え、それを書き出してほしいのです。今年、学校や児童生徒と一緒にデジタル・シティズンシップを推進するために、あなたが貢献できることを1つです。その意思のある方には、デジタル・シティズンシップへの関わりをソーシャルメディアで共有していただきたいと思います。

　もし、この部屋にいる全員が——ちょっと数えてみてください——もし、この部屋にいる全員が、自分の役割を果たすためにたった1つのことをすることに同意してくれたら、私たちは転換点を迎えるかもしれません。そして、ここにいる皆さんが、私たちの子どもが育つ世界の未来のために、とてつもない変化をもたらすことになるのです。ありがとうございました。

　以下は、キュラッタ氏の講演を受け、共有されたコミットメントです。
- 私は子どもたちのために、ソーシャルメディアの優しさをモデルにします。
- オンラインでの生徒間のいざこざに対処する時は、懲罰的な結論ではなく、修復的な正義を実践するために中学校と積極的に会話します。
- 私はスタッフと協力して、すべてのデジタルレッスンにデジタル・シティズンシップの要素を取り入れます。
- 私は、共感力を高め、世界を変えるために、グローバル市民としての生徒の生活を形成することを約束します
- 私が#digcitの推進にできることは、教育関係者に対して、ソーシャルメディアは責任を持って使えば、この世代に世界を変える力を与えてくれる強力なツールである、という認識を促すことです。
- 学習者には、オンラインで積極的にポジティブに他者をサポートすることを教えようと思います
- 現職教員と連携し、教えるための戦略を学ぶことを誓います

第 11 章

デジタル世界での保護者を支える

教育とは、献身的な教員、意欲的な児童生徒、そして大きな期待を抱く熱心な保護者の間で共有されるものです。

──ボブ・ボープレッツ、アメリカの政治家

　テクノロジーの急速な普及に伴い、これらのツールが可能にすることや、発生が予期される問題について立ち止まって検討する時間はほとんどありませんでした。

　テクノロジーの使用が人々を分断させることは明らかになっていますが、それと同時に、世界中の何百万人もの人々と数秒でコミュニケーションできるようにもなりました。現在、または未来においてこの興味深い関係が何を意味するのか、子どもはもちろんのこと、大人にとっても理解や判断が難しいです。

　またテクノロジーを利用する際、自分がそのツールで作業し、遊び、楽しんでいる間、他人が見ているということは、子どもたちにとっては認識するのが難しい概念なのかもしれません。子どもたちは外界から保護され、他者から切り離されていると感じます。彼らは、友人以外の誰かが気づくとも知らず、親密で個人的な情報をオンラインで共有してしまいます。

　本人が目の前に立っていないというだけで、人はネットでひどいことを書いてしまうものです。ユーザーはゆっくりと落ち着いて考えてから投稿する必要があります。またデジタル市民になるための基本的な知識を身につけ、これらのアイデアをもとに成長し、学んでいくことが必要なのです。

　しかし、十分なリソースや情報が提供されていないと、子どもたちの心を揺さぶることは難しいものです。子どもたちがかつてないほど低年齢からこれらのツールに接するようになった今、デジタル社会で生き、働くことの意味を理解させることは、保護者、教育者、そして地域のメンバーの責任であると言えます。そのためには、それぞれのグループが可能性と問題点を理解した上で、他のグループと共有する必

要があります。

》勇敢で新しいデジタルの世界

　教育指導者として、私たちは、新しいコンセプトやスキルを導入する際、児童生徒が概念を完全理解するには、一度だけでは不十分であることを理解しています。これは、デジタルコミュニティにおける我々の立場を理解する上で重要なことです。目標は、現在の児童生徒がオンラインで必要なスキルを教えること、そして彼らが将来子どもたちに伝えるべきことを教えることです。

　テクノロジーは変わっても、基礎となる知識はずっと長く残ります。コミュニティで必要とされるスキル、つまり、いかに人格者になるか、他者への共感を示すかということは、オンラインであろうと現実世界であろうと関係なく重要です。私たち全員が一緒になってテクノロジーの変化を学び、未来に何を望むかを一緒に考えなければなりません。

　保護者と話していると、管理職は「子どもたちはこんなことを知っているのに、私たちは知らない」「子どもたちがどこで何をしているのかわからないのに、どうやって監視すればよいのか」と聞くことがよくあります。

　保護者やメディアを見ている人たちは、性描写のあるコンテンツやポルノへのアクセス、見知らぬ人との情報共有、音楽や映画への違法なアクセスなど、テクノロジーにまつわるネガティブな話題を耳にします。そして「最新のトレンドについていかなければ、子どもたちが取り残されてしまう」とも言います。

　保護者は「私たちはもっと良いものを知ってもらうために子どもたちを育てたはずでは？」と自問しています。多くの場合、答えは「イエス」です。多くの保護者は、自分が教えられたとおり、子どもには正しいことをするように教えています。道を渡るときは左右を確認する、道で知らない人に話しかけない、コンビニでお菓子を盗まない、しかしデジタル世界のルールは教えていません。

　これらのルールは、たまたま新しいデジタル世界の文脈に置かれただけで、私たちが学んだものと大きく異なるものではありません。

良い点としては、テクノロジーに関して自分の子どもが何をしているかを理解しようとする保護者が増えていることです。Project Tomorrowが2017年に行った調査（digcit.life/speakup-dc-skills）によると、保護者回答者の88％が、これらのデジタル・シティズンシップスキルを子どもに教えるべきであると考えています。

　保護者はテクノロジー使用時に子どもを守るための行動を取り始めていますが、子どもたちはまだまだ限界を超えようとします。保護者の中には、ソフトウェアを使って不愉快なサイトをブロックする人もいますが、子どもたちはそれを回避する方法（プロキシサイトの使用など）を見つけてしまいます。つまり周囲の問題を遮断するだけでは不十分なのです。

　保護者はこの新しい社会での生き方、働き方を教え（私たちの親がそうだったように）頭を働かせて最高のフィルターを構築する必要があります。

　ネットの世界をどう乗り切るかというこのテーマは、より複雑になっており、児童生徒を取り巻く世界の一市民としてどう教えるかが焦点になっています。保護者もデジタル市民を育てる方法を理解し始めています。デジタル・シティズンシップ研究所の2017年の独自調査では、78.5％の回答者が「保護者は学校と同様にデジタル・シティズンシップ教育に関わるべき」と同意または強く同意しています。

　実際、ある州では、やはりBrightBytes Technology and Learningツール（図11.1参照）を通じて、児童生徒から同様のフィードバックを募っています。毎年、多くの児童生徒が、インターネットや携帯電話の責任ある使い方について、保護者

図11.1　BrightBytes Technology and Learning を通じて、責任あるインターネットおよび携帯電話の使用に関するアドバイスを受けたと生徒が報告した情報源

や支援者からアドバイスを受けることを第一に考えていることがわかりました。

　テクノロジーが私たちを取り巻く社会に浸透していく中で、子どもたちがテクノロジーを利用する際に影響する問題を理解する必要があります。2000年当時は、ソーシャル・ネットワーキング・サービス（SNS）がどのような問題を引き起こし、子どもたちがどのように関わっていくのか、ほとんど理解されていませんでした。急速な変化の中で、多くの人が準備不足に陥りました。

　「Instagram世代」の子育ては、これまでとは異なるものになるでしょう（どの世代でもよくあることですが）。毎日のように、オンラインストーカーや小児性愛者に関する記事やニュースが報道され、使用者がオンラインで子どもをチェックしていることも話題になっています。

　今の子どもたちが持っているチャンスはどうでしょうか？人とつながり、情報を探し、写真を撮り、コンテンツを作るための機器が手のひらの上にあることが、他の時代との違いです。考えなければならないことがたくさんある中で、保護者はどのようにしてその変化についていくのでしょうか？

　デジタル・シティズンシップは、デジタル・テクノロジーに関する新しい考え方です。テクノロジーで何ができるかを考えるのではなく、テクノロジーをどのように使うべきかを考えることを目的としています。

　「はじめに」で定義したように、デジタル・シティズンシップとは、テクノロジーを適切に、責任を持って、力強く使用するための規範を継続的に発展させることです。新しいデジタル・テクノロジーを購入する際には、問題点や機会についてほとんど考慮されないこともよくあります。

　子どもたちは、家族や友人とのコミュニケーション、新しいコンテンツの作成、そして宿題などに没頭します。彼らは「新しくなった」機能には注目しますが、「いつ」「どこで」「どのように」使うかというプランについては語りません。そのため、親たちはテクノロジーに戸惑い、何か事件が起これば動揺してしまいます。それはテクノロジーのせいではなく、計画とコミュニケーションの失敗なのです。

　子どもたちをデジタル社会の善き一員として育てるためには、保護者がもっと情報収集に参加する必要があります。しかし、子どもたちを助けるためには、保護者

はまず、インターネットに限らず、あらゆるテクノロジーの問題点を理解しなければなりません。

このセクションの最後に、いくつかのテクノロジーを紹介し、答えるべき質問に対する解答を見つける方法を示します。テクノロジー社会では、チャンスがある一方でコストもかかります。多くの理由から、デジタル・シティズンシップのアプローチは、単にルールのリストを提供するものではありません。なぜなら、1）正しいことをするためには、誰かに関わってもらったほうがよいです。2）テクノロジーの変化は早く、今日作ったルールが明日には通用しないかもしれません。3）ある家族にとっては正しいことでも、他の家族にとってはそうではないことがあるからです。

デジタル・シティズンシップは、一人や一組のユーザーだけのものではなく、デジタル・テクノロジーを使うすべての人が理解しなければなりません。なぜ、このような問題を地域の皆が理解することが重要なのでしょうか？なぜなら、気づいていようがいまいが、誰もが先生だからです。

情報を伝える人は、相手を教育していることになります。これが「子育てには村が必要だ」という言葉の根拠です。子どもが必要なことを学ぶだけでなく、何が正しくて何が間違っているかを見分けることができるようになることは、すべての親の願いです。

デジタル・シティズンシップに関する基本的な知識がないと、多くのユーザーは自分の行動の結果について考えません。彼らは、自分の行動は他人に影響を与えないと勘違いしています。若い人（時にはそうでない人も）は、他の人を見て「誰かができるなら自分もできるだろう」と考えるでしょう。

》子どもを助ける7つの考え方

2001年、マーク・プレンスキーは「デジタル・ネイティブ」と「デジタル移民」について書きました。彼は、デジタル・テクノロジーに囲まれて育った者がデジタル・ネイティブであり、それ以前に育った者は、テクノロジーの「言語」を学ぼうとする単なる移民であると述べています（Prensky, 2001）。

テクノロジーの変化は速いので、若いテクノロジー・ユーザーであっても、誰も

がいつかは移民になります。誰もが、ある種の機器が別の機器に取って代わるにつれて、テクノロジーの新しい「言語」を常に学んでいます。

このように、デジタル移民とネイティブの状態が交互に繰り返されることで、私たちは誰もが、学び、獲得した知識を捨て去り、また学び直す機会を得ることができます。しかし、幼い子どもたちに別の言語を教えるときと同様に、彼らは大人よりもその適応に長けているようです。このコンセプトのもと、誰もがデジタル市民として常に自己改革を続けているのです。

マーシャル・マクルーハンは、1960年代にテクノロジーが普及し始めたときに、この問題と同じことを考えていました。つまり、新しいテクノロジーの習得が古いテクノロジーを押しのけてしまうのです。彼の時代は、電話が手紙に取って代わると話していました。今や電話は、Instagramで写真を送ることに取って代わられています。「百聞は一見にしかず」という言葉があるように、子どもたちは言葉や文字で伝える以上のコミュニケーションをとっているのです。

誰もが一緒に働き、遊び、学ぶことができるように、誰もが同じ「言語」を持つ必要があります。この共通の「言語」がないと、やはりお互いに理解できず、問題を起こしてしまいます。多くの大人は、いまさら別の「言語」を学ぶために時間を費やしたくありませんが、子どもたちを理解するためには、このスキルが必要です。「言語」を知らないと、子どもたちに教えようとするときに、より多くの問題を引き起こします。

子どもはみんなの未来です。デジタル時代に生きていると、保護者の多くはその可能性に期待する以上に、子どもがネットにいることに不安を感じるようです。彼らの懸念は、子どもたちがソーシャルメディアやメディア・テクノロジーにどっぷり浸かっているように、全くの異世界で活動しているように見えるという事実に大きく起因しています。

子どもがどんなサイトを見て、何をしているのか、大人は多くを知りません。子どもたちは、同じプラットフォームでも自分のアカウントを複数持ち、名前を変え、別人格を装い、親が知らないようなオンラインの場所に行くことができます。言うまでもなく、これは誰にとっても非常に新しいことです。

テクノロジーは、生涯学習の重要性を示しています。このような変化の数は、多

くの学校や学校区が日々教えている「学び続けなければならない」という考えを裏づけるものです。デジタル社会であってもなくても、自分が属する社会の生産的なメンバーであるためには、誰もが自分自身をアップデートし続ける必要があります。

　新しい職場で必要とされるスキルは、デジタル市民のそれと非常によく似ています。テクノロジーを理解することも、そのテクノロジーを上手に使いこなすことも、すべてはデジタル・シティズンシップに関連しています。それゆえ、デジタル・シティズンシップのスキルを身につけることが仕事に必要なのか、あるいは、子どもたちがより効果的に活動するために必要なのかにかかわらず、これらのスキルは重要なのです。

　子どもたちがオンラインの世界に入ったときに、常にどこにいるのかを知ることができた時代は過ぎ去りました。我々の子どもたちは、リビングのソファや自分の部屋にいるかもしれませんが、今は新しい自由な感覚を持っています。これは、多くの人が初めて自転車を手にしたときや、車の運転を覚えたときに感じる自由と同じですが、今はスクリーンの前にあります。

　インターネットの世界に入ると、誰でも簡単に隠れたり、迷ったりしてしまいます。それではデジタル市民を育てるために、保護者をはじめ、大人ができる7つの配慮を紹介しましょう。

信頼を築く

　子どもたちが自分でしたことをあなたに話したい、と思うような素晴らしい関係を築くことが、子どもたちのデジタル生活の一部となる最初のステップであり、最も効果的な戦略です。これは、ある人にとっては当たり前のことかもしれません。しかし、現実には、画面の先にある没入型現実の中で、子どもたちがどのように過ごしているかを知りたければ、子どもたちがそれを教えてくれるかどうかにかかっているのです。

　もちろん、彼らのインターネットの履歴をチェックすることも一つの手です。また、携帯電話で誰に電話をかけたか記録を取ることもできます。キーボードリーダーを機器にインストールして、彼らが入力したすべての情報をファイルとして送信したり、クラウドを使って彼らの物理的・仮想的な居場所を24時間365日追跡することもで

きます。

　でも、こうした監視ツールを使用すれば、信頼と尊厳の問題が発生し、大きな隔たりが生じる可能性があります。また、現実的に考えてみれば、仮にそのような問題をクリアできたとしても、そのようなことをしている時間があるでしょうか？たとえ十分に時間があったとしても、すべての監視システムを子どもが回避することを防止することはできません。子どもたちは、私たちが子どもたちとソーシャルメディアの間に設けた障壁をうまく利用して、驚くほど賢くなります。教育用語では、これを創造的問題解決と呼んでいます。

　テクノロジーのせいにするのをやめて「行動」に焦点を当てる必要があります。親子が一緒になって、今だけでなく将来のために何がベストかを決める必要があります。今日はホットな話題でも明日には昨日のニュースになってしまいますが、基本的な考え方を理解していれば、その教訓は何年にもわたって受け継がれるはずです。

　目標は、子どもたちが考え、話し続けることです。声を出して私たちと。彼らが現実生活だけでなくデジタル生活をどのように過ごしているのかについて議論し、その問題に関する会話に参加してもらう必要があります。子どもたちがオンラインで何をしているのかを教えてもらうことは、子どもたちのバーチャルな生活を知る上で最高の情報源となります。

子どもたち自身のことは聞かない

　話を非人称化すれば、子どもは保護者や教員との会話がしやすくなります。例えば、「あなたはソーシャルネットワークで複数のIDを持っていますか」などと尋ねれば、あまり具体的な回答は返ってこないでしょう。

　でもこんな風に尋ねれば、まったく違う答えが返ってきます。「ちょっと聞きたいんだけど、なぜ世間の人々はFacebookで複数のアイデンティティを求めたがるんだろう？」質問を非人称化すれば、相手は自分の情報を明らかにする脅威を感じなくなります。その結果、彼らは実際に自分自身の情報を明らかにし始めるのです。

全体像を把握させる

　子どもたちは、デジタルの世界で自分がどのような立場にあるのかという視点を養う必要があります。画面から一歩離れて、オンラインで活動することの意味や、

オンラインでのやり取りが現実のコミュニケーションとどう違うのかを考える必要があります。彼らは、デジタル市民であることがどのように彼らを結びつけ、また切り離すことができるかを考える必要があります。そのためには、会話を非個人的にすることが第一歩です。

私たちは、子どもたちにリアルライフとデジタルライフとを融合させるような、大局的な視点を養ってほしいと思います。子どもたちは考え続け、話し続け、全体像を振り返る必要があります。保護者の役割は、彼らを画面から引き離し、自分の人生をより大きな文脈で見るように促すことです。

子ども目線に立って考える

親たちは子どもがどのように世界を見ているのかを知る必要があり、その逆もまた然りです。大切なのは会話です。最も重要なことは、子どもたちが自分の視点を受け入れ、その専門知識が尊重されていることを確認することです。

親たちは子どもの言うことすべてに同意する必要はありませんが、子どもの意見を聞く必要があるのです。これが会話を維持する方法です。願わくば、保護者が子どもたちから学び、オンラインの世界の知識を広げてくれればと思います。

子どもの手を借りる

方針・手続き・ルールの作成には、子どもたちも参加する必要があります。学校におけるデジタル・シティズンシップの課題のひとつは、自分たちに影響を与えるルール・方針・手続きの作成に児童生徒を参加させることです。

大人がすべてのルールを決めてしまうと、児童生徒がより大きな視点を持ち、大局を俯瞰して、その理解を自分自身や自分のデジタル生活に適用する機会を失ってしまいます。児童生徒がシステムの構築に協力するよう要請されない場合、児童生徒はシステムをゲーム化する傾向があります。つまり、大人が勝手にルールを作れば、そのルールの回避方法を考えようとするので、彼らにとっては「ゲーム開始」になってしまうのです。

しかし、ルールが自分たちの考えである場合、彼らのアプローチは変わります。彼らは、より大人っぽく、保守的な視点になる傾向があります。自分たちのルールを持っていれば、それを尊重してくれる可能性が高くなります。

また、新たなテクノロジーが生み出し、しかも急速に進化する倫理的グレーゾーンを乗り越えるために、必要なスキルを身につけることができます。現実には、バーチャルな場所に行くにしても、デジタル・テクノロジーで何かをするにしても、大きな倫理的課題に遭遇せずにはいられません。誰もがこの現実に対処する準備をする必要があります。

保護者・子ども・学校の三者体制

保護者、児童生徒、学校関係者は、デジタル・シティズンシップへの取り組みを調整する必要があります。それは学校だけに任せていてもうまくいきません。多くの学校関係者は、デジタル・シティズンシップは学校だけの問題ではないと考えています。私たちの活動が本当に効果的であるためには、保護者や地域社会の参加が必要であり、そのためにこのプログラムが作られました。

子どもたちに与えられる知識やスキルは、学校生活やその先の人生における行動やパフォーマンスに影響を与えます。許されない行動をする人は、どこかでその行動を学んだことになります。テクノロジーをどのように子どもたちに与え、教えていくか、保護者と学校がパートナーになる必要があります。

学校でスキルを提供する計画を立てる必要がありますが、これらの提供されたスキルは、家庭で強化する必要があります。一部の学校区では、保護者とうまく連携して、テクノロジーについて子どもたちがどのような状態になるべきかというロードマップを提供していますが、まだまだやるべきことはたくさんあります。

子どもたちが新しいテクノロジーの世界に出て行く準備をすることは、新たな課題をもたらすものです。そしてその際には、必要なスキルをどのように導入し、サポートするかを計画することが不可欠です。学校がどれだけ巧みにデジタル・シティズンシップに取り組んだとしても、デジタル・シティズンシップが扱う世界は、学校を超えて、子どもたちがどこに行っても一緒について回るもので、生活におけるほぼすべての活動の一部となります。

BYOD（Bring Your Own Device）は、ノートパソコン、タブレット、携帯電話、そして将来的にはネット接続可能なウェアラブルテクノロジーを使って、子どもたちが第二の人生をどこへでも連れて行けるようにすることです。家にいても、学校にいても、外で遊んでいても、子どもたちは同じソーシャルメディアやオンライン

リソースにアクセスします。彼らにとっては1つの継ぎ目のないバーチャルライフなのです。

したがって、保護者、子ども、学校が協力して、オンラインでの共通の言語と視点を持つ必要があります。お互いにサポートし合うことが重要なのです。

恐怖ではなく気づきを与える

子どもたちは、自分のデジタル生活を恐れるのではなく、意識をもつ必要があります。保護者はどちらかというと、子どもにはインターネットの有害な要素を怖がってほしいという生来的な欲求があります（現実世界でも「熱いストーブに触ると火傷をする」と同じようなことが言われてきました）。

インターネットで誰かを信用してしまったために、誘拐されたり、いじめられたり、性的内容の通信（セクスティング）に巻き込まれたりした子どもの話を聞くだけで、当然のことながら恐怖心が湧き上がってくるのです。しかし、子どもたちが注意事項をただ聞くだけでなく、理解することで、別の状況にあてはめたり、少なくとも警告サインに気づいて助けを求めたりできる可能性が高くなります。

また子どもたちは、S3フレームワークと呼ばれる、3つの主要な要素からなる、特別で多面的な意識を養う必要があります。S3フレームワークとは、安全性・精通性・社会性の3つを指します。彼らは、オンラインの世界で安全であるための側面を理解する必要があるのです。

例えば、子どもたちがYouTubeで見た動画は、低年齢向けに作られていると思いきや、内容はまったく違うものだったということがあります。彼らは、精通したユーザーになることで、オンライン空間にいることへの理解を深める必要があります。そうすれば、オンラインコミュニティの社会的で活発なメンバーになることができます。テキストのような平板で具現化されていない世界は、もう遠い昔のことです。

ユーザーとして、デジタル社会で必要な情報を検索して見つけ出すスキルに自信がありますか？あなたは、検索エンジンを利用して結果を最大化するための最良の方法を知っていますか？ウェブページにアクセスしたとき、その情報が正確で信頼できるものであると確信していますか？これらの質問のどれかに「いいえ」または「わからない」と答えた親は、自分の子どもにこれらのスキルを教えられると明言できますか？

　これらの質問は、他者に伝えるために研ぎ澄まさなければならないスキルのほんの一例に過ぎません。拡張現実と仮想現実は、私たちがすでに知っている世界の中に世界を作り出し、その両方の世界における私たちの理解を押し広げています。

　そのためには、メリアム・ウェブスター社が定義する「共感力」（他人の経験や感情を理解し、共有する気持ち）を養うことが必要です。共感力は、社会的存在として常に重要です。面と向かって話していても相手を理解するのは難しいのに、電子的な距離が加わると、共感はもはや芸術の域に達してしまうのです。

　この7つのステップの大きなテーマは、児童生徒に対して頭脳を駆使して最高のフィルターを育む機会を提供することです。そのためには、練習するしかないのです。保護者は、子どもたちにデジタル生活について話してもらいましょう。デジタルライフスタイルについての面白いトピックについて、子どもと話し合うのです。また、彼らを取り巻くデジタル問題についても会話をしてみてください。

　子どもたちに聞いてみましょう、もしあなたが責任者だったら何をする？図書館を廃止して、全員にiPadを配りますか？児童生徒がロボットアシスタントを学校に持ち込むことを認めるべきでしょうか？もしあなたが責任者だったら、ネットいじめがあった場合、どのように対処しますか？

　このような問題は、デジタル・シティズンシップの最先端をなすものです。そして、未来はまだ始まったばかりです。子どもたちに考えさせ、話し続けるようにすることが必要なのです。

　保護者たちは、学校が子どもたちを積極的で有能な社会の一員にするための準備をしてくれると信じ、望んでいます。デジタル社会は、その延長線上にあるもので、児童生徒がオンラインでも活躍できることが求められます。統計によると、今日のテクノロジーの倫理的配慮について子どもに教えている保護者は、子どもがテクノロジー・ツールをより効果的に使いこなせるようになると言います。

　しかし良いニュースの一方で、悪いニュースもあります。親がテクノロジーについてあまり知識がない（あるいは子どもほど知らない）と言っているのです。変化は常に起こっているということが、デジタル・テクノロジーの難しいところです。技術畑の人であっても、誰に聞いても「ついていけないことが多い」と強調されます。

子どもたちには、「こうしなさい」と言うだけでは不十分で、「見せてあげる」ことが必要なのです。親たちは、テクノロジーを使うときにも、この同じプロセスを実践する必要があります。ユーザーが新しい技術を習得するには、最初にじっくりと時間をかけて学ぶことで、後々の失敗を減らすことができます。

　これは簡単なプロセスでしょうか？最初はそうではないかもしれませんが、テクノロジーを適切に利用するために何が必要かを皆が理解し始めれば、誰にとっても簡単になります。すべてのユーザーが適切な使用のためのガイドに従うことができれば、すべてのユーザーにとってより良いものとなります。今、子どもたちに教えられているスキルは、さらにその子どもたちが受け継ぐスキルであることを忘れてはなりません。

　現在の変化が起きている中で、今後、新たな別の問題が発生することはあるでしょうか？その答えは、おそらく「イエス」でしょう。しかし、今日、優れたデジタル市民としてのスキルを教えれば、彼らはより良い明日への備えをすることができます。今の子どもたちが良い倫理観を持っていれば、そのスキルを周りの人たちに伝えていくことができるでしょう。

》 子どものテクノロジー利用に関する留意点

　このセクションでは、親子のコミュニケーションの重要性について多くの指摘がなされています。保護者から、子どもに機器を与えたり、新しいテクノロジーを購入する際に、どのようなことを話し合うべきかという質問をよく受けます。子どもたちにテクノロジーを購入する際には、それぞれのテクノロジーがもたらす問題や機会を考慮する必要があります。

　もし保護者が、テクノロジーやそれによって何ができるのかを理解していなかったら、子どもを手助けする備えはできないでしょう。「このテクノロジーで何ができるの？」と聞くだけでは不十分です。親たちは難しい質問をしなければなりません。「このテクノロジーで子どもは何ができるのか／できないのか？」

　現在のツールを理解していても、テクノロジーやサイトが変わり、新しい機会や問題が現れるかもしれません。以下の説明や情報は、現在のテクノロジーの状況や

将来のアイデアの出発点となることを意図しています。子どもたちと時間をかけて話し合い、新しい機会に伴う責任について、お互いが理解できるようにしましょう。

ゲームシステム

家庭用ゲーム機は1970年代から存在していましたが、現在ではその数も質も向上しています。Xbox®、PlayStation®、Nintendo Switch、PlayStation Portable (PSP)® などのシステムはその一例に過ぎません。これらのシステムには、持ち運び可能なものもあれば、家庭用のものもありますが、ほとんどすべてのシステムには多くのオプションやアクセサリーが用意されています。これらのシステムを評価する際には、保護者が期待することについて話し合う必要があります。

いくつかの提案

- 購入時に、ゲームソフト（購入・レンタル）、アクセサリー（追加コントローラー、専用機器）、サブスクリプション（オンラインゲーム、ゲームレンタル）など、すべての費用を理解していますか？
- これらのシステムを使用する際に、どのようなことを期待されているか、子どもと話し合ってください。特定の種類のゲーム（非暴力ゲームと暴力ゲーム、戦闘ゲーム、特定のレーティングのついたゲーム）をプレイする、自宅で友人と遊ぶ、オンラインで他の人と競争する、プレイ中にオンラインで他の人とチャットする、などです。システムの詳細を知るにつれ、これらの期待は変わるかもしれません。保護者は、子どもがどのようにシステムを使っているのかについて、話し続ける必要があります。
- 使用パラメータの設定。保護者は、子どもがシステムを使い始める前に、これを行う必要があります。あなたと子どもの両方が、期待することに納得し、子どもがそれを理解することが大切です。典型的なルールとしては、遊ぶ時間を制限する、身近な友達とだけ遊ぶ、知らない人とチャットしたり、個人情報（本名や住んでいる場所など）を教えたりしない、などがあります。

論点

- ゲームを購入したりレンタルしたりする際には、ゲームのレーティング（E＝

Everyone、T＝Teen、M＝Mature）やゲームの性質（暴力、ヌード、ファンタジー）について話し合ってください。

● これは、家族で価値観を話し合い、ゲームがその価値観にどう合致するかを話し合うものです。

● これらのゲームの評価や詳細については、オンラインで確認できます。コモン・センス・メディア（commonsensemedia.org）がお勧めです。

● ゲームの購入やレンタルにかかる費用は誰が負担しますか？ 子どもなのか、保護者なのか、それとも両方の組み合わせでしょうか？

子どもの行動を把握する

● ゲーム中のチャットやメッセージの把握。もしプレーヤーが不適切な言葉を使っていたら、子どもに伝えるように促してください。

● プライバシーの確保。オンライン・チャットを利用する際には、絶対に個人情報（名前、年齢、性別、住所、自分の写真など）を教えたり、実際に会う約束をしたりしないように子どもたちに伝えましょう。

● インターネットに接続できる機能があれば、コンピュータと同じように、好ましくないサイト（ポルノ、ギャンブルなど）を閲覧することが可能です。

タブレット、ノートパソコン、その他のオンライン機器

　パーソナルコンピュータが家庭に普及して30年以上が経過しました。この10年間で、家庭でも学校でも、子どもたちがこれらの機器にアクセスする機会が増えてきました（1人1台のプログラムで持ち帰り可能な端末を提供している学校もあります）。これら機器のコストが下がったことで、家庭や地域の両方でモバイルアクセスが増加しています。子どもがこれらのツールを使用する際には、保護者が基本的なルールを決める必要があります。単に境界線を設けるだけでなく、そのルールがなぜ存在するのかを理解させ、子どもが自分の行動に責任を持ち、判断力を身につけられるようにすることが目的です。

いくつかの提案

● いつ、どこで、どのくらいの時間、これらの機器を使用できるかを制限します。

- どのような種類のオンラインアクセスやアプリが許容され、どのようなものが許容されないかを合意します。
- ネットで何か不安や脅威を感じることがあれば、あなたに相談するように勧めてください。
- 特に、住所、電話番号、学校の詳細、パスワード、写真などの個人情報を、あなたの許可なく教えてはならないことを明確にしましょう。また、子どもがクレジットカードや銀行の情報にアクセスできないように留意します。
- ネット上で知り合った人とは、あなたの同意と責任ある大人の同席がない限り、直接会わないように注意します（ネットの人が言うことは必ずしも真実ではないからです）。
- ソフトウェアや音楽などのファイルをダウンロードするときは、子どもにも確認してもらいましょう。
- オンラインでお金を使うことを許可するかどうか（保護者のものか、子どものものか）を合意します。
- ウイルスやスパイウェアとは何か、それらを防ぐためにどのようなことをしているのかを説明し、インターネットで警告を受けたら親に相談するように言います。

論点

　子どもたちには、インターネットの性質を理解してもらうことが大切です。以下の点について、子どもと話し合ってみてはどうでしょう。

- ネットの人は、必ずしもその人が言っている通りの人ではありませんし、悪いことをしようと企んでいる人が親しげに見えることもあります。
- ネットの情報がすべて正しいとは限りません。事実と意見（フェイクニュース）の違いを見分ける方法を子どもたちに教えましょう。
- 子どもたちには、宿題のためにオンライン・リソースを利用する方法を教えましょう。ネットで調べるのは構いませんが、情報を切り貼りして自分のものとするのは剽窃です。
- 音楽、テレビ、映画、ゲーム、その他のソフトウェアをダウンロードするといったオンライン海賊行為の問題について議論します。サイトで簡単にアクセスしてダウンロードできるからといって、それが正しいことではありません。

- 子どもたちがネットで他者に対してどのように振る舞うことを期待しているのか説明します。噂話やネットいじめなどの行為は許されないことを説明します。
- ネット上のポルノや性的内容の通信（セクスティング）など、自分や他者を尊重しない行為について子どもたちに話します。年齢に合った良質なサイトに誘導します。

子どもの行動を把握する

- 幼い子どもの場合、インターネットをしている間は必ず一緒にいてあげましょう。
- 子どもには、ネットのすべてのユーザー名とパスワードを教えてもらうようにしましょう。
- 子どもたちにインターネットでの体験を共有するように促し、家族で共有する体験にします。
- 寝室ではなく、誰もが見られるオープンな場所に端末を置いておきます（持ち運びできる機器の場合も同様です）。
- 子どもの使用状況を把握するために、単一の技術的ソリューション（フィルタリングや監視ソフトウェアなど）に頼らないことです。監督と教育も良い子育ての一部です。

携帯電話・スマートフォン

　携帯電話やスマートフォンは、子どもたちにとって当たり前のものになりつつあります（pewinternet.org/2018/08/22/how-teens-and-parentsnavigate screen-time-and-device-distractions/）。

　保護者は、子どもに携帯電話を与えることで、子どもとの接触が増え、より安全で安心感があり、つながっていると感じています。数回タップするだけで、「iPhoneを探す」マップピンは保護者の心の動きを緩やかにしてくれます。急速に変化する社会の中で、個人的なコミュニケーションで相手と連絡を取ることは、社会的な規範となっています。

　多くのスマートフォンは、ノートパソコンやタブレットができることの多くを実現しています。他の選択肢がなかったり便利でない場合には、これらのデバイスで宿題をする子どももいます。

　携帯電話のような機器を与える際によくあるのは、誰もが使い方を知っているという前提で、何が適切で何が適切でないのかという議論がほとんどなされないことです。これらの機器は直感的に操作できるようになっているので、小さな子どもでもすぐに基本的な使い方は覚えられます。

　このように、比較的簡単に機器の扱いを理解できるので、保護者は子どもがどのように使用すればよいかも「理解している」と考えてしまいます。保護者は、携帯電話をどのように使うべきか、どのようなことを期待しているのかについて、子どもとじっくり話し合う必要があります。

いくつかの提案
- 子どもたちには、電話を使うときには他の人を尊重することを教えましょう（電話をかけるときも受けるときも、他の人に失礼のないように）。
- 重要な電話がかかってくることが予想される場合は、周囲の人に電話がかかってきたことと、電話を受けるために一旦離れる必要があることを伝えます。
- 携帯電話は常に気になる存在なので、うっかり活動の機会を逃してしまう可能性があります。誰もがデジタル生活と現実生活のバランスを取ることができるように、適切な設定をします。
- 家の中での携帯電話の使い方に関するガイドライン作成します。「静かなゾーン」や「電話禁止」のエリアや時間帯（特に食事時や夜間）を設定するとよいでしょう。
- 適切な携帯電話の使い方のモデルになりましょう。あなたが車を運転するのを見るように、子どもたちはあなたの行動をまねし、模倣するからです。

論点
　図書館、映画館、エレベーター、博物館、墓地、劇場、歯医者や医者の待合室、礼拝所、劇場、講堂、病院の救急室、公共交通機関など、携帯電話を使用してはいけない公共の場所について、以下のリストを使って議論を始めてみましょう。
- どのような着信音にするかを考えましょう。他の人に迷惑をかけていないでしょうか？
- 運転中は携帯電話で話をしません。安全な場所を見つけて車を停め、電話に出ます（重要な場合）。

- 携帯電話が友人や家族の気を散らさないようにします。また、歩行時や機器の使用時にも注意が必要です。機器に気を取られて、事故を起こさないようにしましょう。
- 子どもの携帯電話の使用時間はどのくらいですか？どのようにバランスをとって使っているのでしょうか。これを把握するための新しいアプリや内蔵ツールがあります。
- 携帯電話にかかる費用はどのくらいですか？それは親の責任なのか、子どもの責任なのか、それともその組み合わせでしょうか。
- スマートフォンのデータ利用については？彼らはどれだけのアクセスがありますか？どのような場合に使用できますか？可能な限り無料のWi-Fi環境を求めていますか（ただし、無料のサービスはセキュリティに問題のある「オープンネットワーク」であることが多く、情報の盗難や携帯電話のハッキングなどの問題が発生する可能性があることを覚えておきましょう）。

子どもの行動を把握する

社会や家族の状況について、子どもたちと話し合ってください。
- どんな時に着信を優先しますか？
- みんなが好きなときに携帯電話を使ったら、どんな問題が起こるでしょうか？
- 家族との大切な会話を着信で中断させてもいいのでしょうか？

ソーシャルメディア

Facebook、Twitter、Instagram、Snapchatなど、数え切れないほどのSNSがあります。それらは自分の考えを共有したり、他人とコミュニケーションをとったり、ランチに何を食べたかを知らせたりするための選択肢や機会で溢れています。

人間は社会的な存在であり、生まれながらにしてコミュニケーションを必要としていることは、本書をはじめとする多くの本で指摘されています。これらのサイトでは、やりとりにそれほどコストをかけなくても、社会的な交流ができます。ソーシャルメディアサイトは、これらの条件を満たしていますが、ポジティブなものだけでなく、ネガティブな相互作用の可能性も持っています。

現実の空間でのやりとりでは、問題が起きてもすぐに立ち去ることができます。デジタル生活では、これらの問題は端末をどこに持って行ってもずっとついて回り

ます。嫌がらせを続ける人、追いかけてくる荒らし、時にはプロフィールを偽る人などがいます。画面で提供される保護機能が、他の人に危害を加えることも少なくありません。

　ソーシャルメディアにおける問題は、私たち自身が作り出していることもあります。簡単には取り消せないようなことを言ったり見せたりしてしまう可能性があります。現実の空間では、言葉は簡単に忘れられたり、一部の人にしか聞こえなかったりしますが、他の人がメッセージや画像を見たり投稿したりすると、「取り消す」ことが非常に難しくなります。

　ソーシャルメディアでは、ユーザー同士の競争もあります。もし、「いいね！」やその他の方法で発言や画像を支持するオプションがあれば「なぜ彼らはこれをいいねしなかったのか？」とか「なぜX個の数字やリポストしかないのか？」という疑問が生じます。自尊心がプログラムの一部になってしまうのです。オンラインでサポートされなければ、現実の世界では誰がサポートしてくれるのでしょうか？

いくつかの提案

- お子さんにソーシャルメディアのアカウントを登録させる前に、なぜその時にアカウントが必要なのかを確認してください。子どもたちにとっては簡単なコミュニケーション手段となっていますが、それに代わるものもあります。オンラインで起こりうる問題の例については、マット・アイブスター氏の著書『Lol... OMG!』を参照してください。
- 保護者は、子どものアカウントのユーザー名とパスワードにアクセスできるようにします。保護者もサイトを見て、子どもを「フォロー」してあげてください。
- ウェブサイトやアプリにアニメのキャラクターや子ども向けの情報があるからといって、そのコンテンツが若年向けであるとは考えないでください。下調べをしておくこと：YouTubeには、若い人向けに見えるフィードがありますが、そうではありません。コモン・センス・メディアのようなサイトは、このプロセスを始めるのに役立ちます（commonsensemedia.org）。
- お子さんが利用したいサイトの利用規約やプライバシーポリシーを読んでおきましょう。プライバシーなどの情報に関わる重要な部分を共有します。

- 何か問題が起きたときにどうすればいいのか、時間をかけて話し合い、調べてみましょう。どのような手順を踏む必要がありますか？
- 子どもたちの中には（大人でも）、ソーシャルメディアサイトに複数のアカウントを持ち、多くの人が知っているアカウントと親しい友人用のアカウントを使い分けていることがよくあります。複数のアカウントを持つサイトで何を注意すべきか理解する必要があります。

論点
- ソーシャルメディアサイトのプライバシー設定を見て、どのような設定が適切かを判断します。
- 荒らし（悪口を言ったり、偽名を使ったりする人）にどう対処するか、子どもたちに話してみましょう。不適切なことを言ったり見せたりしている人がいたら、どうするかを考えてもらいます。
- ネットで人が言ったこと（言わなかったこと）で自分の価値が決まるわけではないことを、子どもに教えてあげましょう。自分たちがサポートされていることを知ってもらいます。
- 友人や家族と共有できないようなことをSNSでは言ったり、投稿したりしないよう、子どもたちに注意を促します。このようなアイデアやイメージは、やりとりをする相手だけのものと思われがちですが、他の人と共有されてしまうことも多いのです。
- 問題が発生した場合は、まず子どもに、その問題をサポートするが、自分の力ではどうにもならない結果になる可能性があることを伝えます。

　詳細については、付録Bの「デジタル・シティズンシップについての家族の約束」（子ども用と保護者用があります）をご覧ください（本書303頁）。

》保護者向けリソース

ウェブサイト
- テクノロジーについての親向けブログ「Net Family News」

(digcit.life/netfamily)

● Common Sense Media for Parents（digcit.life/CS-involving-parents）

書籍

● 『*Public and Permanent: The Golden Rule of the 21st Century*』Richard Guerry著

● 『*lol…OMG!*』Matt Ivester著

● 『*The Parent's Guide to Texting, Facebook, and Social Media*』Shawn Marie Edgington著

》ガイド・クエスチョン

　学校のデジタル・シティズンシップ議論に保護者に参加してもらう機会を作ります。地元の組織（例：少年団や地元警察など）を招いて情報を共有します。これらの組織は、地域の問題に焦点を当てます。特定のアプリやプログラムがどのように機能し、どのように適切に使用すべきかを具体的に説明します。これらのテクノロジーをどのように使用すべきか、保護者が理解できるようにします。保護者セミナーの概要を作成し、どのような項目を取り上げ、どのような資料を提供するかを検討します。

　家庭内でのテクノロジー使用のヒントとなるアイデアをいくつかあげます（例：夜中は、子どもに携帯電話やタブレットを部屋に置かせないなど）。子どもがどのようにテクノロジーを使うべきかについて、子どもとの取り決め（書面または口頭）を作成するための指示をします。保護者が見習うべきモデルを考えましょう。例として「付録B—デジタル・シティズンシップについての家族の約束」（本書303頁）をご覧ください。

　教室でソーシャルメディアのユーザーについての情報を非公式に収集します。多くのソーシャルメディアサイトに設けられている年齢制限について保護者と話し合います。子どもが自分のSNSアカウントを持つ理由について話し合います。「他の子がみんなアカウントを持っているので、私にもアカウントが必要」という主張に

どう答えるか、仮にポイントを2点あげて確認します。

　保護者を集めて、デジタル・シティズンシップに関するさまざまなトピックについて議論します。お気に入りの検索エンジンで自分のデジタル足跡をチェックすることを提案します。

　保護者に対して、自分自身のことについて何を学んだか、それが子どもにどのような影響を与えるか、尋ねてみましょう。デジタル足跡を見るときに懸念される点を2つあげ、保護者と一緒に対処できるようにしておきます。

アクティビティ

1．あなたの学校が1人1台の学習者端末整備やBYODのプログラムを導入しているか、またはその過程にある場合、このプロセスの1側面としてデジタル・シティズンシップを組み込みます。保護者には、これらのプログラムへの期待とデジタル・シティズンシップの情報を受け取るための「ブートキャンプ」に参加することを求めます。

2．テクノロジーは、私たちのコミュニケーションの方法、人との関わり方、さらには教育方法をも変えてしまいました。20年前の技術と今の教育の違いを、どのように保護者に伝えればよいでしょう？テクノロジーの良い面を保護者に見せつつ、今日のテクノロジーを取り巻く問題とのバランスを取るにはどうしたらよいのでしょうか？デジタル・シティズンシップは、こうした議論にどのように関わってくるのでしょうか？

3．デジタル・テクノロジーに関連する現在の問題について、保護者と共有できる資料を示します。教室で児童生徒と共有している内容について、共通の言葉を使うようにします。情報を保護者と共有するための3つの方法について述べます。信頼できる情報源から得た資料を使って、教室でのデジタル・シティズンシップの取り組みに関連する公共広報、プレスリリース、広告を作成するのも一つのアイデアです。

4．デジタル・シティズンシップに関連した教材を教室で作成し、家庭へ配布します。

学校・学校区のあらゆる活動（デジタル学習デイ、デジタル・シティズンシップ週間／月間など）に保護者を招待します。家庭におけるデジタル・シティズンシップの問題と、それに学校がどう支援できるかについて、保護者とともに話し合うことを促すような、２つの選択肢をあげます。

5．IT政策委員会または教育委員会に保護者に参加してもらい、カリキュラムや手順の調整を行います。保護者が家庭・学校間のデジタル・シティズンシップに関して、問題視している事柄について意見を求めます。学校で伝えられるメッセージを家庭の保護者に伝えるための方法を２つあげましょう。

第 12 章

教員・指導者養成における デジタル・シティズンシップ

教員は、テクノロジーをおまけや後付け、あるいは一過性のイベントのように捉えるのではなく、カリキュラムに円滑に統合する必要があります。

——ハイディ・ヘイズ・ジェイコブス、
カリキュラムデザイナーズインク代表

　もしこれを読んでいるあなたが、教員やスクールリーダーを志望しているか、現職か、または退職した方ならば、あなた自身と、私たちの未来に対するあなたの献身と貢献に感謝します！一度、このことを記念するために小休止しませんか？

　全米の学校区では、修士号を取得した教員には、より多くの給与が支払われることがきわめて一般的です。ただ、教員に修士号取得を義務付けている州はかなり珍しいと言えます（Houchens, 2018）。スクールリーダーの皆さんは、一度はこの固有の価値観に悩んだことがあるのではないでしょうか。

　学位取得にかかる総費用に、機会費用を少し加え、歴史的な「サンクコスト」を散りばめ、最後に生涯学習に対する内的動機と推進力を混ぜ合わせたものです。教員養成、資格、教員品質（Goe, 2007）、上級学位と生徒の成績（Ladd & Sorenson, 2015）との関連について、文献では大きく意見が分かれていますが、ほとんどの州で何らかの継続教育要件があります。

　K-12（幼稚園から高等学校）のリーダーと高等教育機関（大学以上）との間には、専門教育（現職・教員養成課程）と、高等学校卒業後の生徒進路の両面で、明確なパートナーシップが築かれています。多くの関連性があることと、デジタル・シティズンシップに直接影響することは、注目に値します。

　スクールリーダーであれば、教員養成プログラムに関して、どの大学が主要な供給元であるかをご存知でしょう。スクールリーダーはほとんどの場合、高等教育機

関で学位とその延長線上に修士号・博士号を取得しています。同様に、スクールリーダーが明日の学校区のリーダーになるという流れが自然にできています。そのため、スクールリーダーが学校区のリーダーへと成長していく中で、将来のスクールリーダーとなる資格取得者の大半を供給する大学について知っておく必要があります。また、スクールリーダーの中には、大学院の非常勤講師を兼任している人もいます。K-12のリーダーは、これらの人々をパートナーとして、教員免許や認定プログラムの策定に協力することができます。

　K-12のリーダーは、今日の児童生徒が進路に備え、すべての卒業生が大学進学やキャリアへの移行に対応できるようにしています。第一に、高等教育の指導者は、生徒が一連のスキルを身につけた後に、キャンパスに足を踏み入れ、次のレベルの学習に向けた準備ができていることに期待しています。第二に、2年制または4年制の大学を卒業した学生（および大学院のプログラムも同様）に対して、K-12のリーダーは、将来の労働力（学生）がデジタルを駆使して自分のキャリアで活躍できるように準備されていることを保証するという点で、高等教育（大学以上）の指導者と責任を共有しています。したがって、強力なデジタル・シティズンシップ・プログラムは（幼稚園から20年生までの）P-20プログラムになる可能性があります。

　最後に、高等教育（大学以上）の指導者とのデジタル・シティズンシップのパートナーシップの機会としてあげられるのは、専門的な学習とプログラム評価に関する専門家の指導助言があることです。ほとんどの州では、継続教育や専門能力獲得の要件があります（Hoffman & Harris, n.d.）。

　このような要求に応えるためには、高等教育機関のパートナーが最適です。多くの地域では、大学教授が、K-12のイベントをリードし、日々の活動に参加するためにあらゆる努力をしています。例えば、ノースカロライナ州立大学のFriday Institute for Educational Innovation、ケンタッキー大学のCenter for Next Generation Leadership、ワシントン大学のDistrict Leadership Design Lab、UCLAのThe Center for the Transformation of Schoolsなど、高等教育機関の教授陣が研究所やセンターの活動を通じて、K-12の指導者たちに専門的な学習体験を提供している例があります。

K-12の領域の外でも、デジタル・シティズンシップの役割が拡大し始めています。労働統計局（2018年）によると、高等学校を卒業し、高等教育に移って教育を受け続ける学生たち（2017年卒業生の66.7%）は、新しいデジタル機会やデジタルアクセスを提示されるかもしれません。新しいデジタル体験は、より多くのデジタル・シティズンシップ・スキルを引き出すことができます。

さらに、現に2年制または4年制大学に入学した高校卒業生の40%は、大学在学中に仕事を持っています（Bureau of Labor Statistics, 2018）。高等学校を卒業してそのまま社会人になった人たちは、より大きなコミュニティに移ります。どちらのグループにとっても、次へのスムーズな移行に向けて、学習の過程でスキルを身につけてきたことが希望となります。高等教育機関では、教室内外で、テクノロジーの使用に対する期待感を体験する機会がよりいっそう増える可能性があります。

ビジネスの世界でも、テクノロジーをいつ、どのように使うべきか、新たな期待が寄せられています。次のセクションでは、EdTechコンサルタントのリーアン・リンゼイ氏が、デジタル・シティズンシップについて教員候補者にアプローチする際の考慮点についていくつか述べています。

》》教員養成とデジタル・シティズンシップ指導

リーアン・リンゼイ

2010年代前半から半ばにかけて、私は学校や学校区のリーダーたちにテクノロジーの実践についてよく話しました。私は、教員候補生がテクノロジーを使って教える準備ができるように、国内最大規模の教員養成プログラムの中に、テクノロジーとISTEスタンダードを方法論のコースに取り入れました。

私の役割は、教員が職場とする教室について理解することと、校長が採用する候補者に何を求めているかを理解することでした。進歩的でテクノロジーに恵まれた学校を率いる校長たちは、テクノロジーを使った授業の方法を知っている教員や、デジタル・シティズンシップとその重要性について熟知している教員を採用する必要があると話していました。彼らの本音は、現場で採用されているデジタル時代の実践に対応した教員養成プログラムが必要だということでした。

　私は大学に戻ってから、教員候補生にデジタル・シティズンシップについて知っているかどうかを尋ね始めました。いろいろなクラスに飛び込んで、グループ全体に「デジタル・シティズンシップという言葉を聞いたことがある人は何人いますか」「聞いたことがあるなら、それについて何を知っていますか」と尋ねました。その答えは圧倒的なものでした。通常、20人程度のクラスでは、1人か2人はこの言葉を聞いたことがありましたが、その意味を明確に説明するのに苦労していました。

　ほとんどの学生は何の反応もなく黙って座っていましたが、とある中等教育専攻の学生は、「そんな言葉は聞いたことがありませんが、推測するに、市民になるためのオンラインコースではないでしょうか」と詳しく説明してくれました。このような反応（無反応な場合もよくありますが）を見て、私は教員志望者が、デジタル・シティズンシップを理解し、教育実践に適用するためのよりよい準備プログラムを開発することにしました。そして、それからの5年間、私はこの課題にしっかりと取り組んできました。

　もしあなたがスクールリーダーなら、教員を養成している大学の中で、デジタル・シティズンシップの第一人者が誰なのかを調べてみるのもいいかもしれません。それが誰かはっきりしませんか？そもそも誰に聞けばよいのでしょう？

教員養成課程とK-12（幼稚園から高等学校）との関係

　学校のニーズに合わせた教員養成を求めるスクールリーダーの声は、驚くべきものではありません。2012年には、Educational Leadershipの記事「教員養成で不足しているもの」の著者は新任教員を対象にグループ対話形式で自由に発言してもらう研究を行いました。

　新任教員は、養成課程の中でテクノロジー導入のトレーニングをほとんど受けていなかったので、ネットいじめやテクノロジーの誤用が学校で懸念されているにもかかわらず、デジタル・シティズンシップについては全く扱われていないと答えました。彼らは「信頼性のギャップ」という言葉を使って、実際の学校現場で何年も教えていない教員養成者は、現在の学校実践に疎いのではないか、と話しました。

　私が知っている教員や一緒に仕事をしてきた教員の多くは、情熱的・革新的で、

エビデンスに基づいた教育を行っています。ですから、私が学生の「信頼性のギャップ」の懸念について言及したのは、けっして教員養成者を批判したいがためではありません。むしろ、教員養成者とK-12の教育者とが分断されている時に起こりうる現象を指摘しているのです。

　特に、テクノロジーとデジタル・シティズンシップが関係している場合に、そのような現象が起こります。デジタル時代の教育実践について、双方向のコミュニケーションの道筋を作ることは、教員養成課程の整合性と時事性を高め、オンラインでの安全で、精通している、社会的な行動についてより豊かな対話を生み出します。

独立型の教育工学課程

　教員養成時代の経験を思い出してみてください。おそらく皆さんは、「教育におけるテクノロジー」などと呼ばれる1～3単位のコースを受講したのではないでしょうか。教員養成課程では、教員候補生がテクノロジーを使って教える準備をするため、さまざまなアプローチが主張されていますが（Gronseth, et al., 2010）、1～3単位の単独EdTechコースは依然として最も一般的なものです。私が教員候補生だった90年代初頭、私はこのコースを受講しました。

　その中で私は、MS-DOSを使ってワードプロセッサーの使い方を学びました。私の記憶が正しければ、学生の成績を保存することもできました。それ以来、テクノロジーは教室の内外で私たちの生活に革命をもたらしました。そして全米の教員養成者は、それぞれのペースや方法は違っても、現在のテクノロジーや実践に合わせて、自分たちなりのEdTechコースを反復してきたのです。

　教育機関の中には、ISTEスタンダードに完全準拠したEdTechコースを持つところもあり、教授学習の実践にテクノロジーを取り入れることを強調しています。また、PowerPointや電子黒板（IWB）ソフトウェアなどのツールやアプリケーションの活用方法を教えるコースを提供しているところもあります。一般的に、教員志望者に効果的なアプローチとは、テクノロジーを教室での実践に結びつけ、子ども中心の学習を強調し、内容の濃い教育法や授業設計にデジタル・シティズンシップを組み込むものです。これは現職教員が教室で実践することを望んでいるものと一致します。

　教育機関に教育工学を専門に教える課程があるからといって、責任ある倫理的な使い方を自動的に教えているとは限りません。なぜ、教員養成課程のEdTechコースは、デジタル・シティズンシップを取り上げようとしないのでしょうか？

　高等教育では、しばしば教育工学などの専門知識を持つ教員が授業設計します。しかし、教育工学といっても扱う幅は広く、授業用ウェブサイトのデザイン、教育用アプリの開発、オンラインコースのファシリテーションなど、授業設計者が考えている目的はさまざまです。

　さらに、たとえ専門的に教えたとしても、デジタル・シティズンシップを単独のEdTechコースで教えた場合、その概念がその後の指導法科目で強化され、教科指導や実習に組み込まれなければ、将来の指導法への定着と応用は確実に損なわれてしまいます。

　以前紹介したフォーカスグループの参加者が、デジタル・シティズンシップに関する教育を受けていない、と述べたことを思い出してください。私の個人的な疑問として、教員養成者は彼らのプログラムに本当にデジタル・シティズンシップが入っていなかったのか、それとも単に記憶に残らないような時間や方法で提供されただけなのか、と考えています。いずれにせよ、教員養成者側の準備不足は明らかであったということです。

姿勢がすべて

　2014年、私は所属する教育機関の社会科方法論の授業に導入された、デジタル・シティズンシップ指導のブレンディッド・ラーニング・モデルの効果について調査を行いました。私は、教員志望者が将来の教室で「デジタル・シティズンシップを推進し模範とする」(ISTE, 2008)かどうかを知りたかったのです。デジタル・シティズンシップの指導を受けた後、彼らはデジタル・シティズンシップの指導に熱心に取り組んでいることがわかりました。彼らは、デジタルの足跡や許容された利用といった考えは以前から知っていたので、単元で紹介されているトピックは彼らにとって新しいものではないと、話してくれました。しかし、単元やクラスでの討議を通じて、将来教員になる人の視点から、これまでとは違った形でこれらのトピックに取り組むことになり、その結果、デジタル・シティズンシップのあらゆる側面について、

より細かな理解が得られるようになったのです。

　また教員候補者が、何に影響されて将来の児童生徒に対してデジタル・シティズンシップを教えようとするのかを理解するためにも、調査のプロセスは有効でした。それは要するに、デジタル・シティズンシップに対する彼らの態度です。つまり、教員候補者がデジタル・シティズンシップを大切にしている場合は、将来の児童生徒に教える可能性が高く、そうでない場合は教えないということになります。態度は、デジタル・シティズンシップに関する知識や、教えることを期待されているという意識よりも強い要因でした。この情報を知ることで、教員養成者や学校の指導者は、デジタル・シティズンシップ教育で何を強調すべきかよいヒントとなります。サイモン・シネックは、TEDの人気講演「偉大なリーダーはいかにして行動を起こさせるか」の中で、人々はあなたが【何を】するかではなく、【なぜ】するのかを買い求めるのだから、【なぜ】から始めなさい」と説得しています。これは、デジタル・シティズンシップの教育にも当てはまるようです。

教員候補者への期待

　私は実利主義者です。そのため、私は常に「それでどうする？」「今より多くの知識を得た私は、これを何か役立つものに変換できるのか？」という問いへの答えを求めています。教員養成者とスクールリーダーは、「教員養成プログラムでは、デジタル・シティズンシップに関して何を教えるべきか？」「スクールリーダーは新任教員に何を期待すべきか？」といった質問に対する実践的な回答を望んでいるように思われます。

　この２つの質問に対する決定的な答えが存在するとは思えません。少なくとも、すべての教育機関に一貫して通用するものではありません。デジタル・シティズンシップとは、「正解」や「不正解」ではなく、「やるべきこと」や「やってはいけないこと」のリストでもない、という考え方があります。

　デジタル・シティズンシップは、本を読んで児童生徒に情報を伝えるだけでは教えられません。そして、テクノロジーが進化し続ける限り、デジタル・シティズンシップに関する議論も進化するでしょう。

1．意識と態度

　先に述べたように、教員が児童生徒にとってのデジタル・シティズンシップの価値をどのように認識しているかが、児童生徒と一緒にデジタル・シティズンシップを推進しようとする意欲を高める最も重要な要因となります。したがって、新任教員には、テクノロジー文化が生み出すダイナミックな動きを認識し、児童生徒がテクノロジーのユーザーとして健全な行動をとることができるよう、自分自身のテクノロジーに関する経験を超えて努力することを期待するのが妥当だと思われます。逆に、新任教員がオンラインでのID保護や著作権、ソーシャルメディアの内部構造に精通していることはあまり重要ではないようです。コンテンツに関する知識は、それを理解しようとする気持ちに従うものだからです。

2．判断

　若い教員は、テクノロジーとデジタルの相互作用が生活の一部となっている世界で育っていますが、だからといって、テクノロジーの効果的な使い方を知っているわけでも、自分自身が責任を持ってテクノロジーを使っているわけでもありません。教員たちには、善きデジタル・シティズンシップの模範となり、世話役となってほしいと願います。また子どもたちには、自身のテクノロジーの使用について適切な判断をしてほしいと考えます。判断材料は私たちが探すものです。とはいえ、テクノロジーの使用に関して、何が「よい判断」なのかを安易に評価することは、「許容される使用」の社会的構造を理解する上で、注意が必要です。特定の公共のネットワークでは受け入れられるかもしれませんが、他のネットワークでは価値観が合わないかもしれません。テクノロジーの使用だけに縛られない専門的な能力は、有効な手段となり得るでしょう。

3．所有権と包括性

　教員としてのさまざまな責任を果たすために、馴染みのないテーマやコア・カリキュラムにないコンセプトを期待される場合、他の誰かに頼ってしまうのは容易に理解できます。デジタル・シティズンシップの場合、その「誰か」とは選択コンピュータ科目の教員、図書館メディアの専門家、保護者であることが多いようです。多くの教員は、教えるべきでないと思っているのではなく、すでに誰か

がやっていると思い込んでいることが多いのです。責任ある積極的なテクノロジー利用の文化をまさに構築するためには、私たち全員が倫理的利用にまつわる意味構築の責任を共有し、児童生徒の習慣づけを支援するため、全員参加を期待するのが合理的です。私の友人であり、デジタル・シティズンシップの権威であるナンシー・ワトソンは、これを「デジタル・シティズンシップの心構え」と呼んでいます。教員は一般的にデジタル・シティズンシップの所有（オーナーシップ）段階を経て進歩すると彼女は主張し、したがって、デジタル・シティズンシップの対話に、より多くの生徒や保護者、特に多様な背景を持つ人々を参加させることを求めています（ワトソン、2018）。

　また、ワトソンは、デジタル・シティズンシップを「自分のものにする」ことに関して、無理をする必要はないと考えています。彼女は、学級担任が1日あたり「2分以内」にすでに行っていることに織り交ぜることで、児童生徒のポジティブな行動を育成する方法を紹介しています（ワトソン、2017）。

4．機会

　10年前、より多くの児童生徒がテクノロジーを利用するようになったことで、教育関係者は新たな問題（課題）を目の当たりにし、その意味を理解しはじめました。私たちは、リスクを管理し、子どもたちを「悪いもの」から遠ざけることに全力を注いでいました。今日、私たちの多くは、デジタル世界への参加が有益であることに同意しています。したがって、デジタル・シティズンシップを、テクノロジーを意図して使う機会として、前向きにとらえることができます。

　以前のように、ネットでの交流は恐れ、避けるべきものとするようなアプローチに戻ると、以下の2つのことが起こってしまいます。1つは、テクノロジーやオンライン交流がもたらす可能性や機会から児童生徒を遠ざけてしまうことです。2つめは、児童生徒たちと私たちとの間に断絶が生じてしまうことです。もし私たちが、個人的にも社会的にも責任ある方法でテクノロジーを利用する児童生徒を望むのであるならば、彼らがテクノロジーを最大限に活用するためのルールを理解し、構築できるよう支援することが重要です。

教員養成とデジタル・シティズンシップに関する議論を締めくくるにあたり、今

後の指針となるようなことを述べたいと思います。「行動喚起」という言葉は、行動すれば答えが出る、つまり、簡単に解決できる「物事」があると勘違いされる可能性があるので、正しい表現ではないかもしれません。ただ、この場合単純な解決策は存在しません。ですから、私たちは簡単な答えを期待するのではなく、新しいテクノロジーの複雑さ、私たちがしなければならない新しい選択、そして個人と集団の価値観の一致を認識することが重要なのです。

　私たちは、新しい状況に関連する、価値観や倫理観の問題と格闘しなければなりません。これは、テクノロジーが私たちの能力を拡大し続ける限り続くでしょう。私たちは、それぞれのコミュニティで、またより大きな社会的背景の中で、このような議論を促す機会を作らなければならないでしょう。私はこのことにワクワクしているし、皆さんにも私の熱意を共有していただきたいと思います。

　第二に、デジタル・シティズンシップの対話の中で重要な声が欠落している、あるいは十分に表現されていない、というナンシー・ワトソンの主張に賛同します（Watson，2018）。今後、すべての利害関係者間で対話を行い、オンラインでの行動を理解するためには、児童生徒の声が不可欠であると考えます。そして、そのためにはより積極的に取り組んでいく必要があります。

　最後に、冒頭の「教員養成とK-12の学校・学校区ニーズとの整合性」という話に戻ります。本章の冒頭で、デジタル時代の変化するニーズに対応するために、教員の養成が必要だと話してくれたスクールリーダーたちの話をしました。最後に、既存の K-12 の学校と教員養成の関係を強化して、よりよい連携を実現できるようにしてほしいと訴えて終わりにしたいです。

　Hui and Campbell (2018) によると、「デジタル・シティズンシップがすべての教員教育プログラムのカリキュラムに含まれていれば、教員はデジタル・シティズンシップの要素を教えたり、教室で模範的なデジタルの活用法を児童生徒に示すための十分な準備をして職業に就くことができます」。準備態勢の改善に加えて、K-12と教員養成の関係が強化されれば、デジタル・シティズンシップの研究が進み、共同で構築したビジョンに沿った、より多くの情報に基づいた政策が実現することに賭けてみたいと思います。

新しいテクノロジーの意味を考えることは、特に私たちがすべての答えを持っているわけではないことを理解している場合、不愉快に感じることもあるでしょう。しかし、私たちがこの空間を一緒に作り上げていること、私たちが意味を生み出していること、そしてパートナーシップを結ぶとき、私たちは一人ではないということに気がつけば、それは刺激的でさえあるかもしれません。

　リーアン・リンゼイ博士は、ますますデジタル化が進む世界で生き、学び、働き、遊ぶために今日の児童生徒を備えさせることを目的としたEdvolveというEdTechコンサルティンググループのオーナー兼主任コンサルタントです。20年以上教育者として活躍し、教室、学校区事務所、地域／州全体の研修センター、高等教育、非営利の領域で役割を担ってきました。リーアン博士とのつながりはedvolvelearning.comにあります。

　高等教育では、テクノロジーが許容される場面と、オフにすべき場面とで、まだ分断されています。経験豊富な教育者の中には、デジタル機器を使用して授業をすることに、興味すらない人もいるでしょう。しかし、大学から大学への編入が容易なオンラインコースが多数（しかも増加中）存在するのです。懸念されるのは、カリキュラムによって必要な機器が異なることです。

　例えば、教育者を目指して学校に通っている人は、テクノロジーの活用に対する注目度が違います。そのような学生は、自分が教室でツールを使う方法を学ぶだけでなく、ツールを使う際に期待されることを学生に伝える方法も学んでいます。その一部は現在、大学全体で教えられる倫理学の講座の焦点となっています。新しいソーシャルメディアが開発され、テクノロジー・ツールやテクノロジーの使用に関する考え方が成長し、変化し続ける中で、私たちのキャンパスにも注目が集まっています。

　教育者が教室でのテクノロジー使用に関して抱えている問題の１つは、教員養成プログラムでの経験がないことです。現在、現場の教育者の多くは、２つのカテゴリーに分類されます。

　１つは、彼らは10年以上現場にいて、彼らが受けたテクノロジー統合の指導は、古いコンピュータ・システムとオーバーヘッド・プロジェクターで行われ、中には

16mmフィルム・プロジェクターでもトレーニングを受けた人がいるかもしれません。テクノロジーの急速な発展に伴い、教育者は自らの責任でテクノロジーを習得するか（自力で、あるいは学校に戻って）、専門的研修を受けるか、あるいは必要最低限のテクノロジーだけを教室で使用することを選択してきました。

　もう1つは、経験年数が10年以下の人たちで、中には、新しい機器やデジタル・シティズンシップの導入に関するアイデアを持った素晴らしい講師がいるかもしれませんが、大半の人はテクノロジー統合に関する授業を数回受けただけで、デジタル・シティズンシップに関する最低限の知識しか持っていません。教育指導者として、教室へのテクノロジーの導入を検討するために、あなたやあなたの職員を助けてくれるような、デジタルプログラムを卒業した学生を探すことは非常に重要です。

ディスカッション

1. 教員や指導者の養成プログラムにおいて、デジタル・シティズンシップ学習が貴重な要素であったことを思い出せますか？
2. それは技術系のコースに組み込まれていましたか？
3. デジタル・シティズンシップの実践は、期待されるもの、あるいは必要なものでしたか？
4. 現在、大学院に在籍している教員は何人いますか？
5. あなたの学校では、提携する高等教育機関から派遣された現職の教員で、デジタル市民としての意識やスキルが実証された人がいますか？

アクティビティ

1. 教員の供給源となっている高等教育機関を調査し、データを収集します。
2. 学校と学校区の指導者が、教育指導者資格認定プログラムをどこで修了したのか、一覧表とチャートを作成します。
3. デジタル・シティズンシップの意図的な学習経験を明らかにするために、プログラムの特徴を把握し、デジタル・シティズンシップ・プログラムを前進させるための計画について議論します。

第 13 章

教育コミュニティを超えて：ビジネスやプロフェッショナルライフにおけるデジタル・シティズンシップ

インフォメーションテクノロジーとビジネスは切っても切り離せない関係にあります。もう一方を語らずして、一方を有意義に語ることはできないと思うのです。
　　　　　　　　　　　　　　　　　　　　　　　　　　——ビル・ゲイツ

》デジタル・シティズンシップと地域社会との関係

　地域社会において、特に企業と教育との関係は古くからありました。学校が効果的であれば、教育を受けた労働力を地域社会に提供することができます。では、この方程式にデジタル・シティズンシップはどう関わってくるのでしょうか。

　デジタル・テクノロジーの時代において、デジタル・シティズンシップは、もはや単に重要なだけでなく、企業やコミュニティ全体にとって不可欠なものとなっています。端的に言えば、企業が必要としているのは、顧客やベンダー、自社の従業員とオンラインで効果的かつ責任あるコミュニケーションをとる方法を知っている従業員です。つまり、デジタル市民として行動することです。

　ある人にとっては、簡単なことのように思えるかもしれません。今の子どもたちは、スマートフォンやタブレット、パソコンの使い方を知っていますよね？しかし、企業は、若年層が友人にメールや写真を送る方法は知っていても、オンラインでマーケティング活動を行う方法は必ずしも知らないことに気づいています。これらのスキルは移行できる可能性が高いですが、このギャップをどのように埋めることができるでしょうか。だからこそ、デジタル・シティズンシップが重要なのです。

　現代の小売業は、2つの世界に足を踏み入れています。店頭で実際に商品を見たり、触ったりしてみたいと思う消費者もいるはずです。しかし今では、家に帰ってから同じ商品をネットでより安く探すという選択肢があります。したがって就職希望者は、

過去に対する理解だけでなく、現在と未来の消費者に対する確かな理解を持っていることが重要です。採用担当者が、自分たちが何を求めているかを語るのは興味深いことです。多くの場合、彼らは新入社員に欠けている「ソフトスキル」を求めています（保護者のためのツールキット：digcit.life/ptkを参照）。

　ブルース・タルガンは、レインメーカー・シンキングの創設者兼CEOです。彼は職場の若者に関する専門家であり、著者でもあり、1993年から職場の世代交代を追跡調査してきました。タルガン氏（そして他の多くの専門家や雇用者）によると、前の世代と今日職場に入ってくる若い世代のソフトスキルにはギャップがあると言います。雇用主は、分野を問わず一定のスキルを持った社員を求めています。
　ピュー・リサーチ（※訳者注：アメリカ合衆国ワシントンD.C.を拠点とするシンクタンク）の調査によると、より高い社会的スキルや分析的スキル（コミュニケーション、マネジメント、リーダーシップのスキルなど）を必要とする大半の職業で、雇用と賃金が増加しているようです。これらのスキルとは、コミュニケーション、チームワークとコラボレーション、自己管理と主体性、プロフェッショナリズム、批判的で創造的な思考、グローバルな流暢性と観点です。グローバルな流暢性と観点には、本書で指摘されているテクニカルスキルの多くが含まれています。また、「共感」や「自分とは異なる他者への理解」といった考え方も含まれています。

　デジタル・シティズンシップは、過去のアイデアを未来につなげるパイプであり、職場で必要とされるスキルのひとつです。コミュニケーションは、デジタル・シティズンシップの要素と、必要とされるビジネススキルとの間で共有されています。違うのは、人ではなく、方法が変わったということです。焦点を当てるべき点は、ユーザーが自分のストーリーを共有するだけではなく、ウェブサイトを訪れる人々と同じストーリーを共有することです。
　デジタルコミュニケーション（ソーシャルメディア、ウェブサイト、メッセージのやり取りなど）は、今や企業がオーディエンスと対話する際のプロセスとなっています。50年以上前にマーシャル・マクルーハンが語った「メディアがメッセージになった」という言葉を学生に教えている教育用デジタルメディアラボも数多く存在しますが、今や大きな変化は、Web2.0という概念によりもたらされています。

テクノペディアより引用:

　Web2.0は、ワールドワイドウェブの第 2 世代を表す名称であり、静的なHTMLページからより相互に作用する動的なウェブ体験へと移行した。Web2.0は、ソーシャルメディア、ブログ、Webベースのコミュニティを通じて、人々がオンラインで協力し、情報を共有する能力に焦点化されている。

　この変化により、私たちも子どもたちも、単なる情報の消費者からコンテンツの創造者へと移行し、子どもたちはテクノロジーツールを使って、学んだことをさまざまなオンラインメディアで解釈し、制作し、共有するという素晴らしい機会が得られるようになりました。これは、ある人にとっては、静的な論文やレポート、広告などが終わり始めたことを意味します。映画『マイノリティ・リポート』では、通りすがりの人やその人の購買傾向に合わせて街頭広告が変わっていました。ちなみに、Web3.0やWeb4.0についてウェブ検索してみてください。未来は個別最適化されていて、すぐそこまで来ているようです。

　テキストを増やすか、動画を増やすか、写真を増やすか、あるいはその3つの組み合わせか、現代人は多くの情報にさらされており、何が最も長く人の心をとらえるか、それが目標になっています。多くの企業はショットガン方式で、できるだけ多くのポータルサイトやウェブサイトに情報を送信し、注目を集めようとします。誰がいつ、どのウェブサイトを利用したのか把握するのが難しい場合もあるので、これは有効な手段だと言えます。

　若いユーザーがFacebookのようなサイトから離れていくのを見るのは興味深いことですが、年齢を重ねるごとにツールが彼らのニーズを満たすようになり、戻ってくるようになりました。Twitterのようなメディアサイトでは、以前は140文字だったのが最近になって280文字に拡張されたように（※訳者注：半角で280字）、送信されるメッセージに非常に重点を置いています。百聞は一見にしかずというなら、InstagramやSnapChatのほうが注目を集めます。ネット上に投稿した内容だけで、ソーシャルメディアの有名人になる人もいます。他にも多くのソーシャルメディアがありますが、あまりうまくいっていないのが現状です。多くの人は自分の好きなものを見つけて使っていますが、学校や地域団体、企業などではどのように使って

いるのでしょうか。

LetGo（※訳者注：オンラインの売買プラットフォームで、ユーザーが新品や中古品の商品を販売したり、購入したりすることができるサービス）のような売買サイトに投稿するのと、Pinterest（※訳者注：写真や画像の共有、保存、閲覧を目的としたオンラインのソーシャルメディアプラットフォーム）のようなアイデア共有サイトに投稿するのとでは、経験値が違います。どちらのサイトにもそれぞれの役割がありますが、LetGoに行くときは、通常、アイテムを購入または販売するという目的があります。Pinterestにアクセスするときにはもともとの目的があっても、他の選択肢が提示されることでユーザーを滞在させ、対話するように誘う場合があります。ターゲット層とアプリやウェブサイトを知り、理解することが重要です。

そのツールはあなたのメッセージにマッチしているでしょうか？

まず、ウェブサイトやアプリは私たちの子どもたちにどのような影響を与えるでしょうか？次に、なぜ企業は子どもたちに関わることがビジネスとして重要なのでしょう？

多くの子どもたちがすでにこれらのツールを使っているため、子どもたちにも影響があります。子どもも大人も、ただ「読むだけ」のサイトではなく、Web2.0サイトに興味を持つのには、それなりの理由があります。それは、他者との交流だけでなく、サイト自体とのやりとりができるからです。Web2.0の魅力は、情報そのものと、それをどのように活用できるか、の両方にあります。保護者がこれらのツールについて、何ができるかを知っておく必要があるのも、これが理由です。このテクノロジーの目的は、ユーザーがアイテムを購入したり、ダウンロードしたり、共有したりするのに十分な時間、ユーザーとつながることにあります。

ある特定のテクノロジーの使用について親子で話し合う必要があるように、この話し合いは広く社会に開かれたものでなければなりません。ある特定のテクノロジーに注目が集まって見えるのは、みんながそれを追いかけているからということもあるようです。ウェブページやWeb2.0サイトなど、どのプラットフォームを使うかを決める前に、いくつかの項目を考慮する必要があります。このツールを使って何を実現したいのでしょう？

児童生徒／子どもたちが、どの情報が重要で、ニーズを満たすのにどう役立つか

を見極めるには、どうしたらよいでしょうか？

　子どもたちが、安全性・精通性・社会性というデジタル・シティズンシップのスキルを身につけることは、子どもたちだけでなく、ユーザーに期待するレベルを設定することで、子どもたちが関わるすべての人の助けになります。デジタル・シティズンシップの考え方を職場に広げることで、テクノロジーに対して誰もがどのように行動すべきかを新たに理解することができます。テクノロジーの使用には一定のガイドラインとスキルが必要であることを他者に示すことで、この理解は飛躍的に拡大するでしょう。テクノロジーの利用に対する尊重と責任の考え方を、社会のあらゆる分野に反映させることが重要です。

　この30年間で、私たちができることは拡大し、テクノロジー（EメールからFacebook、Instagramまで）に関しても新たな機会を提供してきました。デジタル・シティズンシップのスキルを理解することは、若者世代を取り込もうとしている企業にとっての優先事項となっています。製品だけでなく、消費者の生活圏に合ったものを提供することが重要なのです。ソーシャルメディアをはじめとする相互作用的なプラットフォームは、消費者の新たな集いの場、コミュニティとなっています。今はすでにデジタル激動の時代です。今こそ、デジタル市民になるというコンセプトを受け入れ、他の人も同様にデジタル市民になれるよう支援する時なのです。

　最後に、あなたが人とつながる目的は何でしょう？
　すべての人にすべてを提供しようとするのは素晴らしい目標ですが、コミュニケーションやコラボレーションはそれ以上の価値があり、ユーザーの新しいコミュニティの機会を開くことができます。それは、単に280文字のツイートを考えたり、写真を投稿したり、「いいね！」ボタンをクリックするだけではないのです。スタッフと顧客をいかに結びつけるか、クリックやリツイート、シェアなどが重要になります。Web 2.0の世界では、何を発信するかだけでなく、何が返ってくるかが重要です。これは学生にとっても、大人にとっても難しい課題です。自分の情報を世界に送り出すことはできても、何も返ってこなかったらどうしますか？
　このように、デジタルコミュニティに投稿する際には、ある種の無防備さがあります。私たちは何かを共有するとき、特定の反応を期待しますが、何も返ってこな

い時もあります。最初の投稿者になりたがったり、何も考えずに返信したりすれば、自分の意図しないところでコメントや投稿が発生して大炎上し、あっという間に消えてしまうこともあります。私たちは何かを見逃したくないと思うあまり、携帯電話、タブレット、および他のデバイスを片時も手離すことはありません。それは「取り残される恐怖」（FOMO〈※訳者注：Fear of missing out、SNS病の一種〉）のためです。

》デジタル・シティズンシップとコミュニティ

　テクノロジーは社会に大きな影響を与えています。この本の中では、コミュニティについての議論がなされており、デジタル化されたコミュニティで、私たちの周りにいる人たち（おそらくそれほど親しくない人たちも）を巻き込んで、私たちや子どもたちとつながりを持つにはどうしたらよいかが語られています。 かつてカール・ロジャースが私たちに問いかけた「あなたの近所にはどんな人たちがいますか？」という問いは、かつてないほど重要な意味を持っています。

　あなたのデジタルネイバー（隣人）は誰ですか？それは、通りの向こう側にいる人かもしれないし、地球の裏側にいる人かもしれません。これは、あなたがデジタル市民になれば、あなたやあなたの子どもたちが参加する世界なのです。

　私たちは常にデジタル世界に接続できるようになったため、オフィスや自宅でスマートフォンやカメラを持ち歩くかどうかの判断を迫られます。家にいても、メールやテキストメッセージ、そして今まで以上にソーシャルメディアに束縛されているのです。このようなテクノロジーがもたらす機会がある一方で、私たちは「今」を生きることから遠ざかってしまうこともあります。少し時間を取って、周りを見てください。サッカーの試合やダンスの発表会、学校の演劇でも、誰かが携帯電話に集中している様子を見かけます。これを受けて、何が重要かを一緒に考えるため、学校でのデジタル・シティズンシップ・プログラムや、コミュニティ内でのサポートが必要とされています。何を優先させるかは、私たち次第です。

　テクノロジーは、そのツールを理解すれば、新たな可能性を切り開く素晴らしい入口です。大人の中には、自動車の運転を覚えることが自由を獲得する最初の機会

だった人もいます。しかし、テクノロジーが社会に浸透していくにつれ、自分のスマートフォンを手にすることが新たな通過儀礼になるかもしれません。この新しいテクノロジーは、ユーザーの手元にすべての世界を提供するので、ユーザーはあえて他の場所に足を運ぶ理由がありません。テクノロジーは多くのチャンスをもたらしますが、同時にコミュニケーションやエチケット、法律などに対する新しい見方をももたらします。これをどうやって実現するかが、すべての人にとっての課題です。

　ビジネスや産業界は、新しいアイデアを柔軟に受け入れるという点で、しばしば教育界よりもはるかに先を行っています。教育は、デジタル・シティズンシップの考えを支持するだけでなく、他者と共有する時期に来ています。

　テクノロジーは、私たちがより良くなるため、自分のニーズに応えるため、そして他の人を助けるために役立ちます。テクノロジーを排除するのではなく、「他の人と一緒にいるときは、テクノロジーはちょっと脇に置いておこう」というユーザーが増えています。ユーザーは、特定のプログラムやテクノロジーそのものの使い方を学ぶ必要がありますが、デジタル・シティズンシップの助けを借りれば、組織がユーザーに求める方法でテクノロジーを利用する手引きとなるはずです。

　テクノロジーがより「目に見えない」あるいは「当たり前」のものになるにつれ、コミュニティは善きデジタル市民であるために何が必要かを判断する必要があります。コミュニティはこのテクノロジーをどのように活かして、他の人を助ければよいのでしょうか？これらのツールは、支援が必要なときにみんなに知らせてくれる優れものです。他の人を助けるために、よりグローバルなコミュニティの扉を開くことができます。つまり計画を立てるために、より広範囲のコミュニティの人々を学校に巻き込んでいくことが非常に重要です。

　子どもたちは、テクノロジーが人を助けるために使われるときのパワーを目の当たりにしています。自然災害から学校での銃乱射事件まで、インターネットとその影響力は助けにも癒しにもなります。注目すべきは、これらのツールがどのように役立つのかであって、否定派の人々やそのメッセージではありません。

　今こそ将来を見据えて議論を始める時です。そして今こそ変化を起こす時なので

す。テクノロジーがなくなることはありませんし、将来、子どもたちにテクノロジーをどう見せるかを決めるのは保護者であり、地域社会であり、学校です。社会が変化していくにつれ、テクノロジーはより日常的な言葉として定着しています。

　そしてこの変化は、新たな仕事と雇用機会を生み出しています。ネットで起こる問題があったとしても、子どもたちがデジタル社会の市民（デジタル市民）になれるように備えることで、テクノロジーを取り込むことが重要です。

　教育の目的は何かと問われると、多くの教育者は、児童生徒を「教養ある、社会に貢献できる大人」にすることだと答えます（Sloan, 2012）。テクノロジーとその責任ある利用が、職場や地域社会全般で必要になってきているのであれば、デジタル・シティズンシップのスキルを学ぶことは、地域社会のすべての人にとって必要なことではないでしょうか。児童生徒がテクノロジーを活用し、オンラインでも対面でもコミュニティの一員として参加できるように、教育者はデジタル・シティズンシップの概念を用いて準備すべきです。

　児童生徒に、テクノロジーを使ってより効果的な仕事ができるよう準備させることで、グローバルな市場を理解し、相互に影響し合うことができるようになります。

ディスカッション

1. デジタル・シティズンシップ・プログラムを構築することで、あなたの周りのコミュニティに貢献できる方法を3つあげてください。
2. デジタル・シティズンシップのスキルは、学校で教える必要があるでしょうか？もしそうなら、あなたの学校や学校区ではどのように対処していますか？

アクティビティ

1. 従業員がデジタル・シティズンシップ・スキルをどのように見ているかについて、地域の企業経営者と連絡を取ってみましょう。児童生徒や教職員に教えてくれるかどうか尋ねてみましょう。
2. 教育する上での準備として欠けているデジタル・シティズンシップ・スキルがあるかどうかを企業経営者と一緒に確認します。カリキュラムの中で、これらが扱える機会があるかどうか、教職員と話し合います。

第14章

デジタル・シティズンシップの
国際的な拡がり

テクノロジーは万能ではありません。大切なのは、人は基本的に善良で賢く、道具を与えればそれを使って素晴らしいことをやってくれる、と信じることです。

——スティーブ・ジョブズ

　世界中でテクノロジーが発展する中、デジタル・シティズンシップというテーマは、一国だけの問題ではなくなりました。なぜそれを教育指導者が意識することが重要なのでしょうか？

　本書などでも言及されているように、デジタルツールのつながりの性質は、私たちが世界中の人々と共有したり学んだりする方法を変えてしまいます。言葉や声だけではなく、複雑な情報を瞬時に共有することができます。多くの子どもたちは、自分自身から教室、学校、家庭、そして地域、州、国へと同心円状に広がっていくことを通じて、市民権の概念を教えられています。私たちの多くにとって、その同心円に参加することは市民であることを意味します。

　テクノロジーは、この考えをグローバルな市民権の概念へと拡張する機会を与えてくれました。これは、テクノロジーの問題でもあります。自分自身から始めることができますが、世界中へとつながっていく縦続的な螺旋のなかですぐに迷子になってしまいます。これは、一部の大人にとっては異なる概念かもしれませんが、子どもたちが理解するべき世界なのかもしれません。

　ISTEのような組織は、このような新しいつながりの性質を省みて、管理職だけでなく、児童生徒や教員も世界中の人々との距離を意識しなければならないと認識しています。ISTEスタンダードでは、これらのツールの相互でのつながりの性質について学ぶ必要性を訴えています。

児童生徒：
- 相互につながったデジタル世界で生活し、学習し、働くことの権利、責任、及び機会を認識し、安全で合法的、倫理的な方法で行動し、模範となる。

教育者：
- デジタル世界に積極的に貢献し、責任をもって参加するよう児童生徒を促す。
- ローカルおよびグローバルな学習ネットワークを構築し、積極的に参加することで、専門的な関心を追求する。
- コラボレーションツールを使って、地域や世界の専門家、チーム、児童生徒とバーチャルに関わることで、児童生徒の現実世界での真正な学習体験を拡大する。

リーダー：
- ISTE Standards for Students and Educators（学生と教育者のためのISTEスタンダード）を実践するために、教員としての自信と能力を高める。
- デジタルツールを探究し、試行するための時間とスペースを確保し、革新と協働の文化を醸成する。
- 個々の児童生徒の多様な学習、文化、社会情動的なニーズを満たす学習を進めるために、教育者のテクノロジー活用を支援する。

　デジタル・シティズンシップは世界的な影響力を持つため、インターネットに接続したり、デジタル機器を使用したりするすべての人に求められるものです。

　しかし、なぜリーダーがグローバルに起きている問題を具体的に知る必要があるのか、という疑問がまだ残ります。リーダーが個々の児童生徒の多様な学習、文化、社会情動的なニーズに応えるためには、これらの問題を理解し、どのように対処されているのかを把握する必要があります。もう一つの理由は、世界中の人たちとコラボレーションする機会があれば、迷信や誤解を取り除き、真のコミュニケーションを図ることができるからです。

　こうしたニーズに応えるため、私たちは世界中のテクノロジー・ユーザーに接触し、

デジタル・シティズンシップと教育や社会におけるその位置づけについて、彼らの見解を聞きました。デジタル空間は、私たちのコミュニティと同じように、世界中の人々とつながる機会を生み出します。テクノロジーは、機会が与えられれば、世界を平等に導くことができます。ナイジェリアでの電源の必要性、オーストラリアでのデジタル・リテラシーなど、これらのツールの統合により、私たちの児童生徒だけでなく、世界中の人々に変化をもたらしました。

世界の出来事を伝える画像は、大手の通信社からだけでなく、個人からソーシャルメディア上の友人に共有され、その友人がまた友人に、といった具合に共有されます。テクノロジーは、大きな出来事から個人の経験まで記録します。

海外の寄稿者が指摘した問題の中には、他の人がすでに指摘しているようなものもあります。協力し合うことで、世界中の多くの人々のニーズに合った解決策が見つかる機会が生まれます。具体的には、インフラ、デジタル商取引、デジタル・シティズンシップの知識と教育（学校向けコンテンツ）、保護者がテクノロジーを理解できないと子どもを支援できないこと、デジタル医療・福祉（患者を追跡する電子記録の利用拡大を含む）、特に農村部におけるコミュニケーションの問題、オンライン詐欺などのデジタル犯罪、デジタル・セキュリティ／安全性、コミュニティ統合のためのICT、社会的責任とコミュニティ・サービス、ネットいじめ、オンラインでのポジティブな体験のための保護者関与、画像を用いた虐待、デジタル・リテラシーの育成、インターネット依存などがあげられます。

以下では、世界のリーダーたちから寄せられたコメントの一部をご紹介します。あなたの経験に近いものもあれば、彼らの状況に特有のものもあるかもしれませんが、いずれも代表者が自国で認識しているニーズ、アイデア、希望です。彼らの経験が、世界の人々と自分の状況を比較する上でのヒントになるかもしれません。

≫ カナダ―ケリー・B

取り組むべきデジタル・シティズンシップの問題

ケリーは、カナダでは広大な国土に対し人口がかなり少ないため、インフラと高

品質のインターネットアクセスが、一般的に障壁となっていることを指摘しています。オンラインショッピングの拡大により、地元の店舗が閉鎖され、都市部の雇用率に影響を与えています。テクノロジーは、依存症を引き起こしたり、いじめや無礼を許したり、分断を助長したりすることがわかっています。身体面では、カナダ人の座り仕事が増えており、健康的なライフスタイルに影響を与えています。

テクノロジーのポジティブな影響

　カナダ人は、通常では得られない家族、リソース、情報にアクセスすることができます。デジタル・アクセスは、物理的に仕事に行くことができない障害者にも、家の中で有意義な仕事を得る機会を提供しています。これにより、カナダ国外はもちろんのこと、カナダ国内においてもより重要なこととして、より多くの学習機会をサポートすることができます。また国内では、起業家的行動力を発揮できる可能性も高まっています。テクノロジーは、つながったり、リソースを共有したり、情報や明確さを提供するために、多くのポジティブな方法で積極的に活用されています。

デジタル・シティズンシップのニーズ

　テクノロジーの活用やデジタル・シティズンシップは、もはや教育者が「最善を尽くす」という姿勢でいられるものではありません。テクノロジーは、深い学びとデジタル時代のスキルの具現化を実現するために、変革的な方法で使用されるでしょうし、現在も使用されています。一部の人の理解不足や恐怖心に基づく考え方から、テクノロジーの利用を拒否することは、もはやあり得ないことです。テクノロジーに対するグローバルな理解が必要とされています。質問する能力、リスクを取る能力、互いに教え合う能力、メンターとなる能力は、学校制度のもとで働く人々はもちろん、すべての採用前プログラムでも必須の要素となるべきです。教育制度は、テクノロジー使用時に、保護者が情報提供や子どもたちと協力して彼らを尊重することにおいて、より大きな役割を担うための支援をしなければなりません。

将来のデジタル・シティズンシップへの期待

　デジタル・シティズンシップの未来への希望は「尊重」というシンプルかつ実質的な言葉に集約されます。自分と自分の周りのすべての人を尊重すること。多くの

場合、テクノロジーはオンライン上で身を隠すためのものとして使われています。善きデジタル市民であることは、善き市民であることと同じです。多様性を尊重する姿勢は、オンラインでも対面でも、みんなをポジティブに結びつけるためのもうひとつの支えとなるでしょう。

リソース

研究が教えてくれること

（digcit.life/ib7）

C21 Shifting Minds

（digcit.life/shifting-minds）

デジタル・シティズンシップのリソース（州別）

ブリティッシュコロンビア州

（digcit.life/4xg）

アルバータ州

（digcit.life/AlbertaDigCitPolicy）

サスカチュワン州

（digcit.life/uu7）

マニトバ州

（digcit.life/27v）

オンタリオ州

（digcit.life/asapac）

ケベック州

（digcit.life/quebec）

》 メキシコ—ユーゲニア・T

取り組むべきデジタル・シティズンシップの問題

インフラが整っていれば高速インターネットが利用できるかもしれませんが、安定しているとは限りません。例えば、米国の教室とスカイプのセッションを行う学校では、接続が安定していないためにセッションが中断されてしまい、双方のクラスに不満が残ることがあります。デジタル・シティズンシップのカリキュラムはまだ作られていません。デジタル・シティズンシップは、私の国ではほとんど知られていない概念です。

いくつかの私立学校では、カリキュラムにこのトピックを児童生徒と一緒に盛り込み始めていますが、大多数は新しいツールやアプリにしか関心がありません。主な話題は、ネットハラスメントやネットいじめ、時には性的内容のやりとり（セクスティング）など、児童生徒が上記のようなリスクに巻き込まれることです。その一方で、ネットでのポジティブな態度、デジタルリーダーシップ、賢く安全なテクノロジーの使用について話すことは一般的ではありません。ほとんどの教員は、テクノロジーの利用について十分な準備をしておらず、またデジタル・シティズンシップに関しても同じような状況です。

家庭では、3つの異なる視点があります。1）保護者は、自分より子どもの方が上手に使えると思い、テクノロジーに関する教育を恐れています。2）保護者はプロセスに関わりたくない、あるいは3）保護者は関わりたいと考えていますが、そのための十分なスキル・知識・ツールを持っていません。

テクノロジーのポジティブな影響

テクノロジーの拡大は、私の国の人々に多くの機会を与えてくれました。オンライン教育から銀行業務まで、テクノロジーはユーザーにさらなる公平性を提供しています。このテクノロジー分野での新たな雇用機会が、国内のデジタル・コマースを拡大させています。政府の手続きや管理プロセスをオンライン化することで、より多くの人が選挙で選ばれた議員と関わることができます。オンラインでの求職・応募が可能になることで、職業に関する知識が広がり、雇用者とのつながりが広がります。インターネットユーザーの数は日々増え続けています。

デジタル・シティズンシップのニーズ

　メキシコでは、主に2つのデジタル・シティズンシップのニーズがあります。1) 学校やコミュニティのためのデジタル・シティズンシップ・コンテンツの作成は優先事項です。2) 教育者や保護者が、デジタル・シティズンシップに沿った技術的スキルの知識と理解を得られるように支援します。

将来のデジタル・シティズンシップへの期待

　若い世代は、テクノロジーを積極的に活用することに興味を持っていますが、教育現場や地域社会でのリソースやサポートが必要です。基本的なニーズがまだ多く満たされていない国では、デジタル・シティズンシップに焦点を当てるのは難しいかもしれませんが、テクノロジーを適切に使うことで、コミュニティを変えることを支援することができます。若い世代はこの機会に、より良いメキシコをつくるために貢献することができます。

》南アフリカ—ヴァネッサ・C

取り組むべきデジタル・シティズンシップの問題

　企業リサーチICTアフリカによると、2018年には南アフリカ人の53％しかインターネットを利用していませんでしたが、携帯電話の普及率は84％と高い水準にあります。また、インターネットに接続できるモバイル機器やデジタルリテラシーの不足は地域住民の貧困問題と密接に結びついています。

テクノロジーのポジティブな影響

　2016年、南アフリカ政府は電子健康記録（EHR：Electronic Health Record）システムを導入し、2018年には公共部門で50万人めの患者を登録しました。このシステムは、南アフリカ政府が公衆衛生をよりよく理解し、管理するのに役立つだけでなく、疾病の発生などのグローバルな問題に対するデータ監視の役割も果たします。手作業によるデータは一般的に各医院や医療施設でサイロ化（情報が各所に分散しており、重要なデータを活用できない）されたままになってしまうので、患者のエンパワーメントにも役立ちます。患者中心のデジタル・ヘルス・システムでは、

医療情報は各患者に紐づいているのが理想です。

デジタル・シティズンシップのニーズ

　デジタルリテラシーに焦点を当てることは、利害関係への参加を基本としています。今後、電子カルテやモバイルアプリなどのデジタル機器を利用する多くの患者が、その参加を有意義なものにするためには、サイバーセキュリティや正確なデータ収集の重要性など、重要な問題についての基本的な理解が必要になるでしょう。南アフリカでは人口の約33％がFacebook、Twitter、YouTube、Instagramなどのソーシャルネットワークを使っています。

　懸念されるのは、これらのサイトが不正確な医療情報で汚染されていることです。医療関係者のような情報に精通したインフルエンサーがニュースを適切に発信すれば、誤った情報、恐怖、パニック、そして死を減らすためのポジティブな影響が与えられるかもしれません。*Symplur.comは、ヘルスケアに特化して開発されたプラットフォームで、関連するグローバルなハッシュタグの世界最大の目録を提供し、専門家や市民がどのような会話がトレンドであるかを確認できるようにしています。*

》ナイジェリア—トラ・O

取り組むべきデジタル・シティズンシップの問題

　ナイジェリアは、オンライン犯罪行為に関する悪評が絶えない国です。2016年11月11日付の『ナイジェリア・ガーディアン』の記事では「ナイジェリアでは、デジタル・テクノロジーと関わった結果生じた最大の問題は、サイバー犯罪である」と書かれています。もう一つの大きな問題は、デジタルアクセスの問題です。

　2017年11月のナイジェリア通信委員会（NCC）のプレスリリースによると、ナイジェリアのインターネットユーザー数は9,830万人（世界第7位）です。これは、人口1億9千万人に対して普及率約48％にあたります。インターネットに接続している9,830万人のうち、85％はモバイルで接続しています。

テクノロジーのポジティブな影響

　ポジティブな影響としては、テクノロジーが提供する、接続可能な人々との交流

やかかわりを持つ機会、またナイジェリアだけでなく地域、さらには国際的なビジネスをする新しい方法などがあげられます。テクノロジーは、意見を述べ、自由に自分を表現することを学ぶ場を提供しているのです。*テクノロジーの積極的な活用が最も有益なのは、特に言論の自由の分野です。*情報通信テクノロジー（ICT）への投資拡大が経済成長を牽引し、2016年のナイジェリアのGDPに占めるICTの寄与率は9.1%に達しています。

デジタル・シティズンシップのニーズ

テクノロジー機器、特にモバイル機器が普及しつつあります。しかし、デバイス（携帯電話）を所有する児童生徒が増えているのに、情報格差（デジタルデバイド）は依然として存在しています。一部の恵まれた私立学校では学校でインターネットを利用できるようになっていますが、ほとんどの公立学校では利用できません。全体的に、私立・公立を問わず、児童生徒は家に帰ると、インターネットにアクセスできません。

サイバー犯罪対策に力を入れているナイジェリアでは、サイバー犯罪を行うユーザーを罰するための法律が作られました。もしかすると、訴訟や投獄にかかる費用を、デジタル・シティズンシップのような取り組みに使ったほうが、人を罰して刑務所に送るよりも有益かもしれません。サイバーストーカー、ネットいじめ、児童ポルノ、個人情報の窃盗、あらゆる種類のハッキングなど、さまざまな犯罪の犯罪者には、懲役刑や死刑が科せられています（特に、国家の重要インフラに指定されているシステムやネットワークの場合）。

将来のデジタル・シティズンシップへの期待

私たちは啓発活動を開始し、継続しています。すぐにでも開発段階に移行したいと考えています。

デジタル・シティズンシップ・ナイジェリアは、ナイジェリアにおけるデジタル・シティズンシップのリーダー的存在であり、これまでに掲げた以下のようなビジョン、ミッション、目的を精力的に追い求めていきます。
● ビジョン：ナイジェリアの若者たちが、安全に、責任を持って、賢くデジタルの

世界を探究することです。

● ミッション：ナイジェリアの若者たちにスキルと知識を与え、彼らがデジタル・テクノロジーを積極的に活用する賢いユーザーになることを目指します。

目標

● ナイジェリア全土でデジタル・シティズンシップの意識を高め、若者が自信を持って積極的にデジタル・テクノロジーに取り組めるようにします。

● 教室でのデジタルアクセスの普及と、すべての学習者がデジタル機器に公平にアクセスできるようにします。

● ナイジェリアの学校制度において、デジタル・シティズンシップが初等・中等教育の必須科目となるようにします。

》エジプト―ハナン・S

取り組むべきデジタル・シティズンシップの問題

エジプト国内では、デジタル・シティズンシップに関して取り組むべき優先的課題は3つあると捉えられています。

第一は、デジタル・セキュリティの問題です。世界的な潮流と同様に、エジプトでは2017～2018年までに3,790万人のインターネット利用者がいると推定されており、子どもや若者のインターネット利用の増加に対応するため、2007年にインターネットの安全性に焦点を当てたプログラムが作成されました。

第二は、コミュニティ統合のための情報通信技術（ICT）です。これは、デジタルの世界へのアクセスを確かなものにするためです。農村部や社会から隔絶されたコミュニティでの情報テクノロジーの利用を活性化するために、2002年にコミュニティ統合構想が開始されました。

最後に、社会的責任とコミュニティサービスです。民間企業や市民社会団体の協力を得て、経済的・社会的に異なるレベルの人々に役立つICTツールを普及させることで、市民の日常生活を円滑にすることを目的としています。多くの家族が、健康、グリーンIT、法的サービス、教育やリテラシー等のICTを活用したサービスを知らないため、それらの認知度の向上も重要な課題となっています。

テクノロジーのポジティブな影響

　エジプトでは、独自の社会のさまざまな分野をカバーするために、ICTの積極的な活用についてトレーニングを受けたデジタル市民のグループを設立し、さまざまなユーザーのための「トレーナーのトレーナー」（TOT）として活用しています。国内外の成功事例や取り組みを紹介し、デジタル・シティズンシップの原則を確立するために行われた取り組みに光を当て、その適応の実践モデルを紹介しています。

デジタル・シティズンシップの必要性

　Ｔシャツ、ペン、自動車、マウスパッドにシンボルマークを印刷するような簡単なアクションで、市民、特に子どもや若者の日常的な実践の中にデジタル・シティズンシップの概念を組み込んでいます。 また、インターネットや携帯端末を活用し、デジタル・シティズンシップの構成要素を紹介・推奨するソフトウェア、音声ファイル、着信メロディを開発します。

将来のデジタル・シティズンシップへの期待

　エジプトのデジタル・トランスフォーメーション戦略（教育を含む）を形成するテクノロジーの主な用途は、健康、政府、eコンテンツ、立法サービス、グリーンITの5つです。また、教育省は、大学入学前・大学レベルにおいてシティズンシップに関するコースを組み込んでおり、最近では、デジタル・シティズンシップに関するセクションが義務教育の一環として追加されました。

≫マレーシア―ファドリ・Ｉ

取り組むべきデジタル・シティズンシップの問題

　全国調査によると、7～19歳の子どもの83%がオンラインでの保護を適切に受けられていないことが明らかになりました。さらにそのうち40%の人がオンラインで自分を守る方法を知りませんでした。そのため、ネットいじめなどの問題が多発しています。例えば、ある全国調査では、およそ25%の学童が少なくとも一度はネットいじめを経験していることが指摘されています。全国の大規模な調査では、5歳未満の子どもの30.1%がテレビとその他の機器（パソコン、タブレット、スマートフォ

ン）の両方に1日2時間以上触れていることが明らかになっています。

テクノロジーのポジティブな影響

ICT環境を改善するために、学校を拠点とした取り組みがいくつか導入されています。1）学校のカリキュラムに、科目としてコンピュータリテラシーを明記する、2）学校にコンピュータラボを設置し、物理的な図書館だけでなく、インターネットやデジタル百科事典を利用して情報を得ることができるようにする、3）これらのプログラムを統括し、学校におけるICT環境を体系的に改善するために、テクノロジー教育課を教育省に設置する、などがあげられます。

デジタル・シティズンシップのニーズ

よりポジティブなデジタル体験を実現するためには、保護者の関与の仕方を改善する必要があります。またその他の社会化の媒介者（仲間、メディア、教員など）は、児童生徒の行動や態度を変え、より好ましいデジタル体験を実現するために、それぞれの努力の仕方を模索する必要があります。

将来のデジタル・シティズンシップへの期待

私たちがこの課題に取り組むために、デジタル・シティズンシップがすべての機関、特に公衆衛生部門からの中心課題のひとつになることを期待しています。

》 オーストラリア―タリサ・K

取り組むべきデジタル・シティズンシップの問題

オーストラリアにおける主なデジタル・シティズンシップの問題は、ネットいじめ、オンラインでの性的画像、画像や動画を使ったいやがらせ、デジタル・リテラシーの育成です。オーストラリアの8歳から13歳の子どもの8％がネットいじめを経験しており、14歳から17歳の思春期の若者においては19％に上るという調査結果が発表されています。また、オーストラリアの14～17歳の若者の約3人に1人が、性的内容の通信（セクスティング）の経験があると言われています。

テクノロジーがもたらすポジティブな影響

　2006年にオーストラリア政府によって設立された「ステイ・スマート・オンラインプログラム」は、国内のデジタル・シティズンシップ教育を長期的に支えてきました。企業はこのプログラムを通して、オンラインの安全性を向上させるために、最適な教育法を共有することが奨励されています。国、企業、個人のオンラインにおける柔軟性を高める効果的な方策として、オンライン詐欺や脅威を特定する無料のアラートサービスがあります。

　またオーストラリアでは、2009年から国家的な犯罪防止プログラム「ThinkUKnow」が始まりました。このプログラムでは、幼稚園から12年生までの児童生徒や、家族、教育者を対象として、オンラインでのセキュリティや安全に関するプレゼンテーションやリソースを提供しています。「ThinkUKnow」は、若者が「オンラインで何を見て、何を言って、何をするか」に注目しています。

　2017年には、2015年のオンライン安全強化法が改正され、「すべてのオーストラリア人のためのオンライン上の安全の促進と強化」を目的として管轄する範囲が拡大されました。この事務局は、全国的なオンライン安全の取組を取りまとめる役割を担っています。

将来のデジタル・シティズンシップへの期待

　国や州の教育当局は、デジタル・シティズンシップに関するカリキュラム、評価、報告の要件を見直しています。オーストラリア・カリキュラムのガイドライン、必須学習事項と基準、シラバスには、デジタル・シティズンシップに関する具体的な記述が含まれるようになりました。国家教育資金協定では、オーストラリアの学校における質の高いリーダーシップと教育の指標として、デジタル・シティズンシップの育成が盛り込まれるようになりました。

　現職教員の教育プログラムでは、デジタル・シティズンシップのテーマである、デジタル的な背景、オーストラリア・カリキュラムにおけるデジタル・シティズンシップの要件とその意義が含まれています。また、デジタル世代がデジタル・テクノロジーにどのようにアプローチし、どのような価値を見出し、どのように関わっていくのかについても、教員研修で探る必要があります。

》》**中国―チェン・Ｓ**

取り組むべきデジタル・シティズンシップの問題

　中国では、はやくも2002年頃から、インターネットやオンラインゲームの依存症の問題が青少年の最重要課題の一つとなっています。*2008年、中国は世界で初めてインターネット依存症を臨床疾患（IAD）と認定し、世界保健機関（WHO）に登録しました。2014年までのインターネット中毒者は4,000万人と言われています。*もう一つの問題は、インターネット上の安全についてです。

　2016年、中国における子どものインターネット上の安全に関する調査研究が発表されました。いくつかのトピックやニーズがあげられました。1）安全知識の欠如、2）インターネットの過剰使用、3）ネットいじめ、4）ネット詐欺です。

　ネットいじめ問題を解決するために、児童生徒、保護者、学校、社会の４パートからなるガイドが作成されました。サイバー性犯罪に関する調査では、46％の子どもがネット閲覧中にポルノコンテンツを見たことがあることが明らかになっています。また、インターネットやテクノロジーの利用が、特に若者の間で増加していることも確認されています。中国のインターネットユーザーのうち、10〜19歳が19.6％、0〜10歳が3.3％を占めています。別の調査では、90％の子どもが毎日インターネットにアクセスし、56％の子どもが５歳未満で初めてインターネットにアクセスしています。

テクノロジーのポジティブな影響

　メッセージの送受信、情報検索、ネットワークニュース、ソーシャル・ネットワーキングなどの個人向けインターネットアプリケーションの利用は着実に増加しています。中国のインスタント・メッセージングのユーザー数は７億2,000万人もいます。また、オンラインエンターテインメントの利用も順調に伸びています。

　2016年12月には、インターネット利用者全体の32.7％にあたる２億3,900万人が電子政府サービスを利用しました。また、オンライン小売の売上が大きく伸びており、2017年には前年比37.2％増の７兆1,800億元（１兆300億ドル）に達しました。

　このような動きに伴い、2017年６月１日、中華人民共和国のサイバー・セキュリティ法が施行されました。この法は、オンライン上のセキュリティを保証し、サイ

バー空間の主権、国家安全保障、公共の利益を保護し、国民、企業、その他の組織の合法的な権利と利益を保護し、経済社会の情報化の健全な発展を促進することを目的として策定されたものです。

2016年12月には「国家サイバースペース安全保障戦略法」が施行されました。これに伴い、学校では、子どもたちのICT利用を支援し、それに伴うリスクを軽減することを目的に、地方・県レベルでコンテンツ・フィルタリング・システムや監視システムを採用しています。

デジタル・シティズンシップのニーズ

主に焦点化すべき領域は3つあります。まず、学校のICTシステムにはセキュリティ対策が必要です。2つめは、教員がICTを使って教えるための十分な備えを持つことです。そして3つめは、児童生徒と保護者向けのデジタル・シティズンシップのリソースを開発することです。特に0～8歳の子ども向けの教育リソースは十分ではありません。

将来のデジタル・シティズンシップへの期待

学校におけるデジタル・シティズンシップ・カリキュラムの開発と実施です。幼児教育のための適切なデジタル・シティズンシップのカリキュラム開発が必要です。それには幼い子どもたちがICTにアクセスし、使用する機会をより多く提供します。また、デジタル・シティズンシップを教員の専門的な能力育成に取り入れます。最終的に、子どもたちのICTに対する行動、認識、利用について調査を行います。

このような世界各地のリーダーたちの反応や経験は、他の地域で起きている問題や機会について、何らかの視点を与えてくれるものと期待されます。また、世界の他の地域におけるテクノロジー導入の利用方法や問題点について、新たな視点を得ることができる人もいるでしょう。身近な人であれ、遠い人であれ、リーダーとして自分たちの課題を認識し、何が必要なのかという視点を持つことが重要です。このような情報を共有することで、私たちはよりいっそう相互の結びつきが強くなる世界に備えることができるのです。

ディスカッション

1. 世界中のデジタル・シティズンシップに関する知識は、自分の学校や地域におけるデジタル・シティズンシップのニーズについて見通しを立てるのに役立ちますか？その理由は何ですか？

2. 米国の児童生徒は、世界中のユーザーの問題や機会についてもっと学ぼうとするべきでしょうか？どのような結果が得られると考えますか？

3. 現在のカリキュラムの中で、異文化との交流はどのような位置づけになり得るでしょうか？

4. ISTEのような組織が、デジタルな手段で異文化とつながる必要性を盛り込むのはなぜでしょう？

アクティビティ

1. ISTEなどの組織を利用して、世界中の教育界のリーダーとつながります。おそらく、両国のアイデアを含む合同デジタル・シティズンシップの記念行事を立ち上げるでしょう。

2. 他国の課題を把握します。自分たちのニーズが学校や学校区で起きていることにどのような影響を与えるか、職員と話し合います。

第 15 章

デジタル・シティズンシップの
次なる展開は？

テクノロジーは単なるツールです。子どもたちを一つにし、子どもたちのやる気を引き出すという意味では、教員が一番重要です。

——ビル・ゲイツ

　デジタル・シティズンシップは重要であると常に呼びかけられていますが、多くの人はその意味を知りません。この本で提供されたアイデアが、世界中のテクノロジーの知識豊富なユーザーから提供された例も含めて、示唆に富んだものであったことを願っています。

　このテーマで講演したり執筆したりするリーダーの数を見ると、15年という短い期間で確実に変化していることを実感します。2000年代初頭には、テクノロジーについて理解しているリーダーはほとんどおらず、今日、デジタル・シティズンシップとして認識されていることを知っている人も多くありませんでした。米国のような国がデジタル・シティズンシップの計画を策定し始めると、ユーザーは、世界の他の国々がこのテーマをより深く理解し、成長していくのを支援する義務があると感じます。

≫ デジタル・シティズンシップを核としたテクノロジーの デザイン（新ユニバーサル・デザイン）

　ユニバーサル・デザインとは、年齢、体格、能力、障害の有無にかかわらず、すべての人が可能な限りアクセスし、理解し、利用できるように、環境、製品、体験をデザインし、構成することです。テクノロジー分野におけるユニバーサル・デザインとは、一般的に、デジタルの利用しやすさを後付けではなく、デザイン要素として結びつけることです。

　デジタル・シティズンシップの次の段階は、企業、個人、または消費者向けテクノロジー周辺の設計者が、デジタル・シティズンシップを普遍的に、徹底的にデザインすることが中心になるかもしれません。より良く、より速く、より楽しくするためのデジタル・テクノロジーのコンシューマライゼーション（※訳者注：消費者向け製品がビジネスに浸透している状態）は、利用しやすさに根差すものであることは間違いありません。しかし、将来的には、デジタルクリエイターや消費者として、テクノロジー業界のパートナーが、バリアフリーでデジタル・シティズンシップ機能も組み込まれたハードウェア、ソフトウェア、アプリ、製品などのコア・テクノロジーを開発することを期待すべきです。デジタル・シティズンシップの9つの要素をすべて適用し、実践することで、より善いデジタル市民になるための機能を備えます。

　例として、図15.1にAppleのOSであるiOSの3つの機能を示します。最初の2つの画面は、不適切な時にテクノロジーを使用することによって引き起こされる、注意力散漫を減らすための自動車運転中の「Do Not Disturb」機能です。端末の設定でこれを有効にすると、あなたが移動中の車内にいるかどうかを検知し、自動的

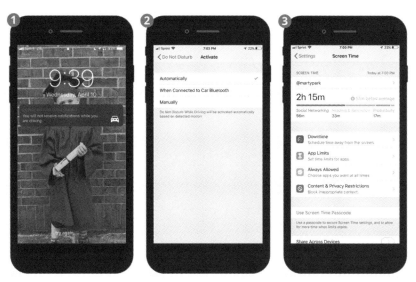

図15.1　デジタル・シティズンシップの一部をコアに組み込んだAppleのモバイル体験のスクリーンショット

に設定を「Do Not Disturb」に変更し、運転手の注意力を散漫にする通知（テキストメッセージ、電話、アプリの更新など）を停止させます。この機能には多くのテクノロジーが組み込まれていますが、安全で適切なデジタル利用の境界線のリセットや再教育として役立つことが証明されています。

図15.1の3番目の画面は、モバイル体験に組み込まれたスクリーンタイムの追跡機能と通知を示しており、デジタル使用をよりよく制御することを学ぶのに役立ちます。このようにスクリーンタイムをどのように過ごしているか、わかりやすいデータを提示することで、意識向上とより良い判断を促します。

さらに、モバイル機器のOSには、休止時間の設定オプション、アプリの制限設定、コンテンツやプライバシーの制限をコントロールする機能が搭載されており、自分自身や子どもにとって不適切なコンテンツをブロックするのに役立ちます。

》現在と未来をつなぐ

理解するのは難しい概念ですが、ユーザーは今日の行動が良くも悪くも将来に影響を及ぼす可能性があることを認識しておく必要があります。

この発生可能性（起こるか起こらないかわからないもの）という考え方は、私たち誰もが悩むところです。今日もいい気分でいられるのに、なぜ潜在的な問題を考えるために立ち止まるのでしょう？Facebook®、Instagram、SnapchatなどのSNSは、ユーザーが仲間やコミュニティと情報を共有することができます。それは素晴らしいことであり、ポジティブな交流につながりますが、共有される情報の内容の複雑化が進んでいるのが現状です。

ネットに写真やコメントを掲載すると、オンライン上で誰もが見ることができます。多くの組織（企業、大学、法執行機関など）は、これらのサイトで違法または不道徳な情報を投稿していないかどうか、時間をかけて全員をチェックしているのです。投稿された内容のために、仕事や機会（学業やスポーツの奨学金など）を失っている人がいます。

投稿についてのもう一つの問題は、子どもが知らないうちに他人が自分のSNSに写真や情報を投稿してしまうなど、時にはユーザーがコントロールできない場合があることです。

　また子どもたちに強調すべき点は、子どもたちが自分のSNSページやサイトに投稿する個人情報や、特定可能な情報の種類を精査することです（セキュリティとプライバシーの概念）。多くの子どもたちが、自分の住所、電話番号、生年月日などの個人情報を載せています。このような基本的な情報があれば、子どもたちが知らないうちに個人情報が盗まれる可能性があります。多くの場合、クレジットの申請、就職活動、自動車の購入などがなされるまでそのことに気づかず、手遅れになってしまいます。

　保護者は子どもとコミュニケーションをとり、子どもが使っているサイトに行って、そこに何が掲載されているかを確認する必要があります。子どものプライバシーを侵害しているのではないかと考える保護者もいますが、そんなことはありません。あなたが情報を見ることができるならば、インターネットに接続し、これらのサイトにアクセスできる人は誰でもこの情報を見ることができるのです。

　子どもたちの中には、一度情報が世の中に出れば、誰もが（あるいはほとんど誰もが）入手できるということを理解していない子もいます。また、多くの子どもたちが「なぜ誰かが自分の情報や友達との会話を見たいと思うのか？」という概念について理解していません。理解されにくいことも多いのですが、「情報は力なり」とすれば、これは究極のパワープレイと言えるのではないでしょうか。

　テクノロジーは変化し続けており、何が良い使い方で、何が悪い使い方なのかについての考え方も変わってきています。そう遠くないうちに、「Web 3.0」が登場するかもしれません。その中には、ユーザーとネット上の自分をさらに結びつけるバーチャルリアリティのようなものも含まれるのでしょうか。

　私たち自身の遺伝子構造（DNA）のようなプライベートな情報は、サイト上で共有され、他者に意図しない影響を与える可能性があります——昔の刑事事件が、犯人の関係者の遺伝子サンプルで解決されたという話を聞いたことがありますか？過去15年、20年、あるいはそれ以上にわたってテクノロジーが変化するのを見てきた私たちは、この道は今後も続くと考えなければなりません。VR（Virtual Reality：仮想現実）、AR（Augmented Reality：拡張現実）、IR（Immersive Reality：没入型現実）、ウェアラブル技術（メガネ、服、時計、指輪など）、そして、私たちの生活のほぼすべての側面でデジタル機器に接続するIoT（Internet of

Things：モノのインターネット）の広大な広がりが見え始めています。

　なぜこれらがデジタル・シティズンシップの概念にとって重要なのでしょうか？これまでのスマートフォンやタブレットのように、それぞれが新たな機会と課題をもたらします。本書でデジタル・シティズンシップを取り上げたことのメリットは、テクノロジーについて学ぶというよりも、自分自身を理解することにあります。デジタル・シティズンシップとは、人と人とのつながりをどのように選択するかということです。スマートフォンやタブレットなどのツールは、あくまでもツールです。使う人が指示したことしかできません。ソーシャルメディアにネガティブな投稿があれば、誰かがそれを投稿したはずです（ボットでなければ、誰かがそのメッセージを送るようにプログラムしたのでしょう……あなたが機械の台頭を信じているのであれば別ですが、それはまた別の日の話題としましょう）。

　テクノロジーが成熟すればするほど、できること、できないことが複雑になっていきます。子どもたちに影響を与える変化を、保護者が常に把握しておくことが大切です。子どもたちは、テクノロジーによって多くの機会を与えられる世界で育っています。このように、変化するテクノロジーに生涯触れることになる可能性が高い今こそ、将来に向けた知識の土台作りを始めるべきでしょう。すなわち、デジタル市民としての未来です。

　デジタル・シティズンシップの考え方は、社会のあらゆる分野で重要です。子どもたちに一貫したメッセージを伝えるためには、デジタル・シティズンシップに関する保護者と学校のコミュニケーションが重要になります。子どもたちが家庭や学校を離れても、彼らが学んだデジタル・シティズンシップのスキルは、ビジネスや産業に役立つでしょう。

　ソーシャルメディアやウェブニュースサイトなど、ネットの記事から得られる証拠から、これらの問題に対処しなければ、さらなる問題が発生すると考えられます。保護者や地域の人々がこの問題の最前線に立ち、次世代のテクノロジー・ユーザーを育てていることを自覚することが重要です。機器を利用する誰もが、何のインターネットに、どのようにアクセスしようが、けっして一人ではないことを忘れてはなりません。デジタル市民があなたを支えてくれるのですから。

ディスカッション

1. 1年後のデジタル・シティズンシップはどうなっていると考えていますか？5
年後はどうでしょうか？時間が経つと何か変わるのでしょうか？あるいは変わら
ないものとは何でしょう？児童生徒の視点からはどのように見えているのでしょ
うか？

2. あなたの学校や学校区での指導方法は、このアイデアによってどのように変わっ
ていきますか？現在のデジタル・シティズンシップについての考えを裏づける情
報は何ですか？

3. これらのアイデアは、今後のテクノロジーとの付き合い方をどのように変えて
いくのでしょうか？それとも、そもそもそうなるのでしょうか？

アクティビティ

1. 次年度に実施したい改良点をあげてください。そのアイデアをどのように支持
してもらいますか？

2. デジタル・シティズンシップ・プロジェクトに参加の必要があると考えられる
学校区内の他の指導者を把握しましょう。デジタル・シティズンシップというテー
マをどのように理解させますか？

ニーズ調査情報

ANPC（A利点/N必要性/P可能性/C懸念）分析テンプレート

調査対象は【　　　　　　　　　】

　多くの基準は複数の側面に適用できます。あなた自身のANPC状況に即した基準を設定してください。

基準の例			基準の例
・能力？ ・ユニークな状況？ ・資源、資産、人？ ・経験、知識、データ？ ・革新的な側面？ ・場所と地理？ ・認定、資格、証明？ ・プロセス、システム、 　IT、通信？ ・文化、態度、行動？ ・哲学と価値観？	Advantage 利点	Needs 必要性	・能力格差？ ・競争力のある資産の欠如？ ・評判、存在感、リーチ？ ・財務？ ・脆弱性？ ・タイムスケール、締め切り、 　プレッシャー？ ・財源？ ・連続？ ・コア活動への影響、気晴らし？ ・データの信頼性、計画の予測可 　能性？ ・士気、コミットメント、リーダー 　シップ？ ・認定など？ ・プロセスやシステムなど？リーダ 　ーシップの継承？
基準の例			基準の例
・地区の傾向？ ・技術開発と革新？ ・地域の影響？ ・ニッチなターゲット 　プログラム？ ・戦術：例えば、突然の 　資金調達の機会？ ・スタッフ開発の機会？ ・情報と調査？ ・パートナーシップ、 　現地代理店？	Potential 可能性	Concern 懸念	・政治的影響？ ・立法の効果？ ・ITの発展／変化？ ・地区／州の要求？ ・新しい技術、サービス、アイデア？ ・必要なプログラム／活動？ ・内部能力の維持？ ・直面した障害？ ・克服できない問題？ ・主要スタッフの喪失？ ・持続可能な財源？ ・経済 — 地区全体？

》デジタル・シティズンシップについての家族の約束

【子どもたちの誓い】

1．私は、すべての人が同じようにテクノロジーにアクセスしたり利用したりできないことを理解します。私に提供されているオンラインの機会と同様の機会を与えられていない人に対して、私は差別的な態度を取りません。

2．もし私が不愉快な情報に出会った場合は、すぐに両親や他の責任ある大人に伝えます。私は、テクノロジーを扱う権利を持つためには、自分の行動に責任を持つ必要があることを理解しています。

3．もし私がテクノロジーを使っているときに苦痛や不愉快さを感じた場合は、すぐに両親に伝えます。私はテクノロジーの使用を他の活動とバランスよく行う必要があることに留意します。

4．私は、意地悪なメッセージや不愉快な気持ちにさせるメッセージには返信しません。もし私がそのようなメッセージを受け取ったとしても、それは私の責任ではありません。そうした場合はすぐに両親や責任ある大人に伝え、適切な人々に連絡してもらいます。

5．オンラインでの購入に関するルールを決めるために、両親と話し合います。私たちは、オンラインでの購入が許可される条件やタイミング、私が利用できる安全なサイトについて取り決めをします。

6．テクノロジーを使う際には、自分がされたいように他の人と接します。私のテクノロジーの使用が他の人に影響を与えることを心に留めます。

7．デバイスを損傷させたり、家族のプライバシーを危険にさらす可能性のあるソフトウェアのダウンロードやインストール、またはその他の行動をする前に、両親に相談します。また、情報を保護するために、ウイルス、スパイウェア、アドウェア（広告表示のためのアプリ）から守る保護プログラムを最新の状態に保ちます。

8．オンライン上での善い市民となり、他の人に害を与える行動や法律に反する行為はしません。

9．私は、両親がオンラインで楽しんだり学んだりする方法を理解するのを助け、

インターネットやコンピュータ、他のテクノロジーに関する知識を教えます。

上記に同意します。

（子どものサイン）

　私は、この合意に従って子どもをサポートし、これらのルールや他の家族のルールが守られる限り、デジタル・テクノロジーの適切な使用を許可します。

（保護者のサイン）

ローレンス・J・マジッド『Child Safety on the Information Highway』を元に作成

》デジタル・シティズンシップについての家族の約束

【保護者の誓い】

1．私は、子どもが利用するサービスやウェブサイトについて知るようにします。もし私がそれらの使い方を知らない場合は、学ぶための時間を取ります。
2．私は子どもに、他の人々が私たちと同じようにはテクノロジーにアクセスできないことを理解させるようにします。私は子どもに、誰に対しても尊重を持って接するべきことを示します。
3．オンラインでの購入方法について、子どもと話し合い、最適な方法を理解するようにします。オンラインで商品を購入する際に安全でセキュアなサイトを子どもに示します。また、オンラインで最適な価値を見つけるための検索方法や説明も手助けします。
4．私は子どもにオンライン・コミュニケーション・ツールをいつどのように使うべきかを教えることを約束します。私は最適なタイミングでテクノロジーを使用し、他の人とのやりとりの方法を示す模範となります。
5．私は家族の誰もが、私たちのテクノロジーの使用が他の人に影響を与えることを理解するのを助けます。子どもには、オンライン上や現実の世界で自分が受け

たいと思うような扱いを他者に対してもする必要があることを理解させる手伝い
をします。

6．私は、子どもの「オンラインの友達」について、現実の世界の友達と同様に話
し合います。オンラインの権利を持つためには、特定の責任もあることを説明し
ます。

7．子どもたちに、オンライン上で保護されており、許可なしに使用できないコン
テンツが存在することを教えます。子どもたちは、そのコンテンツが他の人によっ
て所有されており、保護されるべきであることを理解する必要があります。

8．子どもには、テクノロジーを使用する際は、身体的な危害を被らないように注
意するように説明します。また、子ども自身でテクノロジーを使用する時間を制
限し、他の活動とのバランスを取ることができるようにします。

9．私は子どもに自分のテクノロジーとデータを守る方法を教える時間をとります。
バックアップやデータのセキュリティの例を示します。

10．私は、子どもたちが私たち大人を見て、オンライン上や現実の世界でどのよう
に行動するかを学ぶことを認識しています。そのため、私の能力の範囲内で良い
モデルを提供するよう努めます。状況によっては、他の人と共有したくない行動
について子どもたちと話し合います。

上記に同意します。

_____

（保護者のサイン）

　私は、両親がこれらのルールに同意したことを理解し、両親と一緒にテクノロジー
を探究し、使用する手助けをすることに同意します。

_____

（子どものサイン）

「(c)2000-2004 SafeKids.Com」を元に作成

　本書は、日本デジタル・シティズンシップ教育研究会（JDiCE）としてははじめて関わる翻訳書籍でもあり、米国ISTE（国際教育技術協会）のデジタル・シティズンシップの系譜をご紹介する最初の機会でもあります。

　冒頭の文章では触れておりませんが、米国のデジタル・シティズンシップの普及に関しては、優れた教材カリキュラムを提供し続けている非営利団体コモン・センスの存在はきわめて大きなものであることは間違いありません。

　2019年GIGAスクール構想の開始に先行すること約9ヵ月、やがて1人1台の学習者情報端末の日常利用が普及することを念頭に、研究会としての初期の活動は、コモン・センスの教材を参照し、研究の一環として翻訳をすすめながら、日本国内でも扱い可能な授業や教材を工夫することから始まりました。

　これらの成果は、第1弾『デジタル・シティズンシップ：コンピュータ1人1台時代の善き使い手をめざす学び』（大月書店、2020年）を皮切りとして、第2弾『デジタル・シティズンシッププラス：やってみよう！創ろう！善きデジタル市民への学び』（大月書店、2022年）、第3弾『はじめよう！デジタル・シティズンシップの授業：善きデジタル市民となるための学び』（日本標準、2023年）と指導案つきの解説書、あるいは、国際大学GLOCOM／NHKエンタープライズが作成した経済産業省STEAMライブラリ・未来の教室のデジタル・シティズンシップ教材（2022年）*1などに反映されてきました。

　言い換えれば、これまでの活動では、そもそもデジタル・シティズンシップとは何か？どのようにすれば授業が組み立てられるのか？といった問いに対して、コモン・センスが示すデジタル・シティズンシップ6領域×学年（K-12）の膨大な教材マトリクスのパズルピースを地味に埋めるようなはたらきかけを中心に進めてきたわけです。

　そんななかで、ISTEをルーツにする本書（翻訳本）は、これまでの授業づくりを中心とした論考とはやや趣の異なる傾向を持っているのですが、実は、我が国のデジタル・シティズンシップ教育の展開においてもまた、GIGAスクール端末の導入やメディア・バランスを中心とした入門的な教材開発・授業実践は一段落しつつあり、さらなる成長のステップが求められつつあり、そうしたタイミングと出版機会が合致したともいえるのです。

より具体的に述べれば、一方では、学校組織内での学年・発達段階、あるいは各学校・学級状況に応じた系統化や精緻化を志向し、もう一方では、就学児童生徒以外の対象（例えば、保護者層や高齢者層）へ拡大するとともに、シティズンシップゆえの地域社会との多様な接点づくり、社会参加、社会福祉、健康といった方向が模索されています。こうした顕著な動きは、トピックとしては消費者教育や公立図書館（司書）との接点として、政策面では特に2022年度以降総務省の政策として具体的に立ち現れるようになりました。

　本研究会のメンバー（坂本旬・豊福晋平）が構成員をつとめる「ICT活用のためのリテラシー向上に関する検討会」（総務省情報流通行政局情報流通振興課、2022〜2023）では、「今般、幅広い世代におけるICTの活用が当たり前になる中、市民が自分たちの意思で自律的にデジタル社会と関わっていくという『デジタル・シティズンシップ』の考え方も踏まえつつ、これからのデジタル社会において求められるリテラシーの在り方や当該リテラシーを向上するための推進方策について検討する」としており、全世代を対象としたデジタル・シティズンシップが問われています。

　この検討会と並行して事業推進された同課の「成年層におけるデジタル・シティズンシップの推進等に資する啓発コンテンツ等の開発及び啓発講座の実証」では、保護者層をメインターゲットとする「家庭で学ぶデジタル・シティズンシップ」教材[2]が開発され、公立図書館（神奈川県大和市文化創造拠点シリウス）にて実際に保護者に向けたワークショップ実証が2023年2月に展開されました。

　本書の冒頭に書いた言葉をもう一度繰り返せば、デジタル・シティズンシップが、デジタル・テクノロジーの特性とシティズンシップ（市民権）で構成されているとおり、社会との接点や現実生活の課題解決と不可分であるからこそ、学校内で扱うデジタル・シティズンシップの系統化・精緻化と、社会への拡がりは同時並行で進められるべきものであり、この動きは今後も加速、重層化していくでしょう。そのなかで、より多くの人々とこのキーワードを通じてつながり、よりよい社会の実現のために協力できることを願ってやみません。

豊福 晋平

＊1　https://www.steam-library.go.jp/content/132

＊2　https://www.soumu.go.jp/use_the_internet_wisely/parent-teacher/digital_citizenship/

参考文献

- The Age of the Internet. (n.d.).
- Ahrendts, A. (n.d.). Digital world quotes.
- Alberta Education. (2012). Digital citizenship policy development guide.
- American Library Assocation. (2014). Position statement on flexible scheduling.
- Anderson, L. W. (Ed.), Krathwohl, D. R. (Ed.), Airasian, P. W., Cruikshank, K. A.,Mayer, R. E., Pintrich, P. R., Raths, J., & Wittrock, M. C. (2001). *A taxonomy for learning, teaching, and assessing: A revision of Bloom's Taxonomy of Educational Objectives* (Complete edition). New York: Longman.
- Andrews, E. (2013). Who invented the internet?
- Aspen Institute. (2018). Improving access to high-quality instructional materials.
- Bearden, S. M. (2016). *Digital citizenship: A community-based approach*.Thousand Oaks, CA: Corwin Press.
- Bosco, J. (2013). Rethinking acceptable use policies to enable digital learning: A guide for school districts.
- Boyd, D., Goldhaber, D., Lankford, H., & Wyckoff, J. (2017). The effect of certification and preparation on teacher quality. *The Future of Children, 17(1)*.
- BrightBytes. (2018). Technology and Learning.
- Bullying laws across America. (n.d.).
- Character Counts. (n.d.). Retrieved from charactercounts.org
- Child Online Protection Act. (2011). In Wikipedia, The Free Encyclopedia.
- China Internet Network Information Center.(2014). Statistical Report on Internet Development in China.
- Chingos, M. M., & Whitehurst, G. J. (2012). Choosing blindly: Instructional materials, teacher effectiveness, and the Common Core.
- Church, A. (2017). School librarians as learning leaders.
- College enrollment and work activity of recent high school and college graduates summary. (2018).
- Commonwealth of Australia. (2016). Teens, kids and digital dangers.
- Commonwealth of Australia. (2017). Young people and sexting: Attitudes and behaviours.
- Commonwealth of Australia. (2018). Office of the eSafety Commissioner.
- Commonwealth of Australia. (2018). State of play: Youth, kids and digital dangers.
- Commonwealth of Australia. (2018). Stay smart online.
- Cybersecurity Malaysia. (2015). Growing digital resilience among Malaysian schoolchildren on staying safe online.
- Dearie, K. J. (2018). Opting in vs. opting out: What's the best way to get consent?
- Digital citizenship. (n.d.).
- Dorn, R. I. (2016). Digital citizenship recommendations.
- Federal Communications Commission. (2011). FCC 11-125: Report and Order.
- Gates, B. (n.d.). Technology quotes.
- Gavigan, K., Pribesh, S., & Dickinson, G. (2010). Fixed or flexible schedule? Schedule impacts and school library circulation. Library & Information Science Research, 32(2), 131-137.
- Goe, L. (2007). The link between teacher quality and student outcomes:A research synthesis.
- Govtrack.us. (2008). S.1492 (110th): Broadband data improvement act.
- Gut, D. M., Wan, G., Beam, P. C., & Burgess, L. (2016). Reflective dialog journals: A tool for developing

professional competence in novice teachers. *School-University Partnerships, 9(2),* 60-70.

- Hoffman, M., & Harris, W. (n.d.). A complete guide to continuing education for teachers.
- Houchens, G. (2018). Kentucky drops the master's degree requirement for teachers: What you need to know.
- Jobs, S. (n.d.). Technology quotes.
- Johnson, P., Chrispeels, J. H., Basom, M., & Pumpian, I. (2008). Exploring relationships and interactions between district leadership and school leadership teams (Doctoral dissertation).
- Juarez, A. (2018, December 14). Library Leadership Podcast.
- Kennedy, R. (n.d.). Robert Kennedy quotes.
- Kentucky Department of Education. (2014). Kentucky digital learning guidelines.
- Kentucky Department of Education. (2018). KETS master plan for education technology 2018-2024.
- Kentucky Department of Education. (2018). Comprehensive district improvement plan funding and finance.
- Kingsmill, T. J. (2016). The experience of digital citizenship in a secondary school curriculum (Doctoral thesis).
- Keren-Kolb, L. (2013). Engage, Enhance, and Extend Learning!. *Learning & Leading with Technology, 40(7),* 20-27.
- Ladd, H., & Sorensen, L. C. (2015). Do master's degrees matter?Advanced degrees, career paths, and the effectiveness of teachers. CALDER Working Paper 136.
- Magee, P. (2018). Happy 20th birthday, COPPA.
- Marrs, H. (2016). Don't teach digital citizenship—Embed it!
- Mattson, K. (2016). John Dewey would hate your digital citizenship curriculum.
- Mattson, K. (2017). *Digital citizenship in action.* Portland, OR: International Society for Technology in Education.
- Mattson, K. (2018). Embed digital citizenship in all subject areas.
- McLuhan, M. (1964). Understanding media: The extensions of man. MIT Press.Cambridge, MA
- Ministry of Health. (2016). Fact sheet: National health and morbidity survey 2016.
- Monterosa, V. (2015). Developing digital citizens. Leadership Magazine (January/February 2015).
- Monterosa, V. (2017). How la unified cultivates districtwide digital citizenship.
- Morrison, G. R., & Anglin, G. J. (2005). Research on cognitive load theory:Application to e-learning. Educational Technology, Research, and Development, 53(3), 94-104.
- Mossberger, K., Tolbert, C. J., & McNeal, R. S. (2011). *Digital citizenship: The internet, society & participation. Cambridge,* MA: MIT Press.
- Mycert incident statistics. (n.d.).
- Neumann, A. (n.d.). Digital quotes.
- Ohler, J. (2010). *Digital community, digital citizen.* Corwin Press. Thousand Oaks,CA
- Ohler, J. (2019). Character education for a digital lifestyle.
- O'Keefe G, Clarke-Pearson K, Clinical Report-The Impact of Social Media on Children, Adolescents, and Families. *Pediatrics, 127(4)*: 800-805
- Olayefun, T. (2016). Nigeria: Time for digital citizenship education in nigeria.
- Olayfun, T. (2018). International digital citizenship questions. Survey question responses.
- Pew Research Center (2016). The state of American jobs.
- Puentedura, R. (2015, October 14). SAMR: A brief introduction.
- Porter-Magee, K. (2004). Teacher quality, controversy, and NCLB. The Clearing House: *A Journal of*

Educational Strategies, 78(1), 26-29. doi:10.3200/TCHS.78.1.26-29

- Postman, N. (1994). The disappearance of childhood. New York, Vintage/Random House.
- Prensky, M. (2001) Digital natives, digital immigrants part 1", *On the Horizon, 9(5)*:1-6.
- Riess, H (2017) The Science of Empathy. *Journal of Patient Experience. 4(2)*: 74-77. Published online 2017 May 9. doi: 10.1177/2374373517699267
- Rogers-Whitehead, C. (2015). What is 'digital citizenship'? How a new Utah law will affect you.
- Schoology editors (2017). The global state of digital learning in k-12 education.
- Schrock, K. (2019). February 2019: Fact, opinion, or fake news?
- Sheninger, E. C., & Murray, T. C. (2017). *Learning transformed: 8 keys to designing tomorrow's schools.* Alexandria, VA: ASCD.
- Sinek, S. (n.d.). Simon Sinek quotes.
- Sloan, W. M. (2012). What is the purpose of education?
- Southern Region Education Board. (2017). Alignment of instructional materials:Trends in state efforts.
- Sparks, S. D., & Harwin, A. (2018). Yet student numbers continue to rise.
- Starrett, J.R. (2017). A big year for digital citizenship legislation: Did your state pass a law?
- Statistics. (n.d.).
- Stratton, K.J. (2015). Safe technology utilization and digital citizenship in public schools.
- Stronge, J. H., & Hindman, J. L. (2003). Hiring the best teachers. *Educational Leadership, 60(8),* 48-52.
- Student Privacy Compass. (2019). State student privacy laws.
- Sung, E., & Mayer, R. E. (2012). When graphics improve liking but not learning from online lessons. Computers in Human Behavior, 28(5), 1618-1625.
- Swanbrow, D. (2010). Empathy: College students don't have as much as they used to.
- Swisher, K. (2018). Who will teach silicon valley to be ethical. New York Times Opinion Page.
- Taie, S., & Goldring, R. (2017). Characteristics of public elementary and secondary school teachers in the United States: Results from the 2015-16 National Teacher and Principal Survey. National Center for Education Statistics.
- Technopedia. (n.d.). Definition of web 2.0.
- Tomayo, P. (2016). Report to the legislature: Digital citizenship recommendations.
- Tulgan, B. (2015). *Bridging the soft skills gap: How to teach the missing basics to today's young talent.* Jossey-Bass, San Francisco, CA
- Turkle, S. (2013). *Alone together.* New York: Basic Books.
- United States v. American Library Association, 539 U.S. 194 (2003). Available at:http://www.oyez.org/cases/2000-2009/2002/2002_02_361
- Universal Service Administrative Company. (2011). 2011 Fall CIPA Update.
- Universal Service Administrative Company. (2012). Step 10: Children's Internet Protection Act (CIPA).
- Washington State Legislature. (2016). RCW 28A.650.045: Digital citizenship, internet safety, and media literacy.
- Washington State School Directors' Association. (2017). Policy & legal news: Helping school districts translate law into action.
- Washington State School Directors' Association. (n.d.). 2023F: Digital citizenship and media literacy checklist.

【著者紹介】

マイク・リブル（@digcitizen）　MIKE RIBBLE

　第三版が発行されている『Digital Citizenship in Schools』の著者。教室の教師、中等教育学校の管理者、ネットワークマネージャー、大学の講師としての経験を持つ。彼のデジタル・シティズンシップの9つの要素は、世界中の聴衆に影響を与え、責任あるテクノロジーの使用についての対話を促してきた。国内外の会議でプレゼンテーションを行い、ISTE デジタル・シティズンシップ PLN の形成にも貢献した。また、自身のウェブサイト（digitalcitizenship.org）でデジタル・シティズンシップの教育に関するリソースを提供している。

マーティ・パーク（@martypark）　MARTY PARK

　ケンタッキー州教育局のチーフデジタルオフィサーであり、学習のための新興技術の戦略的な導入とエクスペリエンスデザインに焦点を当てている。同教育局の地域教育技術リーダーを務め、それ以前はケンタッキー州最大の学区の一つで最高情報責任者（CIO）および地区技術コーディネーターとしても活動。連邦および州のプログラムについてもコンサルティングを行っており、国際的、全国的、および州レベルのイベントで頻繁に講演している。ケンタッキー大学レキシントン校とジョージタウンカレッジで非常勤教授を務めており、ケンタッキー州のジョージタウンにあるデジタルラーニングデザインラボのイノベーションフェローでもある。

【訳者紹介】

豊福 晋平 （とよふく　しんぺい）

国際大学グローバル・コミュニケーション・センター（GLOCOM）主幹研究員・准教授
日本デジタル・シティズンシップ教育研究会 共同代表理事

　北海道出身、横浜国立大学教育学部（心理学）卒、横浜国立大学大学院教育学研究科修了、東京工業大学大学院総合理工学研究科博士課程中退。専門は学校教育心理学・教育工学・学校経営。一貫して教育情報化をテーマとして取り組み、近年は、北欧諸国をモデルとした学習情報環境（1:1／BYOD）の構築とデジタル・シティズンシップ教育の普及に関わる。主なプロジェクトとして、全日本小学校ホームページ大賞（J-KIDS 大賞）企画運営（2003～2013）、経済産業省「未来の教室」STEAM ライブラリ・デジタルシティズンシップ教材開発（2020～）、総務省・ICT 活用のためのリテラシー向上に関する検討会構成員（2022～2023）など。

日本デジタル・シティズンシップ教育研究会

JDiCE（Japan Digital Citizenship Education Research Group）

　世界的にもデファクトになりつつある「デジタル・シティズンシップ教育」を日本国内で普及定着させるため、2019年研究同人により結成された。調査研究・教材開発・講演・研修・広報等を積極的にすすめている。

The Digital Citizenship Handbook for School Leaders

Fostering Positive Interactions Online

Mike Ribble and Marty Park

© 2019 International Society for Technology in Education

子どもの未来をつくる人のための
デジタル・シティズンシップ・ガイドブック for スクール

2023年8月30日　初版発行

著　者……………マイク・リブル＆マーティ・パーク

訳　者……………日本デジタル・シティズンシップ教育研究会／豊福晋平

協力者……………取違亜希子（広島県立教育センター企画部主任指導主事（兼）広島県教育委員会学びの変革推進部個別最適な学び担当主任指導主事）／加藤賢一（広島県立安芸府中高等学校教諭）

発行者……………福山孝弘

発行所……………株式会社 教育開発研究所

　　　　　　　　〒113-0033　東京都文京区本郷2-15-13

　　　　　　　　TEL03-3815-7041／FAX03-3816-2488

　　　　　　　　https://www.kyouiku-kaihatu.co.jp

装　丁……………ホソカワデザイン

デザイン＆ＤＴＰ…shi to fu design

印刷所……………中央精版印刷株式会社

編集担当…………桜田雅美／岡本淳之

ISBN 978-4-86560-574-7

落丁・乱丁本はお取り替えいたします。定価はカバーに表示してあります。

Japanese translation rights arranged with

International Society for Technology in Education(ISTE)

through Japan UNI Agency,Inc.,Tokyo